U0685577

现代农业形态理论
与实践研究

张世龙 等 著

海洋出版社

2018 年·北京

内 容 简 介

在介绍、分析了国内外各种现代农业形态理论、实践案例后，深入讨论了我国现代农业形态的发展前景分析。

主要内容：随着我国改革开放的不断深入，国内学者也热衷于现代农业形态理论的研究，使国外先进农业形态不断被引入，导致国内现代农业形态的推广与创新不断加强。本书分别介绍了特色农业、生态农业、智慧农业、都市农业、社区支持农业、创意农业的理论与实践。

本书特色：分析深入、视角独特、案例介绍翔实。

适用范围：从事中国现代农业形态研究及相关专业研究人员。

图书在版编目（CIP）数据

现代农业形态理论与实践研究/张世龙等著.—北京：海洋出版社，2018.11

ISBN 978-7-5210-0225-6

Ⅰ.①现… Ⅱ.①张… Ⅲ.①现代农业—研究Ⅳ.①F303.3

中国版本图书馆 CIP 数据核字（2018）第 240692 号

责任编辑：张鹤凌　张翌嫘	**发 行 部：**（010）62174379（传真）（010）62132549
责任校对：肖新民	：（010）68038093（邮购）（010）62100077
责任印制：赵麟苏	**网　　址：**www.oceanpress.com.cn
排　　版：北京润鹏腾飞科技服务中心	**承　　印：**北京朝阳印刷厂有限责任公司
出版发行 海洋出版社	**版　　次：**2018 年 11 月第 1 版
	2018 年 11 月第 1 次印刷
地　　址：北京市海淀区大慧寺路 8 号（716 房间）100081	**开　　本：**787mm×1092mm　1/16
	印　　张：13.00
经　　销：新华书店	**字　　数：**290 千字
技术支持：（010）62100057	**定　　价：**48.00 元

本书如有印、装质量问题可与发行部调换

前　言

　　农业是一个传统的产业领域，在历史上长期处于超稳定的产业形态，直到近代，科学技术和社会经济迅速发展，传统的农业才开始迈入现代化进程。在科学技术日新月异，社会经济加速转型，可持续发展成为人类共同追求的发展道路的今天，农业现代化也加速演进。在农业现代化演进中，生物技术、化学技术、机械工程技术、自动化技术、信息化技术对农业生产领域施加直接影响，为农业发展提供了新的动力；社会经济转型中的组织变革和消费升级对农业组织模式和农产品消费需求产生深远地影响；可持续发展理念的形成，对传统的粗放型农业生产方式产生极大制约，促进传统农业向环境友好型方向转变。正是这些因素的作用决定了现代农业的发展方向，改变着传统的农业生产方式，不断创新农业生产方式。这些因素的不同组合，作用于农业生产经营的不同环节、区域、领域，并形成各种形态的现代农业，这些现代农业形态形成与发展对推动农业现代化极为有利。

　　随着我国改革开放的不断深入，国内学者也开始关注现代农业形态理论的研究，使国外先进农业形态不断被引入，导致国内现代农业形态的推广与创新不断加强。一方面，在各级政府的推动和优惠政策的导向下，各种现代农业形态在我国广大的农业发展地区不断实践，开花结果，积累了丰富的经验，推动着我国农业现代化迅速发展。但是现代农业形态有比较复杂的结构，许多农业形态之间存在交叉、包含和被包含的关系；有适用范围广泛的能被规模化应用的能满足大众需求的，也有适用于局部地区或满足部分居民需要的农业形态，而目前关于现代农业形态的理论梳理不够系统，容易在概念上和思想上引起误解，不利于现代农业形态的推广与创新。另一方面，研究界关于丰富的现代农业形态的创新与实践中的经验与问题总结不够深入。基于此，笔者围绕现代农业形态的理论与实践设立了研究课题，由于这类研究，需要众多的素材和案例分析为支撑，个人的劳动是有限的，因此笔者带领一批农学专业的硕士研究生，采取统一部署，分工研究，分别指导，再统一修改的组织方法来完成这一复杂的研究工作。

　　本书由张世龙提出和设计研究内容、框架和研究方法，指导各章初稿写作，并在初稿基础上对各章理论部分进行了重新梳理和考证，以及负责第 1 章绪论写作和全书统稿、修改工作。浙江海洋大学的马尚平教授参与了研究的指导工作。浙江海洋大学2016 级农学专业硕士研究生翟晶晶、陈媛媛、霍霜、戴珍菠、韩来发、陈明珠、酒志玉、徐腾分别负责第 2 章"特色农业的理论与实践"、第 3 章"绿色农业的理论与实践"、第 4 章"生态农业的理论与实践"、第 5 章"智慧农业的理论与实践"、第 6 章"都市农业的理论与实践"、第 7 章"社区支持农业的理论与实践"、第 8 章"品牌农业的理论与实践"和第 9 章"创意农业的理论与实践"等章初稿的写作。2017 级农学专业硕士研究生马硕承担了大量的编辑工作。在此向付出辛勤劳动的老师和研究生们表示感谢！在此，在向他们表示衷心感谢！

由于本人水平有限，而且本书理论涉及面较宽，案例调查与整理工作量大，虽然我们力求完美，但书中仍然可能会存在考究不详、数据与实际相出入甚至出现错误，还望广大读者海涵，敬请同行批评指正。

张世龙
于浙江海洋大学
2018 年 7 月

目　录

第 *1* 章 绪 论

1.1 研究的背景和意义

20 世纪 60 年代，我国政府就提出农业现代化目标。虽历尽曲折，但我国对农业现代化的追求一直未变，特别是改革开放以后，惠农富农政策力度不断加强，先进的农业理念、模式、技术和手段不断引入，农业现代化建设取得了显著成效。现阶段我国综合生产能力迈上新台阶，肉、蛋、奶、水产品等"菜篮子"产品丰产丰收、供应充足，农产品质量、安全水平稳步提升，现代农业标准体系不断完善，技术装备达到新水平。"十二五"末期农业科技进步贡献率、主要农作物耕种收综合机械化率分别达到 56% 和 63%；随着农村改革的深入推进，家庭经营、合作经营、集体经营、企业经营共同发展，多种形式的适度规模经营比重明显上升；农产品加工业在农业总产值的比重超过 2/3，互联网正在从多方面提升农业效率，生态友好型农业逐步成为社会共识，现代设施装备、先进科学技术支撑农业发展的格局初步形成；东部沿海、大城市郊区、大型垦区的部分县市已基本实现农业现代化，国家现代农业示范区已成为引领全国农业现代化的先行区，现代农业典型探索取得新突破，农业现代化已进入到全面推进、重点突破、梯次实现的新时期。

在农业现代化取得巨大成就的同时，现阶段我国农业现代发展环境错综复杂，面临着诸多挑战：一是在居民消费结构升级的背景下，优质化、多样化、专用化农产品发展滞后于市场需求；二是在资源环境约束趋紧的背景下，农业发展方式粗放的问题日益凸显；三是在国内外农产品市场深度融合的背景下，我国劳动力、土地等生产成本持续攀升，主要农产品的国内外市场价格倒挂，部分农产品进口逐年增多，传统优势农产品出口难度加大，我国农业大而不强、多而不优的问题更加突出；四是在经济发展速度放缓、动力转换的背景下，农民持续增收难度加大的问题日益凸显。

辩证地看，上述农业发展面临的环境挑战，也是现代农业进一步发展的机遇，为我国现代农业提供了新的需求和突破方向。遵循农业现代化发展规律，推动农业现代化与新型工业化、信息化、城镇化协同发展，促进先进的现代农业运作模式的推广与创新，特别是加大现阶段具有广阔市场的现代农业形态的发展，是我国应对挑战、抓住机遇、促进现代农业健康发展的正确选择。基于此，本书以现代农业形态为研究对象，对典型现代农业形态的理论进行梳理，对其实践经验和应用环境进行分析，以期对促进我国现代农业的发展起到参考作用。

1.2　基于多维度分析的现代农业形态梳理

农业形态是指具有某种技术和经营特征的农业表现形式，一般称为农业类型、农业模式或农业业态（邓心安，刘江，2016）。从农业的多维度特征看，一定发展阶段的农业呈现出相互影响、相互包含的各种具体形态，从农业科学技术发展的历史角度看，农业形态又呈现出演进和替代的特征。

现代农业形态是，现代农业技术和组织管理水平下的农业形态，是在农业实践中从不同着力点形成的促进现代农业发展的农业模式，具有复杂的类型和结构。张先念（2014）在《现代农业的主要形态》一文中将现代农业的主要形态总结为：都市型现代农业、生态农业、有机农业、精确农业、可持续农业、信息农业、绿色农业、循环农业、工厂化农业、特色农业、立体农业、订单农业、物理农业共13种。一些实践工作者和学者从不同的角度对现代农业的某种具体形态进行了总结和经验交流，但对各现代农业形态的地位、作用、相互之间的关系没有明确的梳理，尚未有以能代表现代农业发展方向的主要农业形态为研究对象的著作。

现代农业是用现代工业装备的，用现代科学技术武装的，用现代组织管理方法来经营的，为消费者提供合格农产品的社会化农业。现代农业是一个动态的和历史的概念，在农业发展史上呈现出不同特征。现代农业是一个多维度的复合体，从不同的维度观察，现代农业则呈现出不同形态。从多维度对现代农业进行考察，就能正确梳理各种农业形态形成的根源，厘清现代农业的主流形态。

从农业对自然和气候资源依赖和利用维度看，现代农业从"靠山吃山、靠水吃水"的小农经营向利用区域优势资源的规模化特色农业和脱离自然气候环境的工厂化农业形态转变。特色农业就是将区域内独特的农业资源（地理、气候、资源、产业基础）充分利用，开发出特有的名优产品，并转化为特色商品的现代农业。工厂化农业进一步演进则必然与信息化融合形成更高级的智慧农业形态。目前的技术水平和投入来看，工厂化农业尚不足以形成大规模化农业产出，因此，特色农业是现代技术条件下进行成本核算后可以形成规模化产出的现代农业形态。

从生产过程和农产品质量控制维度看，现代农业从受工业污染和错误施肥、施药和育种影响的低品质农业向提供安全食品的绿色农业和有机农业农业转变。绿色农业是一种以生产加工销售绿色食品为轴心，灵活利用生态环境的物质循环系统，实践农药安全管理技术、营养物质综合管理技术、生物学技术和轮耕技术等，具有保护环境与确保农产品安全双重功能的农业生产经营方式。有机农业是指遵循一定的有机农业生产标准，遵循自然规律和生态学原理，在生产中不采用基因工程生物技术及其产物，基本不使用化学合成的农药、化肥、调节剂、畜禽饲料添加剂等物质，采用有机肥料和饲料满足种植和养殖需要的农业经营方式。可见，有机农业是一种对生产条件和产品品质要求更高的绿色农业形态，因此产业发展受到产业规模扩张和高成本的约束，目前很难成为一种被广泛推广的农业形态。另一方面，目前科技和社会各界关于转基因工程应用于农业生产给人类带来怎样的影响尚存在很大的分歧，目前从科学的角度还难以得出肯定的结论，这也是有机农业目前存在一定发展空间的原因。因此，从农产品品质发展视角来看，绿色农业是现代农业的主要农业形态。

从农业发展理念视角看，现代农业从传统的单纯经济思想向经济、社会与生态环境统一的可持续发展思想转变。在可持续发展思想指导下，现代农业出现了立体农业、循环农业和生态农业等形态。生态农业是 20 世纪 50 年代美国土壤学家艾希瑞克针对现代农业投资大、能耗高、污染严重、破坏生态环境等弊端，从环保角度提出的，遵循生态学、生态经济学规律，运用系统工程方法和现代科学技术、集约化经营的农业发展模式。就立体种植而言，立体农业是农作物复合群体在时空上的充分利用。立体种植是指根据作物的不同特性，利用它们在生长过程中的时间差，合理地实行科学的间种、套种、混种、复种、轮种等配套种植，形成多种作物、多层次、多时序的立体交叉种植结构。可见，立体农业也可以理解为一种生态农业模式。循环农业是采用循环生产模式的农业，是指在农业生产系统中推进各种资源往复多层与高效流动的活动，以此实现节能减排与增收的目的，促进现代农业和农村经济的可持续发展，也是生态农业发展的高级阶段。可见，从农业发展理念来看，生态农业是现代农业的最具代表性的形态。

从农业生产技术手段发展视角看，现代农业从依靠人力和畜力劳作的传统农业向机械化农业、信息化农业、物理农业、工厂化农业和智慧农业等形态转变。机械化农业是指由机器取代人畜力的农业生产方式。信息农业就是以信息为基础，以信息技术为支撑的农业。物理农业是物理技术和农业技术的有机结合，是利用具有生物效应的电、磁、声、光、热、核等物理因子操控动植物的生长发育及其生活环境①，促使传统

---

① 目前应用较为成功的植物声频控制技术，是利用声频发生器对植物施加特定频率的声波，与植物发生共振，促进各种营养元素的吸收、传输、转化，从而增强作物光合作用和吸收能力，促进生长发育，达到增产、增收、优质、抗病等目的。

农业逐步摆脱对化学肥料、化学农药、抗生素等化学品的依赖以及自然环境的束缚，最终获取高产、优质、无毒农产品的环境调控型农业。工厂化农业是综合运用现代高科技、新设备和管理方法而发展起来的一种全面机械化、自动化、技术高度密集型生产，能够在人工创造的环境中进行全过程的连续作业，从而摆脱自然界制约的一种农业生产方式。智慧农业形态历经计算机农业、数字农业、精确农业及智慧农业四个阶段。智慧农业是农业信息化技术突变下的产物（张世龙 等，2004），在此阶段的农业形态集农业机械化、自动化、信息化、物理化和工厂化于一体。可见，从农业生产技术手段发展来看，智慧农业形态是现代农业发展的高级阶段。

从农业的空间领域发展视角看，传统农业空间在城市以外的区域，但现代农业空间延伸到城市，因而出现了都市农业形态。在都市发展农业主要采取农业公园、观光农园、休闲农场、教育农园、高科技农业园区、民俗观光园、森林公园、民宿农庄等经营形式。都市农业具有很大的包含性，休闲农业、观光农业、景观农业、创意农业和社区农业等都可以是其具体产业内容。

从产品营销和品质保证维度看，现代农业从传统的产品导向性农业向市场导向性的订单农业、社区支持农业和品牌农业转变。订单农业又称合同农业、契约农业，是近年来出现的一种新型农业生产经营模式，是指农户根据本身或所在的乡村组织同农产品的购买方之间所签订的订单，组织安排农产品生产的一种农业生产销售模式。社区支持农业是一种城乡社区相互支持，发展本地生产、本地消费式的小区域经济合作方式，社区中的每个人对农场运作作出承诺，让农场可以在法律上和精神上，成为该社区的农场，让农民与消费者互相支持以及承担粮食生产的风险和分享利益。品牌农业是指经营者通过取得相关质量认证和相应的商标权，通过提高市场认知度，并且产品、经营者或生产区域在社会上获得良好口碑，能够获取较高经济效益的农业。订单农业的运行模式比较简单，主要在农户与营销企业之间进行，许多地方已获得推广，但它还不是一种稳定的农业形态。社区支持农业和品牌农业随着农产品质量安全日益受到消费者的高度重视，社区支持农业和品牌农业都将具有较大的发展前途。

从农业价值链延伸维度看，现代农业从传统的种植、养殖和加工业的数量增长型价值链向从农业全产业链各环节创意延伸产业价值链的创意农业形态转变。创意农业以生产、生活和生态资源为依托，融合科技、文化、社会和人的创造力资源，从农业研究、种植、养殖、加工、运输、销售、服务等环节进行创意设计，拓展农业的功能，形成农业的休闲、观光、度假、体验、娱乐等多种新的功能，从而全面提升农业的附加价值。创意农业的产业载体常以都市农业的具体经营形式出现，休闲农业、景观农业、旅游农业可以理解为既是创意产业的成果，也是创意产业的具体内容。

1.3　研究的主要内容和方法

本书在梳理出能代表现代农业发展方向的主要现代农业形态基础上，确定研究的主要内容，最后选择特色农业、绿色农业、生态农业、智慧农业、都市农业、社区支持农业、品牌农业和创意农业等主要农业形态为研究对象。对各农业形态的研究主要从农业形态兴起的背景、发展动态、概念的形成与发展、农业形态特征、系统和结构分析、国内外实践经验、农业形态实践的系统案例分析等方面进行理论与实践相结合的分析。

总的研究方法是理论与实践相结合的研究方法。理论研究，主要采用文献综述和系统分析的方法进行梳理和系统分析，可以阐释现代农业形态发展的社会经济基础、运作模式、结构、功能和在现代农业发展中的地位，为促进现代农业形态发展提供理论武器。实践分析主要采用经验收集整理和案例分析的方法。案例分析，可以将现代农业形态的运作模式、创新与发展方面进行充分展示，供研究和从业人员了解和学习；可以对现代农业形态的理论进行验证和修正提供参考；还可以深入研究各现代农业理论与实践相结合的方法和策略。

第 2 章 特色农业的理论与实践

　　特色农业是大自然对农民的馈赠，是农业中的精品。发展特色农业就是依赖特定区域内独特的农业资源和气候，通过现代科学技术、专业化生产方式和现代营销手段，形成规模化特优名产品，形成地域特色的现代农业。特色农业作为现代农业发展的新趋势，做农业中的精品、名品，既符合现代居民需求变化的特点，又有利于农业产业链的延伸和区域经济的发展。

2.1　特色农业的研究与发展动态

　　关于特色农业的研究最早开展于 20 世纪 50 年代，主要是由一些发达国家开始研究特色农业的。最初对于特色农业并没有统一的名称，有的叫农业专业区域，有的叫农业区规划等等（严小燕，2017）。20 世纪 50 年代以后，根据各种环境条件、农业发展水平和社会整体经济状况的不同，国外开始了对特色农业的理论研究。最具代表性的首先是约翰·梅勒（1966 年），他认为现代农业的发展需要经过三个阶段从传统农业中转化出来：首先要经历技术停滞时期；然后熬过低资本技术时期；最后便可以进入高资产技术时期。舒尔茨（1964）的转变传统农业理论认为现代生产要素要代替老旧的传统农业生产要素，目的是为了提高生产率。还有速水佑次郎和弗农·拉坦（1971）共同提出的，要利用机械和化学生物技术的进步，实现农业在某一方面有所发展。

　　20 世纪 50 年代中后期开始，国外的学者们就特色农业的实现形式展开研究。当时最流行的特色农业实现形式是农业科技示范园区。农业科技示范园区是特色农业的最早期的表现形式，作为一个新型农业运作模式，受到理论界的重点关注和研究。因为这个模式的产生，技术推广第一次被牢牢地和农业发展拴在了一起。当时有三种农业科技示范园区模式：第一种是为了实现最先进农业技术的推广，在干旱及沙漠地区构建的以节水农业和沙漠化农业，是这种模式的典型案例；第二种是为了实现农业的观光和生态作用，空中菜田、有机农场、观光农场等都是这一类科技农业的典型代表；第三种是以为了生产某种特定的农产品而开展的特色产业园区，如法国的葡萄园就是这种类型（张忠根，2002）。

20 世纪 90 年代中期，特色农业在我国开始兴起（黄景设，2013）。根据当时的历史背景和不同的农村区域特点，我国学者对不同地区采用不同的农业科技形式，以适应当地农业发展需求的研究受到关注，当时特色农业研究已经初见雏形。后来由于我国特色农业战略开始实施，其影响力也在逐年扩大，特色农业的研究探索也就变成了一个热门的话题。21 世纪初，国内学者们对我国特色农业的概念、内涵逐渐做出了科学的界定，提出了一些比较有说服力的观点。

近些年来，国内外学者又在不同的层面上对特色农业进行更加细致的分析和讨论。总体看来，特色农业的发展无论在概念定义和发展影响因素，还是在发展模式上都具有阶段性特征。在历史进程中，特色农业是一个动态的发展过程。特色农业与区域特征具有密切联系，所以不同地区的特色农业的表现形式也各不相同（游新彩，2008）。

特色农业体系在中国的发展已初步实现，但地区差异较大。同行实证研究显示，中国幅员辽阔，不同地区特色农业所取得的成果各不相同。整体而言，中国东部地区已经步入了实现特色农业的进程中；东北地区结束了对地理的探究，进入了实现阶段；而中国的中部地区和西部地区还在起步阶段，处于探究如何在该地实现特色农业发展的理论论证阶段，与中国的其他地区差距较大。

我国特色农业的发展模式基本上具有两个特点：一是自然资源自我运用型，即农特资源经过深加工和细加工进行开发运用，生产集约化和规模化、特色产品的专业化和基地化方向明显、产销一体的特色农业产业链运作模式；二是特色农业市场主导型，即农贸合作，以市场为导向的方式再进行重组、加工、营销联动的模式（梁守杰，2016）。这一模式是把区域内特色农业优势与专业市场化相连接，在高科技手段的催化下，最终得以实现区域农业产业的高效收益，从而打造自己的规模优势和品牌优势，在市场竞争中明显处于有利地位。

从我国特色农业发展实践来看，西部地区特色农业发展模式多倾向于自然资源自我运用型，立足发挥发挥自身资源优势，比如宁夏中宁枸杞、新疆库尔勒香梨、甘肃兰州百合、云南文山三七等颇具地方特色的特优农业品牌不断发展，成为带动地方农业发展的重要力量。东部发达地区发展特色农业，更多注重于市场需求和高新科学技术的运用，如以未来农业大世界命名的江苏苏州科技型农业、无锡的马山生态农庄休闲都市型农业及位于上海浦东农业开发区的孙桥设施型农业等，都成为国内区域优势特色农业创新发展的典型成功模式。

2.2 特色农业的概念及特征

2.2.1 特色农业的概念

特色农业一般认为是将科学技术作为指导，将生产要素重新高效排列组合，对某一种特定的农产品以市场引导为目标，最后形成规模适合当地各项条件，同时又可以将这一农产品的特色突出的农业生产体系。特色农业的产品具有一定收益的同时具备较强市场竞争力，这是一种特殊的农业生产体系即不均衡的农业生产体系。特色农业的目的十分明确，就是通过农业生产得到最大效益。

对于特色农业的定义受到了来自各个研究层面的重视。但从不同的角度看，从历史的不同节点出发，对于特色农业概念的说法各种各样。关于特色农业概念有的定义可以是从某项工作的需要来定义，也可以从研究工作的需要来定义。所以说，可以从不同的层面出发对特色农业概念进行界定（马静，2005）。王海等（2014）认为特色农业是，从区域优势出发将当地的特色农产品发展成特色农业产业。这样的特色农业依托于地区资源优势，主要发展适合市场的消费水平高、营养价值高的农业产业（师俪俪，2017）。邹冬生（2001）认为，特色农业是以特色资源作为基础，在生产上强调规模优势，以科技和产业作为高品质和高效益的保障，最终得以实现具有竞争力和市场占有率的新型农业发展模式。

特色农业发展实践是指人们利用一个地区的自然环境条件，将农业生产与其融合的特色资源，生产具有地方特色的农产品，实现该地区特色农业的发展。许多学者认为国内外市场和科技进步是特色农业必不可少的发展条件，应以大农业思想为指导，走现代集约化路线，在保障效益的同时也要保持当地资源优势，进而实现具有当地特色的农业产业化目标。另外，实践经验显示特色农业也可以在推动农业品牌上展现高效性，实现高效持续发展的新型农业运作模式。

根据以上分析，特色农业的概念可以这样表述：将地区的特定资源优势与科技结合起来，通过产业化经营，以市场需求为导向，在竞争中形成规模化的特色农产品生产、供给和营销体系的现代农业形态。

2.2.2 特色农业的特征

传统农业在新时代的发展越来越显得无力，尤其是家庭承包责任制的实施以来，特色农业的发展越来越被社会认可。虽然国内国外不同的专家对于特色农业的定义各有不同，但是根据特色农业的发展经验和理论的探究，特色农业总体有以下几种特征。

1）农业生产的地域性特征

每个地区都有自己独特的自然和资源条件，所以不同地方生产的农产品都是各具风格的（贺祥民，2010）。要想使自己的农产品独树一帜，把握住当地的地域特色就显得格外重要，而这些条件因区域环境的不同而不同，最终导致各地的特色农业都各具特色。比如梨、桃子产于我国的北方而不产于我国南方，而香蕉就产于我国南方而不产于北方等。所以在适宜的生态区域生产合适的农产品，是发展特色农业的先决条件（冯云，2009）。

2）农产品品质的独特性特征

农产品具有独一无二的品质是发展特色农业的内在追求。通过技术更新、市场指导等多方面因素共同作用的特色农业所生产出来的农产品就必须高于传统农业的农产品质量（杨旭升，2010）。特色农业所产出的农产品经过市场的检验，在外观、口感、营养健康等方面一定要做到区别于其他同类农产品，具有独特优势，因为其产品的品质决定了日后的生存与发展轨迹。"独特"的主要含义就是表达并实现人无我有，人有我优，目的就是要展现特色农产品质量上优越、时间上提前和服务上周到。

3）农业的高效性特征

在特色农业的发展过程中，农业的高效性也在逐步体现出来。通过合理利用各种资源环境，将先进的技术渗入农业生产之中（蒲春生，2017）。让生产要素重新排列组合，实现经济、社会、生态的综合发展。为农业经济的增长和农户的增产增收提供了更多的机会（杨筠，2015）。

4）市场的开放性特征

特色农业将区域内某个优势作为起点，然后逐步形成专业化的生产链条。政府将社会上各种可以吸纳的资金投入到特色农业的发展过程中去，同时区域之间各种经济和技术上的合作也带来了信息的交流，利用各种资源，从而可以从容面对不同的市场。对于之前的运营常态要敢于打破，农户也要紧跟时代步伐，学习新的农产品营销技巧，将开放的市场和特色农业紧密相连，在开放、沟通的过程中，特色农业的市场经济优势就会充分体现。

5）特色农业的规模化经营特征

特色农业要在市场竞争中形成自身的特色，要有一定的市场影响力，而特色农产品生产的适度规模是形成区域品牌进而扩大市场影响力的必要条件。

2.3 特色农业的发展条件及其影响因素

2.3.1 特色农业的发展条件

特色农业主要指三个方面要与众不同。一是特色农业的灵魂是天下独霸。"物以稀为贵"早已经是人尽皆知，就特色农业来说，做到了人无我有、人有我优才能显现出该区域的独特之处。二是特色农业的根基是天赐。各地根据不同的自然条件，制订的特色农业发展规划一定要符合自己的实际情况。盲目模仿别人，只会"画虎不成反类犬"。三是传统农业遇到现在这个时代就必然会对原有的农业生产习惯有所改变。特色农业的根本还是传统农业。不能因为特色农业的开展就否定了传统农业的意义，因为特色农业短时间内并不适合所有的农户、农业企业。只有在传统农业的基础上，特色农业技术也顺应了农民的心意，改变了农民的农业生产习惯，被广大农户接受，这样才能逐渐发展成为真正的特色农业。具体而言，特色农业发展需要特色产业、区域特色资源和高新技术三大基础条件。

1）特色产业是特色农产品的后盾

许多名、特、优农产品在传统农业经济中并不能形成市场优势和快速发展，是因为这些产品大多规模较小，通过非专业化的家庭作坊而产生。而现代市场经济条件下，将人、财、物高度集中，对地区的农业产业结构进行调整和整合，依托大规模的产业开发就能利用特色农产品形成自己独特的经济优势。特色农业要适应市场需求，在规模上要足够大，在收益上要超越传统农业，在品质上要有明确的辨识度。这样的特色农业才具有广阔的未来（陈彧，2008）。

2）特色农产品的根基是区域特色资源

将当地的特色资源经过特殊的农业转化从而形成了特色农产品。因为这些资源是稀缺的，那么通过对这种稀缺资源进行最合理的开发和利用，特色农产品的优势就相应地产生出来了。当地的资源环境优势是特色农业发展的立足点，充分发挥比较优势才能实现特色农业的意义（张小艳，2008）。

3) 特色农产品离不开高新技术的支持

一个商品品质的好坏就源于这个商品所蕴涵的技术含量有多少。农业正在由"资源依存型"向"科技依存型"转变，将特殊的技术应用于特色农业的发展中，那么一个农产品就算是用同样的资源生产，不同的技术含量，也会让这个农产品在市场竞争中有不同的表现。特色农业一般都有其独特的内在技术要求。

2.3.2 特色农业发展的影响因素

进入 21 世纪以来，针对特色农业发展的影响因素，许多学者都进行了深入、充分的探讨。徐建龙（2000）将特色农业的发展和城乡统筹相结合，提出特色农业的发展与政府的高效指导和各个产业直接的协调合作密不可分。弗里德曼（2004）对于农业发展的相关因素研究时发现，影响特色农业的发展最重要的是资源因素。另外一个影响农业发展的重要因素是人口的文化素质。一个地区的平均居民文化素质较好，对于他们的个人发展和整体的社会风气都有不可撼动的影响力，同时也会对特色农业的发展起到积极作用（李晋芳，2015）。迈克尔（2009）在人口扩散对于加纳海岸发展的影响研究中，得出了人口的变化与特色农业之间有着一定的逻辑关系（韦鸿雁，2005）。某一区域的人口组成成分会影响该地区的特色农业发展，影响城乡人口的分布，最终导致农业发展的各种不同表现（刘娇，2016）。克鲁沃（Kluwer，2009）指出，影响特色农业发展的关键点是领导的决策、组织机构的大小和当地居民的整体素质。特色农业的发展通常是一个比较大型、完整的区域，里面有复杂的人口组成和资源分布。所以正确的指导思想至关重要，依据该区域的综合特点制定科学合理的方案和策略，强化特色农业对居民的宣传力度，为特色农业发展提供政策和舆论上的支持（陈静，2016）。

2.4 国内外典型特色农业发展模式及其经验

特色农业在国外已有许多成功经验与案例。自第二次世界大战结束以来，全世界多个国家根据自身的农业资源环境优势，再通过现代化的运作模式来促进本国农业事业的发展。通过科学的经营运作，日本、美国、荷兰等国的农业在市场比例、专业技术、规模程度等领域都有了飞速发展，农业经济稳步增长。通过发展特色农业，农民的生产价值得到了实际性的回报，因此致富的农民其生产行为让农产品的供需问题得到协调发展。他们的特色农业或多或少在资源、生产、组织和营销方面有一个或两个明显的优势。

与国外的特色农业发展相比,我国特色农业起步相对较晚,但从我国的农业发展阶段进程上看,特色农业发展已经在中国农业发展中起到了举足轻重的作用(周灿芳,2008)。在我国特色农业发展的过程中也有许多成功的经验和案例。

2.4.1 荷兰的特色农业发展模式

荷兰拥有 1700 万人口,其中从事农业的人口数占了 46%,是西欧大陆上的农业大国。荷兰的国土有 4 万多平方千米,有丰富的物产资源和良好的农业生长自然环境。荷兰的自然条件尤其是土地和气候适合果蔬、牧草和花卉的种植,郁金香等花卉,燕麦、荞麦等谷物都是其具有本土特色的农产品。虽然欧洲有很多国家在耕地面积、耕种人口上以及农业聚集规模上都超过了荷兰,但是荷兰根据自身的区域优势,发展属于自己的特色农业组织模式和营销模式,使荷兰在国际农产品贸易中占有较重的份额,成为仅次于美国的世界第二大农业品出口国。荷兰特色农业实现产业化发展有自己独特的经验,尤其是在组织模式和营销模式上(柳一桥,2013)。

1)荷兰农业产业化合作体系成熟

在荷兰,农业劳动者(即农户)与企业通过合作将供销、服务、品牌以及特殊农产品深度加工相结合。信用合作社在农业生产合作体系中主要为农业劳动者提供相应的材料支持与资金储备保障。销售合作社用来协调销售和拍卖。供应合作社为农业生产提供采购和基础资源的供应。各类农业合作组织都是非营利的组织,它们降低劳作成本,但是依然各司其职,从而使荷兰农业系统良性发展(叶喜永,2010)。

2)荷兰在农业经营模式上锐意创新

荷兰将企业与农户进行对接,成立专门的供销社并且在农产品收获的时节举行拍卖活动,促进产品的推广与销售,让农户和企业在收获回报的同时,将特色的农产品带给消费者们。荷兰农业一体化经营最经典的模式就是拍卖市场与农户连接型。阿斯米尔建成了全荷兰最知名的花卉拍卖中心。在荷兰,农民享有决策权和独立权,这主要得益于用民主的方式运作合作社。合作社和政府互不干涉,政府不得控制合作社的活动。企业与农户连接型是将农户和企业连接起来进行农产品加工的主要方式。荷兰的农业营销系统健全,尤其是拍卖市场和农户相连接的方式比较成熟。由于荷兰对农产品的质量要求标准较高,所以荷兰的农产品质量普遍都得到了保障。

3) 荷兰实施新型的农业金融制度

荷兰良好的农业融资环境和金融服务对于特色农业的发展起到重要作用。没有一定的经济基础，其他各项发展措施都无法顺利地开展（岳敬芹，2017）。荷兰政府在政策扶持上，采取新颖的农民合作方式的银行以及新型农业企业金融管理制度，给予农户和企业以极大的帮助。政府设置专款专用的农业安全基金，当农户遇到自然灾害或者发生经营不善时，该基金用来保障农户的收入不降低。这样的做法可以给农户抗自然风险的信心。

2.4.2 日本的特色农业发展模式

1) 大分县"一村一品"特色农业发展模式

大分县位于日本西南部，在特色农业方面发展十分出色，拥有大约 124 万人口和6337 平方千米的土地。大分县的自然条件相对较差，因为当地的地理环境多为丘陵和山脉，所以无法很好地开展农业种植，进而导致当地的人们渐渐远离家乡外出谋生，最终使得当地的经济变得越来越差。1979 年，当地政府依托特色农业资源的开发，开展"一村一品"运动，决定将本村具有特点的农产品打造成全国知名的农产品。"一村一品"开展以来，30 年间推出了富有大分县特色的农产品 336 种，三分之一的产品产值达到 99 万美元，有 15 项农产品的产值达 900 多万美元（姜怡悦，2016）。大分县在资源、生产和组织都不占优势的情况下，在营销方式上大胆创新，走出自己的特色之路。

大分县自主自立，锐意创新，知名度的打造需要发现自身产品的闪光点。大分县的香菇是特色农产品，在日本乃至全世界都有一定的知名度，香菇出口量占全国的出口总量 20%。在 1989 年大分县就专门成立香菇研究中心，不断研发新技术，开发各种类型的香菇产品，通过对农户进行有关香菇种植方面的专业培训，对整个大分县香菇的专业化生产和知名度的提升都起到积极作用。

大分县守住眼前优势农产品的同时也放眼世界。为了提高特色农产品的知名度，大分县不光打开国内市场更开拓国际市场。大分县为了推销自己农产品、提高知名度，采取了各种各样的宣传方式，例如去人多的车站发传单，到肉类市场拍卖市场宣传大分县的优质牛肉。在国外通过和当地各大超市的合作，让自己的特色农业产品进入当地居民的视野。

大分县开展农业发展的同时，也切实尊重农民的想法和意愿，通过激励手段与政策调动农民的积极性。在大分县，当地落实"一村一品"方针，在选择农产品生产上，大分县既看中市场占有量也看中当地特色的成分，但是无论农户如何选择，政府都不会进行干预，将选择权下放到农民自己的手中。农民根据自己的意愿选择哪"一品"作为种植的方向。

大分县提升农业生产的技术，采用联合院校发展、校企互动的方式，让农民和企业学习拓展先进的种养殖和商业管理技术。只要是农户和企业愿意去探索、创新、学习政府都给予多途径的技术支持。在大分县人人都可以参加学习班，每个人都是大分县的农业人力资源。

2）农业公园示范园区发展模式

在日本，特色农业的另一种表现形式是农业示范园区，南瓜森林农业公园就是其中的杰出代表。日本的农业公园一般都位于城市郊区，远离城镇（吴颖，2008）。一个"野"字充分展现出这个农业公园的特色，周围遍布山岭，原生态的林草就是这个农业公园的基础。老式的风车是农业公园的灌溉工具，油菜花田、蔬菜园和果园都非常具有艺术气息。南瓜森林农业公园无论外界环境如何，都可以有收益。因为当地农民在种植前就已经根据最先进的技术得到精确的气象信息，然后再制订种植计划。作物就按照春夏秋的方式来进行分类，种植出各地游客都能接受的景观农作物。门票就是这个农业公园的收入来源，它也支撑着科研和管理的成本。由于管理得当，所以农业公园中农产品生产量一直保持较高水平。

2.4.3 澳大利亚的特色农业发展模式

澳大利亚是南半球经济最发达的国家。在农业方面，澳大利亚是全球第四大农产品出口国，丰富的农业产出出口是澳大利亚成功的基石（张修翔，2012）。澳大利亚沿用多年的特色农业发展模式是混合农业发展模式，不过现在的澳大利亚也出现了农业现代化发展模式，这主要是由当地的农业生产力和农产品市场化程度提升所导致。为了更好地发展农业生产，澳大利亚出现了"肉牛北迁，绵羊南迁"的现象，目前澳大利亚已经形成了较为明显的特色农作物带和畜牧带。

面对国际竞争，澳大利亚政府对现有的农业管理体系进行革新，缓解外部竞争带来的压力，对内其基本方针是提升服务质量、打开市场、避免过多干预。政府部门通过一体化管理体制实现高度集中，从制度方面来保证澳大利亚农产品在国际市场的竞争力。如农产品要通过严格的质量监管才可上市。通过提升自身出产农产品的质量，扩大其在国际市场中的份额比重，促进农业的持续健康发展。

澳大利亚十分注重农业的科研、开发和应用。优质农产品的种植在选育、疾病预防、检疫检测等方面采用国际认可的质检标准。澳大利亚建设了一套科学的农业科研服务体系，州政府在农业科研上所占的责任比为 49.8%，国家级政府占 25.6%，高等学府承担 15.1%，民间各大企业承担 9.1%。市场作为前置导向的科研机构，结合科研提升、营销方式和现代化生产形成一个完备的农业科学研究体系，澳大利亚在这些方面都处于世界领先水平。

澳大利亚特色农业的发展也可以认为是科学、可持续的农业的发展。在发展特色农业的同时，澳大利亚也注重科学、可持续农业的发展探索。澳大利亚在减少水土流失、防止土地沙漠化、提高土地肥力、土壤侵蚀等方面尽自己最大努力，努力维持生态平衡。对于土地、水、森林、矿产等资源做到严格管理。澳大利亚政府将自然资源的管理牢牢地掌握在手中，使得澳大利亚的自然资源能够得到很好的保护，从而为澳大利亚的农业可持续发展奠定了基础。

2.4.4　巴西的特色农业发展模式

巴西约有 2 亿人口，但其城市化程度很高，从事传统农业的人口比例较低。尽管如此，巴西的农业生产总值与农业集聚规模程度却不低，劳动生产率较高。在巴西闻名于世界的特色农产品众多，如可可、大豆、蔗糖等。在世界农产品市场，巴西占据了 1/3 以上的蔗糖、大豆和禽肉出口份额。

巴西的特色农业经过多年的发展，才形成现在的规模，其独特的农业发展模式，对于巴西的农业现代化和特色农业发展起到积极作用。

巴西有各类农业合作社 5500 多个，是农业产业运作的基础，涉及畜牧业、种植业、金融业等 11 个领域。农业生产合作社是非营利的组织，有力带动了特色农业在巴西的经济发展。

巴西在农业推广上覆盖面广泛，其社会化的系统服务体系建设十分健全。以渔业为例，巴西政府联合渔业农户（渔民）成立了专门的渔业合作社，目的是为了服务渔民在信息收集、设备购买时能够实现消息的实时互通，同时在渔业的各个环节中也对渔民进行技术指导，保证渔民在加工、冷冻保鲜、运输等环节上实现高效收益。农业服务组织在一个农业生产合作关系中起到了至关重要的作用，它灵活地协调了特色农业生产过程中的方方面面，让每一个环节都能顺利进行下去。

巴西为了能让本地的特色农业能够可持续发展，十分注重本地农业文化传承以及农业资源环境的保护。每当有资源开发类项目申请时，政府往往会作为领导对每一个资源开发环节逐一把控，按照不同地区特色进行资源的合理分配与科学部署。巴西特色农业得以可持续发展，应归功于多项环境保护措施的综合并举。

2.4.5 美国的特色农业发展模式

生物农场模式诞生在美国，可谓是特色农业的开山鼻祖。这种农场所使用的专门的化肥，是由人畜粪便、厨余垃圾还有绿肥混合再加上某种催化剂发酵而成的。这种肥料既能给作物提供养分，又能保护土壤和植物本身，作物生长也更加迅速。这种"生物动力学"的原理，是澳大利亚科学家努道夫·斯坦纳在20世纪初提出。这种有机肥相较于普通化肥不会破坏生物的"内在动力"，且对植物生长更有好处。

这种生物农场模式的特色农业具有两大特征。首先，生物动力学是该模式进行产业生产的理论基础；其次，有支持农业特色发展的人士提供充足的资金支持，农场才得以发展下去，最后按照出资比例进行分配。这类农场的机械化程度在当时美国甚至是全球都处于前沿位置，由于其所经营的产品类型丰富，是具有原生意义的产品组合，不使用化肥、杀虫剂，所以这样的农场生产出来的产品没有虫病和农药残留，农产品质量得到了认可，使得生物农场的经营利润非常显著。

2.4.6 国内典型特色农业发展模式

1）新疆维吾尔自治区特色农业发展模式

新疆维吾尔自治区拥有我国国内独树一帜的农业环境资源，其特色农业发展主要是利用自身的自然条件而形成特色。新疆的瓜果国内闻名，因甜蜜多汁深受消费者的青睐。新疆瓜果生长得如此之好，是因为新疆位于我国的西北部。该地区气候干旱，早晚的温差比较大，并且有很好的阳光照射，为瓜果类作物的生长提供了很好的自然条件，非常有利于瓜果糖分的沉淀和积累。因此，新疆在发展特色农业时，大力发展果蔬种植，充分利用自身的环境和资源优势；同时，新疆瓜果这一品牌在国内都有很好的口碑。新疆充分利用这一品牌优势发扬品牌效应，让新疆的瓜果在扩大市场规模的同时又保持了良好的口碑。此外，通过发展特色农业，新疆吸引了许多慕名而来的游客，为当地的乡村旅游业提供了发展机遇。虽然新疆的自然资源适合果蔬的生长，但新疆本身的气候条件较为恶劣，土地沙漠化也较为严重。新疆在发展特色农业的同时，也不忘维护好当地较为脆弱的生态环境。将自然的生态环境维护好，这也是新疆特色农业持续发展的基础。

2）长白山地区特色农业发展模式

长白山地区植被茂盛，自然环境十分优秀，在森林植被中生长着许多珍贵的山野珍馐。当地的农业也主要是以山林为基础，凭借长白山人参、食用菌菇等当地特色植物的种植和培育，发展特色农业。安图、珲春等地农业发展较早，其发展速度与发展方向较其他地区要更快、更广，对长白山地区发展特色农业起到了一定的引领作用。与新疆的瓜果相比，人参和菌菇的生长周期要更长，同时生产的环节也更加复杂，也注定了其附加的市场价值要高于瓜果。而且在华人心目中，人参自古都是滋补的圣品，国民对于价格实惠、品质上乘的人参需求是十分强烈的，致使人参在中国市场乃至国际市场都有很大的前景（冯莫涵，2014）。长白山人参久负盛名，长白山地区充分利用了这一农业文化优势、区域优势、市场优势，发展以人参培育、人参加工等一系列的生产链，将长白山人参的历史口碑和自然优势结合，形成了特色农业优势。

3）云南省特色农业发展模式

云南地处中国西南边陲，一年四季气候温和舒适。云南素有"花卉之乡"的美称，云南省农村经济中最具活力的便是花卉产业。这一特色农业的开展对农民增收起到了至关重要的作用。云南四季如春的气候条件和优秀的花卉种植土壤是特色农业发展的先决条件，但云南花卉产业从散乱无章到初见规模，到现在的迅速发展，其中起着决定性作用的是现代组织和科技进步的力量。当地的政府对于花卉种植发展也给予了许多政策和经济的扶持和帮助，切实地解决农户和企业在花卉种植到市场过程中的各项问题（林超民，2016）。云南的花卉种植同样运用现代的科学种植技术进行集中化种植，打造云南花卉市场品牌，立体地促进当地特色花卉产业的蓬勃发展。

4）内蒙古特色农业发展模式

我国北部边疆内蒙古呼伦贝尔大草原，这里的人民自古以来就以畜牧为生。在内蒙古拥有我国最大的牧场，牛奶的产量在全国名列前茅，牛奶业是当地发展特色农业的支柱产业。内蒙古奶业依靠内蒙古良好的气候条件、饲草料条件和开阔的地理空间以及畜牧业科技水平，得到了快速发展和壮大（张宏升，2007）。在享受资源优势的同时，从业者还非常注重农业畜牧科技的学习、加快架设全面的市场推广体系，使得乳制品的加工方式多元化，产品多样化。同时政府加强内蒙古区域内的现代化交通建设，让乳制品能够更快地以最好的品质配送到全国的各个地区。

2.4.7 国内外特色农业发展的经验借鉴

经过对荷兰、日本、澳大利亚、巴西、美国和我国几个不同地区的特色农业发展模式分析，可以看出，就算是地理位置各不相同，所属的自然环境也各不相同，发展方式的侧重点也各有不同，但是它们都有在特色农业发展过程中的相似点。

（1）发展特色农业都要充分了解本国或者本地区的情况，采用适合本地区的生产组织方式。如荷兰，其基本国情是国土面积小，从事农业的人口少，那么应用农户和企业合作的经营模式，可用最少的人进行专业化生产，大幅度提高劳动生产率；而巴西的基本国情则刚好相反，人口众多，劳动力富余，但是从事农业劳作的人不足，那么在巴西开展特色农业就要充分提高农业机械化水平，同时注重本国农业资源的保护。

（2）特色农业的发展要以现代科学技术作为支撑，农业推广技术也是重要的手段之一，无论在生产还是在管理的过程中，时刻不忘创新。如澳大利亚，制定各种制度来管理农业生产，进而提高农业机械化水平；日本大分县通过农业科技不断创新升级营销手段的创新，抵消资源短缺的不利条件，开展可持续特色农业的发展。

（3）采用各种营销方式促进当地特色农产品的销售，如日本的大分县通过多种多样的营销方式带来了区域经济的不断发展。

（4）政府在整个农业生产过程中应采取宽松有度的管理政策，过多干预和不管不问都是不利于特色农业科学发展的。例如巴西在特色农业生产过程中主要依靠合作社，但是当涉及农业资源开发时，政府就发挥了较强的监管作用。

2.5 邳州市特色农业发展的案例分析

邳州市地处江苏省北部，是徐州市所辖县级市。作为传统的农业大县，邳州市现有耕地面积193.9万亩①，全市人口共计约200万人，其中有122万农业人口。邳州市因自己的区位、资源、生态和市场等方面的优势使得特色农业迅速发展。目前，邳州是全国重要的商品粮生产基地，同时还是全国棉花生产和菜篮子生产基地。经过自身的不懈努力，邳州市也因特色农业的发展而获得许多荣誉称号，如获得过"粮食百强县""农业增收百强县""全国绿色模范县"等荣誉称号。

2.5.1 邳州市特色农业发展的基本条件

1）区位条件

邳州市位于江苏省北部，陇海铁路、霍连高速公路和京杭大运河穿境而过，是江

---

① 1亩=666.67平方米

18

苏、山东、安徽和河南的接壤地区，位于徐州市都市圈中部。观音、临沂、连云港三大机场一个半小时车程即到。西面是工业名城、历史文化名城的徐州，东面是欧亚大陆东桥头堡连云港（汪炎伟，2014），也是"一带一路"沿线中重要的节点城市。从区域经济规划看，邳州作为淮海经济区中心腹地，同时也是长三角、环渤海、中原三大经济圈的交点，3 小时内便可以和北京、上海、南京、济南、郑州、合肥等中心城市实现交汇联通。

2）自然条件

邳州市地处 34°N，在气候上属于暖温带半湿润季风气候，雨水和日光充足，邳州市年平均温度 14.0℃左右，降水量年平均在 867.8 毫米，年平均日照时数 2318.6 小时，气候四季分明。

邳州市处于沂沭河冲积平原之中，地势总体较为平坦，海拔为 20~33 米，全市地形主要呈现出西北高东南低的走势。邳州市有五种土类，其中潮土为主要类型，因其土质营养成分丰富，为耕种提供了合适的土壤条件，适合各种淮河流域农作物的种植。在邳州市的东部、北部等镇是速生林生产基地（速生林是指可以在短时间内被砍伐使用的人工林）。

邳州境内水系发达，河流众多，湖泊、水库星罗棋布，水资源充沛，地下水资源较丰富，有运河、沂河还有邳洪河为整个邳州市的生产生活提供强有力的水力保证河。水量充足为农业生产提供强有力的水力支持。

3）经济条件

邳州市经济总量常年保持在全国中小城市综合实力前 100 强，名列苏北地区第一，2017 年全国排名第 21 位，连续多年获得徐州市经济工作综合考核第一的好成绩，经济各项指标增长也维持在合理区间，可为特色农业发展提供资金支持。

邳州市的投资环境优良，备受商贾青睐，2013 年被浙江商人评为"最佳投资城市"，是全国 12 个最佳投资城市中唯一的一个县级市。邳州市的农林产品出口量位居全省第一，形成了江苏省外贸工作的"南有江阴，北有邳州"的格局。邳州市"招大招强、招新招高、招金招银、招才招智"的"四招四引"战略，突出了邳州市的招商引资工作坚持工业立市、产业强市不动摇，为特色农业的开展提供了工业基础保障和产业基础保障（表 2-1）。

表 2-1　邳州市部分年份全市生产总值与第一产业生产总值

年份	2011	2012	2013	2014	2015	2016	2017
总值/亿元	448.86	513.49	610.68	684.48	731.71	804.14	917.65
第一产业/亿元	69.92	79.32	87.13	95.81	104.59	112.86	127.57

从表 2-2 中可以看出，虽然邳州市城镇居民可支配收入水平低于全国的城镇人均可支配收入水平，但是在农村居民可支配收入上常年远超全国农村居民可支配收入水平，说明邳州市的农业经济发展良好，为农村居民带来实在的收入。对接"长三角""珠三角""环渤海湾"等地区的发达资本，邳州市大力开展专业招商引资、以商引商活动。不光为全市带来了巨额资本，同时也带来了财政税收。科技含量高的项目和产业带动力的增强，整体上改善了邳州市的基础设施建设，提升了邳州市宏观经济的增长，提高了城镇、农村居民可支配收入，提高了邳州市的经济发展水平，为邳州市特色农业的发展打下了坚实社会经济和人口经济的基础。

表 2-2　邳州市城镇和农村居民年可支配收入

	2013	2014	2015	2016	2017
全国城镇居民可支配收入/元	26 955	28 844	31 195	33 616	36 396
全国农村居民可支配收入/元	9987	10 489	11 576	12 363	13 021
邳州市城镇居民可支配收入/元	22 473	24 151	26 334	28 546	35 005
邳州市农村居民可支配收入/元	12 635	12 846	14 028	15 321	18 472

4）社会条件

邳州市政府对行政权力逐年下放，对于农户需要审批的项目减少审批项目，提高行政审批的效率。对于企业的管理，从多个角度评估其社会经济效益，完善市场资源的合理配置。

将市区与农村的闲置的土地重新规划，为邳州市农业发展提供土地基础。邳州市的现代家居、半导体材料、机器人等领域展现出邳州市产业规模大、投资能力强、科技含量高的特点。

在民生保障方面，富民增收事业进一步开展，实施农产品标准建设战略，全面打响邳州优质农产品区域品牌。完成阳光扶贫监管系统的信息录入，全面落实扶贫帮扶"三落实"① 制度等一系列的民生保障事业，都为邳州的社会和谐添砖加瓦。

――――――――――――

① "三落实"是指落实扶贫责任、落实扶贫对象、落实扶贫项目。

在城市交通方面，邳州市坐拥公、铁、水、海、空的全方位交通体系，这一项十分有力的交通优势，可以简称为"一河""一桥""五港""六路"。

5）邳州市特色农业发展条件总结

邳州市各种优越的自然资源条件、区位条件、经济条件和社会条件，为特色农业在邳州市的发展奠定了良好的生产条件：全面的城市布局、民生工作的开展、城镇统筹建设、扎实的农业经济结构调整，运输交通、人口基础、历史发展等客观基本条件的支持以及优质高效的特色农业发展策略规划，促使邳州市得以形成区域性特色农业产业。

2.5.2 邳州市特色农业发展的现状

1）特色农业产业发展已形成规模

综合邳州特色农业的发展状况，可以将邳州特色农业的类型分为特色农产品种植业和特色农副产品加工业。邳州市农作物生产主要集中在中强筋小麦、优质稻米、优质白蒜、高品质棉、设施瓜果蔬菜、菜用粮油六大农业板块，并已形成一定规模（表2-3）。

表 2-3　邳州市主要农作物的面积及比例

	耕地面积	稻麦	大蒜	蔬菜	优质棉	苗木盆
总亩数/万亩	193.9	80	60	10	20	3
比例（%）		41.25	30.94	5.15	10.31	1.55

邳州市的特色农业发展已经发展出多种产业，形成了银杏、大蒜、苔干、板材、食用菌、浅水藕、稻田养殖、肉兔等八大特色农业基地。其中以大蒜、银杏、板材三大主导产业发展最为优良，在全省乃至全国都有较好的口碑和认可。同时，近几年稻米、小麦、棉花、设施瓜果蔬菜、菜用粮油在邳州也逐步形成特色，"白大蒜""金银杏""绿苔干"等已成为邳州市的生态农产品牌，生态产业的规模和农副产品的品牌建逐步解决了传统农业的收益不足的弊端。

2）形成特色农业三大支柱

邳州市在银杏产业、大蒜产业和板材产业上取得了自己的独特优势。邳州既是中国的银杏之乡，同时也是国家级大蒜的生产示范区和中国四大板材之乡之一。大蒜、银杏、板材成为邳州市特色农业支柱。

2.5.3 邳州市特色农业生产经营方式

邳州市在特色农业的生产上有自己独特的生产方式，生产环节绿色环保，生产出来的产品得到"三品认证"①。现在邳州市在特色农业生产上已经形成了 10 个镇的"万亩设施农业园区"和 3 个镇的 5000 亩日光温室基地。在碾庄镇、八义集镇和邢楼镇有食用菌基地，采用工厂化标准化生产的食用菌基地，设施农业也在邳州市的特色农业发展上也取得了不错的成绩。邳州市特色农业的发展现状稳健，为农民增收农村发展带来新的活力。近几年，邳州市在特色农业生产已经初见成效，见表 2-4。

表 2-4　近几年邳州市在特色农业生产的举措及成就

2012 年	建立以"三大设施农业走廊"为重点的现代农业示范区； 全力打造邳南地区、邳北地区、环城地区三大设施农业走廊； 深入实施农业品牌战略，"邳州白蒜""邳州银杏""邳州苔干""邳州板栗"先后获批国家地理标志保护产品
2013 年	重点打造 10 个万亩高效设施农业园区； 建立 13 个千亩标准化日光温室蔬菜种植基地； 建立 6 个工厂化食用菌生产基地； 启动邳南片区的新河镇、邳西片区的碾庄镇蔬菜基地建设； 设施农业发展至 37.6 万亩； 林下养殖面积达 38 万亩
2014 年	围绕"一环一带两区十园"建设，打造环城设施农业精品圈； 建设沿护城河生态农业观光带，做强港上镇现代农业示范区； 成立邳南片区黄河故道优质果蔬示范区
2015 年	全市粮食播种面积达 930 万亩，粮食生产实现"十二连丰"； 银杏成片林面积达 30 万亩，银杏资源总量、加工产量、苗木交易量三项全国第一； 全市设施农业 5 年新增 30 万亩，成为邳州全市农民增收的重要增长点； 大蒜种植面积已突破 60 万亩
2016 年	申请 2016 年省级农业可再生资源循环利用项目； 国家农业综合发展第一批土地治理项目——邹庄镇、八义集镇、邢楼镇； 农村产权交易平台公开发包，为村集体经济收入增收 15.85 万元
2017 年	高标准农田建设计划指标 33 万亩； 碾庄镇、铁富镇被列入国家特色小镇，官湖镇授贤村入选江苏首批特色田园乡村； 推进三权分置，加快乡村振兴，全力拓展城乡融合发展新空间

---

① "三品认证"是指无公害农产品认证、绿色食品认证、有机食品认证。

为了在激烈的市场竞争中凸显自己的特点，更要发挥品牌优势。以邳州大蒜产业为例，强化商标注册、标准认证和品牌创建，推出的"邳州白蒜""宿羊山白蒜"成为具有地方特色的全国知名品牌。位于邳州的大蒜贸易长廊，吸引了全国各地蒜商来此交易，每年基本可以稳定在 100 万吨交易量和 50 亿元的交易额，这也使得邳州大蒜在全国大蒜行业中站稳了脚跟。邳州已成为全国唯一一家大蒜贸易定点市场，也是江苏省农副产品重要的批发市场（黄有建，2008）。

邳州市的大蒜产业多年的发展，结合自身资源优势和优化生产组织模式，采用多样的营销模式，主要有农户自行进入批发市场进行交易，农户与商场、超市等柜面合作，协商利润分配，使邳州大蒜产品在国内市场具有较高的市场份额。借助互联网营销、与外商联系增加客商，与本地或者外地的工厂合作，确定长期合作关系形成稳定的供应关系。

银杏浑身上下都是宝，银杏果、银杏木、银杏叶、银杏提取物还可以用来进一步加工生产。作为发展邳州市观光农业的重要作物，为银杏产业进一步的发展带来了更大的利润空间，让银杏真正在第二、第三产业上实现农户的增收。银杏可以贯通第一、二、三产业，不光使农户的收入增加，更是带动邳州市整体经济发展。

邳州市的农业发展因地制宜、结构完善、资源合理利用、质量显著提高。在传统农业生产的基础上，将全市的重点农业工程和农业重大项目作为生产的重点。邳州市特色农业生产格局已经呈现出"南菜、北林、西蒜、东果和山区林下养殖"的产业格局，已经基本摆脱了过去传统农业的科技水平低、规模小的困境。现在邳州市农业生产的主要特点是节奏快、效率高，将大量的现代化生产设备投入到农业生产中，提高劳动生产率；同时在农产品质量上也有显著的提高，在应对自然灾害和市场的动荡都有较强的抵抗能力，农业素质有显著的提高。农业生产环节不断优化升级的同时，注重保护生态环境，坚持可持续发展。将当地的环境和生产优势，在市场竞争中转化为强有力的竞争力。用高品质的产出和先进技术淘汰劣质的产品和技术，是邳州市特色农业以质取胜、以优发财的锦囊妙计。

通过这几年特色农业的发展，邳州市的银杏资源、苗木交易和加工产量均获得了全国第一。邳州市特色农业的影响力已经获得了来自各个层面的认可，国家级农业产业化示范基地、中国绿色生态农业示范市、中国绿色生态大蒜十强市这些荣誉称号都是邳州市特色农业生产成效展现的有力证明。

2.5.4　邳州市特色农业的组织模式

随着新形势下农业的不断发展，邳州市特色农业的组织模式也在不断发展。从发展龙头企业、农业经营大户和农业专业合作社以及促进三者有机结合的组织模式等方面，促进农业组织的变革。

在发展特色农业的过程中，着力引导和培养当地的龙头企业，形成了生产高效、产业集中的区域性特色农业生产经营体系。把邳州市的龙头企业发展作为农业、农民增收的农业组织方式，其中政府的政策支持和金融行业的金融手段的帮助起到重要的作用。以龙头企业为依托，建立农业标准化示范区也是邳州市重要的农业组织方式之一。截至 2017 年底，各类形成规模的农业产业化龙头企业有 140 多家，资金投入 15 亿元，带动了 2.6 万人的就业。省级龙头企业有 3 家，徐州市级的有 9 家，141.6 亿元销售额都是农业龙头企业带来的，省、市级企业实现销售额 11.88 亿元。从龙头企业的分布看，邳州市板材产业集群地主要分布在官湖、土山镇；银杏产业集群主要分布在铁富、港上等地；大蒜产业集群则以宿羊山、车辐山镇为重点发展镇。

在邳州市，传统的农户经营也是一种重要的组织形式。农户对这种模式较为熟悉，学习起来比较容易，农户就是土地的承包单位。但是由于邳州市改革开放 40 年来的巨大外部环境变化，强烈冲击了这种组织形式，所以农业大户经营就出现了。这种模式相应地解决了传统农户经营遇到的困难，在遇到市场变动较大和资金周转不灵时，农业大户可以采取金融手段或者将自身的农业生产下沉来克服各种困难，同时还可以将先进的农业生产技术广泛应用于农业生产之中。但是这样的组织形式对农户本人要求较高，在邳州市这样的农业大户人数并不是很多。

在邳州市农业专业合作社也获得比较好的发展。这组织模式对农户本身素质要求不高，一般以股份合作社形式出现，是一种有利于突破农户个体经营局限、提高农业生产效率的组织模式。这种模式已在邳州广泛使用，得到了广大农户的认可。邳州市部分乡镇专业合作社见表 2-5。

表 2-5　邳州市各乡镇专业合作社（2017 年）

序号	乡镇	名称	地址	法人代表	主营业务	实有数/户
1	宿羊山镇	邳州市茂胜农机服务专业合作社	邳州市宿羊山镇宿羊山村	季茂胜	农机服务	56
2		邳州市宿羊山不牢河种植专业合作社	邳州市宿羊山镇坊上村	刘柏辰	大蒜及水产养殖	5
3		邳州市润禾土地流转专业合作社	邳州市宿羊山镇刘山村	王会元	土地承包经营权流转服	6

序号	乡镇	名称	地址	法人代表	主营业务	实有数/户
4	邹庄镇	邳州市青帝花果种植专业合作社	邳州市邹庄镇沙埠村	王小东	花卉、果蔬种植	2801
5		邳州市卞湖蔬菜种植专业合作社	邳州市邹庄镇卞湖村	孟祥东	蔬菜种植	105
6	义堂镇	邳州市丰业食用菌种植专业化合作	邳州市义堂镇戴庄村	周峰	食用菌种植	15
7	岔河镇	邳州市康然蔬菜种植专业合作社	邳州市岔河镇马庄村	颜建东	植保服务	10
8	官湖镇	邳州市官湖养蚕专业合作社	邳州市官湖华南村	吴全科	蚕养殖	21
9	铁富镇	邳州市铁富镇铁南养鱼专业合作社	邳州市铁富镇铁南村	车传贵	水产养殖	50

由于专业农业合作社是土地合作经营，所以邳州市政府在征地、管理过程中会遇到很多纠纷，又带来很多不必要的麻烦。因此，农业公司在邳州市的发展更加受到重视，也获得了更快的发展速度。相比其他几种组织模式，农业公司的市场化目标更为明确，有自己的资金渠道、技术支撑、信息更新系统和管理规整制度，在与政府的对接中也方便政府管理，因此在生产规模、生产水平上能达到更高水平。邳州市各种规模的农业公司已经达到 3500 多家，这些公司与特色农业发展相结合，拉动农业经济发展。

结合邳州市的具体情况，八路镇的刘集出口鲜切花基地的"公司+合作社+农户"模式，赵墩镇的义合果蔬基地的"合作社+农户"模式，燕子埠镇的"统一园区规划、统一土地流转、统一图纸建设、统一政策补贴、统一种苗供应、统一技术支持、统一基础配套、群众自建自种"这三种模式在邳州的认可度较高、发展也较好，符合邳州的农业实际情况。邳州市政府在组织模式的选择中从金融担保、财政资金、人员培训和技术指导等方面起协调作用。

2.5.5 邳州市特色农业的重点产业

大蒜、银杏、板材成为邳州市特色农业支柱和发展重点，虽然板材是以林业为基础的产业，但主要还是工业特征，所以本书不进行介绍。这里主要介绍大蒜、银杏的发展状况。

1）邳州市大蒜行业

邳州大蒜产业在邳州市特色农业发展中占有举足轻重的地位。大蒜产业集群是邳州市的重点建设产业集群。纵观邳州市的大蒜种植历史，可以看出，邳州市历来就有种植大蒜的传统。现在邳州市的大蒜特色农业发展已经和产业调整融合在一起，成为邳州市的主导产业。全国最大的白蒜产区和全国标准化优质白蒜生产示范县都在邳州市。大蒜生产过程中把握住了高产、优质、无公害的要求，通过产前、产中、产后多方面的通力合作，使这一优势产业的影响力不断扩大，为增强邳州市整体经济实力做出了巨大贡献。

大蒜产业的生产规模不断扩大。现在邳州市的大蒜种植面积有 60 万亩，土质优良的运西港区、碾庄、赵墩、车夫山等镇有 40 万亩。全市从事大蒜生产的企业 56 家，种植农户已经多达 16 万户。种植面积远超其他县、市，让邳州市成为大蒜产销第一大县。扩大生产的同时也带来了农民的增收，大蒜主产区的农户因大蒜所带来的收入，人均年纯收入可占全年的 40 %。

邳州市在大蒜种植上不断更新品种和技术。近年来，为使邳州市大蒜产业能持续在市场中更有竞争力，蒜农们和大蒜产业相关组织不断引进新品种、新技术；根据邳州市的气候条件和土壤特点，研发出适用于邳州市大蒜专用的肥料；在生产过程中采用地膜覆盖、防病壮苗等技术手段，使大蒜的产量不断升高。2017 年，干蒜头每亩产量达 1300 千克，优良级别的比率达到 80% 以上。相较前一年，总产量增加了 1.44 亿千克，增收 2.016 亿元。

邳州市大蒜产业链条不断拉长。大蒜如果经过处理之后没有及时卖出去，那么就需要冷库来保鲜。现在已经有专业商户从事大蒜的保鲜生意。目前主要采用的是恒温库储藏大蒜，其中储藏万吨以上的有 10 家，总储藏容量达 20 万吨。伟楼、品贝等大蒜深加工龙头企业，拉动了大蒜行业各个环节的生产与发展。投资 2000 万人民币建成的以宿羊山镇为中心的苏北大蒜交易市场，占地 10 万平方米，年交易量 100 万吨，交易额近 10 亿元。邳州市全市从事大蒜产业的人员 2017 年已达到 15 万人，产值近 45 亿元。产品出口到美国、日本、东南亚等国家和地区，近几年外销创汇 1.5 亿元。

邳州市大蒜产业也开始在食品系列、保健品、医药品、美容品等领域开拓新的市场。邳州市创立绿色大蒜品牌，强化大蒜产业的深加工，利用大蒜资源的优势打开国内外市场。至 2017 年，已经在邳州市培育 3~5 个超亿元以上的省级龙头企业，创建了5 个以上大蒜品牌产品。提高大蒜产品的附加值，增强出口创汇能力，提升大蒜产业整体质量和效益。

在邳州市已经形成了标基准化大蒜示范区、无公害示范区和连片生产基地来确保高质量的大蒜种植。不光大蒜的种植采用先进的种植技术，在整合大蒜加工资源上和开发现代生物技术上，邳州市都有新的突破。通过新型的管理和生产模式，大蒜产业已经形成集生产、收购、冷储、加工、销售链条，产业一体化水平得到了显著的提升。

2）邳州市银杏行业

除了邳州大蒜行业的抢眼表现外，邳州市的银杏产业也发展势头迅猛。邳州市现在有银杏种植面积 50 万亩，成片林面积 30 万亩。千年银杏古树 12 棵，百年以上的有 5000 余棵。现在邳州市在银杏种植资源总量、优质品种培育量、标准化栽培、苗木交易量、综合加工量在全世界都处于领先水平。银杏产业集群是邳州市重点发展的产业集群。邳州市还在全力打造邳州特色的银杏品牌，随着银杏发展规模的扩大，产业链也在不断延伸，各类银杏产品也在不断推出，使其银杏产业在全国越来越具有影响力。

现在邳州市有 17 家银杏产业企业，并不断推陈出新，比如银杏茶、银杏果以及银杏酮胶囊等，将银杏相关产业成功转型。银杏苗和盆景已经登陆中国绝大多数省份的市场，每年销售总额超过五百万株，银杏干青叶的在国内国际市场中都表现十分抢眼（刘传海，2014）。银杏果每年对外销售都在 2000 吨左右，邳州的银杏果出口量有 1000 吨，占据了韩国和日本的绝大多数市场份额。

为保障邳州市银杏产业稳健发展，邳州市政府在政策和服务上的支持也是让邳州银杏得以顺利发展的重要条件。政府出台的有关银杏优惠政策对银杏及相关产业发展具有巨大的影响力，也引导民营企业之间的相互帮扶。自 2013 年开始，每年的 11 月，银杏叶金黄的时候，邳州市都会举办中国（邳州）银杏节。通过银杏节这一平台对银杏相关产业进行全方位展示。2017 年，在邳州市还成功举办了第一届银杏峰会，在全省全国范围内推广了邳州市银杏品牌的形象。

邳州市的银杏产业发展方向越来越多元化。银杏时光隧道已经成为邳州的重要景点。同时还开展银杏国际半程马拉松比赛、开展银杏峰会等。现在，开始着力打造银杏小镇，聘请中国科学院院士曹福亮为小镇荣誉镇长。通过这些举措，每年可为邳州市吸引来国内外游客数百万人次，推动了第一、二、三产业的贯通发展，让青山绿水变成了金山银山，全面打响了"邳州银杏甲天下"品牌。邳州市在银杏产品发展上创造了自己独有的品牌，为了品牌更具有竞争力，成立了银杏产业技术创新战略联盟。这一联盟将本地 20 余家银杏企业、南京林业大学等高校和科研机构融合在一起，共同促进邳州银杏产业的发展，起到了显著的经济效益和社会效益，扩大邳州产银杏在全国的影响力。

2.5.6 邳州市特色农业发展中需要进一步解决的问题

1）农业产业化水平还有待进一步提高

在邳州市相关农业部门的支持调控下，特色农产品产业化程度近几年虽然有明显的提高，农业龙头企业和农业专业化组织实力明显增加，但总体来说特色农产品产业化基础还比较弱，有待加强。

邳州市特色农产品的产后处理环节相对薄弱，包装及营销手段仍处于初级阶段，特色农产品的具体等级分化没有做到专业化，无法真正区分优质产品。在运输条件上还是不能完全满足保鲜的要求，导致在运输环节上降低了农产品的新鲜程度，进而在市场竞争中，尤其是邳州的草莓产业受到了较大的约束。农产品的后期服务做得也不足，例如很多农户与超市联系不强，进入超市前没有清洗加工环节，这是因为在生产之时就没有设立这样的生产环节。村民的生产方式还是传统的手工为主，没有加入机械化耕作的成分（李英英，2017）。农业龙头企业与农户、基地、市场的联系对接还不够紧密，市场、企业、农户、消费者的信息交流还不够充分，除林业产品外农产品加工业仍然处于起步阶段。

2）特色农业的投融资环境需进一步优化

因为发展特色农业存在着很大的风险，自然灾害和市场动荡都可能造成一无所获的结果，投入的资金就将全部打水漂。而有限的农业投资不足以满足特色农业发展过程中的产业结构调整、农业科技进步和推广、农村基础设施建设、应对突发状况和城镇化建设的需要。又因为农产品的生产有一个周期，在这一过程中，任何情况都有可能发展，无法预判资金最后的收益（李海侠，2013）。所以无法吸纳充足的特色农业资金限制了邳州市特色农业的发展。由于农业投资收益性低和投资周期过长还有投资风险大等原因，导致农业资金投资来源少，投资信心低，农业资金投入明显不足。农业资金的缺乏，在特色农业生产的各个环节都有可能会形成行业短板，影响特色农业的持续发展，成为了特色农业发展中的硬伤。

3）农业生态环境恶化趋势必须扭转

邳州市的农业生态环境有恶化趋势，主要是因为过于追求农业经济的快速发展以及邳州市整体工业化和城镇化布局的加快。为了更快地获得收益，邳州市有一些农民仍在使用高毒性的廉价农药，且由于监管缺失，农药用量已经越来越大。此种方法对于村民而言就是降低特色农产品生产成本的"妙招"，为今后在农作物成熟时获得更高的收益。在四户镇，进行实地调查时均发现有农户在暗地里不按要求销售高毒农药，不通过政府审批，也不记录买方和卖方的身份信息的现象。

这些大量的农药残留最终都会破坏邳州市农业生态环境，对土壤和水资源都是极大的破坏，不利于邳州市特色农业的持续发展，如果不能做到及时发现，最终会导致生态环境质量的不断恶化。工业发展带来的环境污染，严重危害了邳州市的水土环境，有损农业发展的基石。

4）特色农业科技人才缺乏，创新能力不足

人才储备不足是特色农业发展的一个限制因素。徐州市人口多年持续外流，邳州市是全省人口外流最多的县市之一，其中不乏大量的高素质人才。截至2016年，邳州市全市人才总量只有20.25万人，仅占全市人口的10%。专业技术人才4.43万人，高技能人才仅1.46万人，农村实用人才7.81万人，占全市人口的3%。社会工作人才0.52万人。农业实用技术、农民创业、农村劳动力转移培训人数6.67万人，获得高级专业技术资格人数0.14万人。

虽然邳州市这几年一直致力于针对农业的科技创新，尤其是引进科技人才，让其投入特色农业的生产过程中去，但是其投入和整个邳州市地区的人才需要来说，差距还相当大。并不能做到自己科研创新，开创新的盈利点、新的生产点。一方面，邳州市特色农业整体的应用科学技术的应用水平还比较低，特色农业生产经营成本不断提高，而效益逐渐下降；另一方面，社会对特色农产品的需求日益扩大，市场对产品档次的要求日益提高，没有技术升级的特色农业发展，使特色农业在邳州市的生存充满了矛盾和压力。

5）从业人员专业素质偏低，特色农业生产模式推广难度较大

作为典型的苏北地区城市，邳州市的整体教育水平远远落后于苏南地区，农村地区更是如此。农村居民受教育化程度比较低。又由于现在外出打工带来的收益远远高于从事农业劳作的收益，现在的年轻人都在外打工赚钱，不从事传统的农耕劳作。在农村真正从事农业生产的普遍年龄较大或文化水平较低。现在，在邳州大部分村镇还是采用最传统的农业生产方式，对于新兴的农业组织模式还是持怀疑的态度。很多有效的新型农业生产方式难以被这些农户所接受，无法满足现代特色农业发展的需求。邳州市的专业技术推广人员不够，不足以向专业素质普遍较低的农户提供现代生产方式和组织模式的技术支持。

第 *3* 章　绿色农业的理论与实践

随着资源短缺与生态环境污染的矛盾日益突出，在保障农产品产量和生态环境不受影响的前提下发展农业，是亟待解决的难题。绿色农业是绿色发展的要求，需要将农业的发展与绿色发展的概念结合在一起，注意保护生态环境，节约自然资源，建设好农业发展区域，为居民提供足量、优质的绿色农产品。发展绿色农业既是提高国民健康水平的需要，也可持续发展的需要。

3.1　绿色农业发展动态

3.1.1　国外绿色农业发展动态

早期的发达国家石油农业①快速发展，过度依赖化肥、农药等，导致大气、水质和土壤污染严重，农产品农药残留增多，引发了一系列的社会问题，人们开始逐渐意识到生态环境问题的严重性，于是各国开始走上了探索农业可持续发展的道路，同时也积极研究绿色食品生产体系。当前，全世界已有 60 多个国家开始制定或已经完善绿色农产品标准体系。

刘濛（2013）将国外绿色农业的发展历程分为三个主要阶段。第一阶段为初期探索。最初兴起于 20 世纪 20 年代的欧洲，之后英国农学家 A. 霍华德提出有机农业的理念并进行实践；美国则最先提出用绿色农业代替传统农业。最初的绿色农产品仅为满足少部分人的需求，并通过建立相关社团协会共同发展和探索绿色农业，但因技术原因导致绿色农业发展速度缓慢。第二阶段为持续关注。20 世纪中后期工业的发展带来严重的环境污染，使各国重新重视生态环境问题，并开始提出农业生态环境保护的思想，并以菲律宾玛雅农场作为典型，至此之后绿色农业开始被国际社会所重视。第三阶段为稳定发展。20 世纪 90 年代之后，绿色农业进入稳定发展阶段，各国积极制定相关政策与发展战略，设立专项资金扶持绿色农业发展项目，加快了绿色农业的发展

---

①　石油农业：是对世界经济发达国家以廉价石油为基础的高度工业化农业的总称。

速度。

郝丽霞（2015）具体分析了各国绿色农业的发展体系。美国在发展绿色农业的同时非常注重对生态环境的保护，设立专项的资金支持和技术支持，制定了一系列的相关配套政策，鼓励农民在生产过程中自觉保护生态环境，从而解决资源与环境矛盾。德国积极改善市场结构，促进农业企业一体化，对绿色产品的生产者、经营者、产地等实行额外资金补贴，积极向大众推广绿色农业理念，制定相关政策，规范绿色农业的发展。日本在颁布相关保护环境政策的同时，为农户提供土壤改良、病虫防害等技术支持，并对农产品装运设施实行补贴，还建立健全了生产路线和检查认证制度。法国对绿色产品的生产者和加工者进行强制性认证；种植者每年要接受检查，合格才能颁发绿色农产品书面认证。韩国侧重于对绿色农业技术人员的人才培养，促进绿色农业技术的不断发展。

从国外绿色农业的发展动态可见，国外发展农业绿色意识较早，保护生态环境意识较强，其中以美国、日本、德国的绿色农业发展为最先进，制定了相关政策和制度，如财政资金的支持、配套技术与设施的提供、健全的绿色农产品检测等，已经形成了比较完善的绿色农业生产体系。

3.1.2　国内绿色农业发展动态

长期以来，我国的农业发展都以提高产量为目的，忽视环境问题。在这样的粗放发展模式下，农村的生态环境遭到严重破坏，土壤结块，生产力下降；滥用化肥农药，农药残留导致的农产品中毒事件频发；农药化肥流失，造成了水质污染严重，生态系统受到影响。这些不仅限制了我国农业的发展，农产品销售量也一度下滑，影响农业经济收益。改变农业发展现状，不仅要减少农业对生态环境造成的影响，还要在不降低农业生产力的同时，提升农产品质量。我国首次提出"绿色农业"的概念是在2003年召开的"亚太地区绿色食品与有机农业市场通道建设国际研讨会"上，这也标志着我国的绿色农业发展进入了起步阶段。

我国绿色农业的发展分为三个主要阶段（刘子飞，2016）。第一阶段：生态农业的探索阶段。20世纪七八十年代至2002年，工业化农业的发展导致土地生产力下降，水质、大气污染，生态环境破坏等问题的出现，各发达国家国纷纷开始提出生态农业的发展模式，我国学者也开始对生态农业提出理论指导与研发设计，为后来的绿色农业发展积累了基础与经验。第二阶段：绿色农业的发展阶段。2003—2007年，"绿色食品"的出现受到社会大众的追捧，为绿色农业的提出提供了有利条件，我国在2003年正式提出"绿色农业"概念，之后开始加深了与外界的交流与合作，完善了绿色农产品的质量体系与认证标准，绿色农业开始进入发展阶段。第三阶段：稳定阶段。自 2008 年以后，我国绿色农业发展在经历迅速增长之后，开始逐渐放缓进入平稳阶段。

2017 年 9 月，国务院印发《关于创新体制机制推进农业绿色发展的意见》提出：把农业绿色发展摆在生态文明建设全局的突出位置，全面建立以绿色生态为导向的制度体系，基本形成与资源环境承载力相匹配、与生产生活生态相协调的农业发展格局，努力实现耕地数量不减少、耕地质量不降低、地下水不超采，化肥、农药使用量零增长，秸秆、畜禽粪污、农膜全利用，实现农业可持续发展、农民生活更加富裕、乡村更加美丽宜居。由此可以看出，我国已经逐步意识到发展绿色农业的重要性，将其纳入环境友好型的绿色经济发展战略之中，为进一步推广绿色农业的大发展提出相应的规划与部署。当前国民对于绿色农产品的需求不断加大，绿色农业的研究与实践也呈发展趋势。

3.2 绿色农业的概念及特征

3.2.1 绿色农业的概念

当前绿色农业尚无官方和权威机构的定义，国内学者通过自己的研究对其形成了不同的见解。严立冬（2003）认为，所谓绿色农业是运用经济学原理，以绿色技术进步为基础，充分应用绿色高科技手段，集/节约资源，保护与改善农业生态环境，发展农业经济体，并倡导绿色消费生活方式的可持续农业发展的模式。发展绿色农业应重点加强农业的生态环境建设与绿色食品的发展。

刘华楠、刘焰（2002）提出，绿色农业是以可持续发展理论为指导原则，从注重生态平衡，减少环境污染，保护和节约自然资源，维护人类社会长远利益及其长远发展的角度出发，在"田间到餐桌"的整个产业链条中以绿色科技创新为依托，并结合传统农业精华技术，生产经营无公害、无污染、有益于人类健康的农产品产业。其产业内容涉及农（种植、养殖业）、林、牧、渔及其副业，农产品加工、农产品流通业，甚至观光农业等，核心是绿色食品的生产经营。它既是农、林、牧、副、渔各业综合起来的大农业，也是把农产品生产、加工、销售产业链整合起来，适应市场经济发展的现代农业，产业化和集约化经营的农业。

白瑛（2004）提出，以维护和建设产地优良生态环境为基础，以产出安全、优质产品和保护环境为目标，达到人与自然协调发展，实现生态环境效益，经济效益和社会效益相互促进的农、林、牧、渔、工（加工）综合发展，并施行标准化生产的新型农业生产模式才是现代农业的理想模式。

从上述可以看出，学者们对于绿色农业的概念虽然没有达成共识，但是都有共同点：绿色农业在生产和流通农产品过程中，通过绿色高科技手段，严格控制生产资料的投放，以确保农产品的质量安全，保护和改善农业生态环境，从而达到资源与环境协调发展的最终目标。

3.2.2 与绿色农业相关的几个概念

绿色农业生产是绿色农业的核心，绿色农产品是绿色生产的产出物，绿色农业生产又以绿色农业技术为基础，而绿色农产品的市场实现又需要绿色营销来服务。可见，它们都是绿色农业的重要组成部分。

1）绿色农业生产

绿色农业生产是一种特殊的农业生产方式，它可以在满足农业生产需求的同时，既能合理利用资源，又可以使生态环境免遭破坏。农业生产系统既是污染物产生的源头，又是系统外部环境的承受者，在农业生产和农产品生产过程中要严防农业生产系统的污染。通过使用生物防治、有机肥、可降解的膜等绿色农业科技，降低农产品生产和流通过程中对环境系统影响的风险，从源头抑制农业污染的产生，协调农业生产与环境保护和资源利用之间的关系，增加农村收益，改善农村生态环境，最终实现农业持续发展目标（宋林飞，2005）。

2）绿色农业技术

绿色农业技术是在农产品的生产过程中，通过无污染、可循环的现代农业技术手段，适应绿色农产品生产质量要求，保障农业资源的可持续发展。绿色农业技术主要包括：生物防治技术，通过生物链循环，达到虫害防治的目的；无机肥料技术，无机肥营养成分高，容易被植物根系所吸收，不易造成生态环境的破坏；食品安全生产技术，通过先进的技术对食品生产和加工过程严格把关，以确保食品安全；农产品质量标准体系和检测技术，从绿色农产品的生产基地到加工流通，全程通过标准化检测与管理（孙培智，2017）。绿色农业技术可以使农业资源得以循环利用，减少生产过程中的资源浪费，改善农业生态资源环境。技术是产业的核心，只有不断提高绿色农业技术水平，才能使绿色农业的发展步伐不断加快。

3）绿色营销

绿色营销是在社会和消费者环保意识和对健康、无污染的农产品需求不断增强条件下，通过一系列的营销手段促进消费者、营销企业和生态环境三者之间相互协调，创造出满足消费者需求的营销方式。在营销过程中不仅要考虑消费者对需求的满足程度，还要实现企业盈利的最终目的，并在此基础上保持与生态和自然的和谐共处（王延明，2012）。农产品的绿色营销是指以绿色理念为中心，确保农产品的生产和使用过程中健康、环保，满足消费者需求的同时，减小对环境污染的风险。绿色营销的核心是环保和生态，以绿色生产技术、绿色市场和绿色经济为基础，在化解环境危机的过程中获得商业机遇，实现经济与市场的持续性发展。

3.2.3 绿色农业的特征

1）绿色农业具有开放性特征

在绿色农业的生产过程中依靠现代科学技术的进步和外部系统的生产资料投入，来确保农产品的高产量和高品质，从而实现生态、经济、社会三种效益的统一。绿色农业的开放性体现在：一方面在农业生产过程中，将一切有利于农业发展进步的优秀科技成果加以利用，运用到劳作生产实践中；另一方面就是在保障农产品的质量安全的前提下，投入适当的外部生产资料，提升绿色农产品的产量与品质。

2）绿色农业具有循环性特征

资源循环性是绿色农业特有的基本特点，也是大力推广绿色农业的原因之一。我国本就是资源短缺型国家，在发展农业的过程中，除了需要先进技术成果应用和生产资料的投入外，还要强调资源利用的节约与循环。只有在各环节中，利用资源循环，减少资源的投入与消耗，获得最大的产值，才能使绿色农业长久而稳定的发展，实现可持续发展目标。

3）绿色农业具有持续性特征

绿色农业的持续性，体现在以下五个方面：一是经济，绿色农业的大力推广，可以提升农民收益，增加农村经济发展，推动我国农业可持续发展目标；二是资源，发展绿色农业基础性条件就是要节约资源，循环利用资源，减少资源浪费，这与可持续发展理论对资源利用的要求一致；三是生态，利用生态体统的能量转移，着重保护农业生态环境；四是环境，绿色农业注重生物防治，资源循环利用，减少农业对环境的污染，改善农业生态环境；五是社会，绿色农业发展有利于生态效益、环境效益和经济效益相互结合，有利于社会的持续稳定发展。

4）绿色农业具有安全性特征

安全性是绿色农业的终极特征，也是绿色农产品的本质特征。绿色农业的安全性主要体现在环境和产品两方面。环境方面，利用动植物在自然界生产过程中对输入的特质和能力具有自然力和适应能力，根据这一特性，在人工培育的过程中将培育的动植物与土壤、水质、气候等环境之间两者相互制约，相互促进，构成一个循环体，在自然力与人力的共同作用下，循环体会自我维持、自我重建、自我修复，不断保障生产环境的安全性。产品方面，安全、绿色、无污染的农产品是绿色农业的最终产物，无论中间经过多少环节，都要符合绿色农产品的安全性质（张乃明，2009）。

5）绿色农业具有标准化的特征

绿色农业从生产到流通环节都建立在科技的基础之上，是传统农业与现代农业的有机结合，是传统农艺和现代科技综合应用的产物。绿色农业基地建设中，不仅区域的水质、土壤以及空气需要符合绿色标准，种子、肥料、农业机具也需要符合绿色农业的标准。这就要求在绿色农产品的生产过程中，严格进行标准化的操作，标准化的管理；在流通过程中，由于绿色农产品具有易腐烂和保质期短的特殊性，因此对包装，仓储及运输要按照标准进行；在产品的销售和使用过程中，也要将"绿色理念"贯穿其中，倡导绿色消费。全程标准化的控制与管理是绿色农业的特点，通过标准化确保产品质量，占领市场优势，提高产品的价格。

6）绿色农业具有供、产、销一体化的特征

绿色农业的产业链结构将第一、二产业与第三产业融为一体，以农业、林业、畜牧业和渔业四大产业为主体，农工商、产加销、贸工农、运建服等作为产业链的延伸，加大农田基础设施建设力度，提高农业抗灾能力，开展农业技术推广学习，传授科学合理的农业种植与养殖知识，提升农民在生产过程中对先进科学技术的使用水平，多重结合，实现绿色农业快速发展（黄鹏，2013）。

3.3　绿色农业产业链分析

绿色农业的不断发展，已经形成了产业链为主体的发展模式，将绿色农业作为产业，绿色农产品为主导商品，逐步实现绿色农业产业化经营。绿色农业产业链以优质的环境资源为发展基础，先进的技术设备为手段，严格的控制标准为原则，农业可持续发展为发展目标，来实现高质量、高品质的绿色农产品产业化。本节在对特色农业产业链结构分析的基础上，对主要链条或环节进行系统的分析。

3.3.1　绿色农业的产业链结构

绿色农业产业链将生产、加工、流通、销售等环节实行一体化，将农业、工业与服务业三大产业进行融合，不仅需要控制产前环节的环境质量与技术标准，还需要控制流通过程中加工、仓储及运输的环境标准与生产标准，最后还要注重农产品的市场推广及品牌管理，将绿色标准贯穿整每个产业链条，确保绿色农产品的质量与安全。绿色农业产业链能在发展中保护农业生态环境，保障农产品品质，提升绿色农产品在市场上的竞争优势，增加农村经济收益，实现农业经济增长。完整的绿色农业产业链结构如图 3-1 所示。

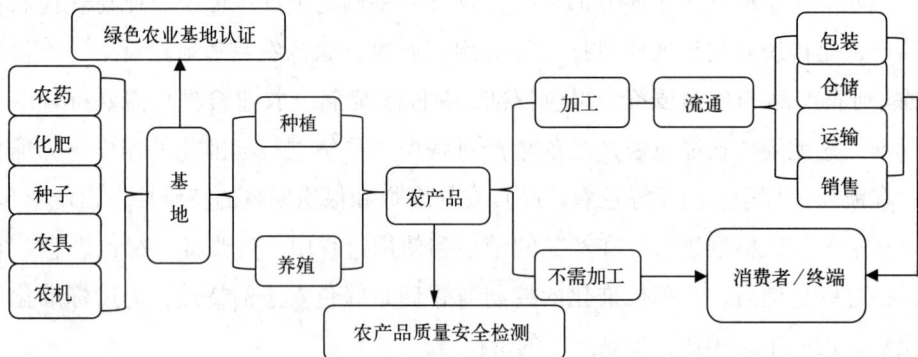

图 3-1　绿色农业产业链结构图

3.3.2　绿色农业生产基地及其要素分析

确保绿色农产品优质、无污染，在初始环节中要着重关注的就是保障农产品的生产基地符合生产产地条件，种植养殖所需要的水质、土壤质量、空气质量达到规范标准。在生产过程中投入品的使用剂量控制，农机农具的智能化使用，在确保农作物质量和产量的同时，还能以降低成本和保护环境为目标。在种植、养殖过程中通过现代化的科学方案与技术指导，实行标准化的种植、养殖方案，科学施加生物肥料，确保农产品的安全与健康。绿色农业生产主要包含如下六个要素。

1）土地

土地是农业发展的基础，是粮食安全保障的源头。在选择绿色农业生产土壤标准必须符合《土壤环境质量标准》（GB 15618—2008）中规定值二级以上，达不到标准的应采取相应改良措施，否则不适宜进行生产。绿色农业生产把保护土地质量放在发展首要位置，在生产过程中，投入的生产资料有可能会引发土壤环境的质量变化，包括农药、化肥的污染，重金属污染等，都会影响土壤的生产质量。因此要定期或不定期对土壤质量进行监测，以确保在生产环节中投入的生产物质不会对土壤环境质量产生不良影响。要在保证粮食生产的质量和产量的前提下，增加土壤肥沃度，提升土地综合生产能力，进行农业绿色生产。

2）水质

在农业生产中，土壤是农业的基础，水就是农业发展的重要条件。在农业发展进程中，水资源丰富的地区，往往农业经济发展较好。在绿色农业中，水的质量关系到农产品的质量安全，农业发展的生态安全；水质同时也是提高农业经济收益的保障条件。在生产过程中严格控制化肥和农药的使用剂量，代以有机肥料，实行生物防治技术，防止农药化肥流失，影响水体质量。控制畜禽养殖面积，严禁将畜禽养殖排泄物直接排入河流、渠道，影响水质环境。推广畜禽排泄物有机循环利用技术，减少生态环境污染。在选择建造绿色农业种植区时，排除有污染源的地区，并对初步选定区域的周边水质进行质量监测，达到水质标准要求才能进行考虑。

3）大气

空气质量对于绿色农业生产也有具体标准。在绿色农业生产区域，要求空气清新、洁净，周边 3 千米、上风向 5 千米内不得有重点污染源、有害气体的排放、烟尘和粉尘排放。在绿色农业生产区域应提高绿色植被覆盖率，增加对空气的净化，提高大气质量。

4）塑料薄膜

在现代农业中农用塑料的出现与应用，对农业的发展做出了重大的贡献。农用塑料主要包括塑料地膜、塑料棚膜、农用灌溉管材和农副产品的包装用膜。塑料薄膜可以增加保湿程度，提升温度，有利于北方干旱少雨地区农作物生长以及改善南方多雨地区造成的土壤养分流失的情况；可以加快土壤微生物活动，促进营养合成，加快养分释放，更好地促进植物根系吸收，有利于农作物的生长；可以通过建立塑料薄膜预防灾害性天气、防治害虫、隔离紫外线等，减少外界因素对农作物的损害。我国是农业大国，对农用塑料膜的需求量很大。塑料膜的推广应用有效地提升了农作物的产量和质量，减少了农业经济的损失，使农作物的培育不再受季节性限制，丰富了农作物的种类，满足了国民对季节性农产品的需求，促进了农业经济的发展。但塑料膜的普遍推广和不合理使用，也造成了农业上严重的白色污染，资源浪费严重。发展绿色农业就要合理选择和使用塑料薄膜，优先选择可降解、有利于环境生态保护的农业塑料膜。

5）农药

农药的滥用是造成食品安全危机的主要原因。违规在农作物、瓜果蔬菜等农产品上施药会导致农药过量残留，长期使用会影响身体健康甚至危及生命。农药残留在土壤中，会被植物根茎所吸收，从而继续残留在农作物中；通过雨水或灌溉水的洗涤，会导致农药流失进入河流或渗入地下水。绿色农业的生产注重生态系统循环，综合运用生物防治技术，利用生物物种间的敌对关系，创造出不利于病虫草害生存的生态环境，有效保护生态系统的平衡与多样性，减少农业生产中造成的损失。在特殊情况下必须使用农药时，不得使用国家禁止药剂，在购买时要合理选择农药，科学使用农药，根据农药防治对象对症下药，掌握病、虫、草在不同生育阶段和活动阶段，做好监测预报，适时喷药，并在施药过程中采取安全措施，保障环境及人畜的安全。

6）肥料

在施肥过程中，以有机肥料作为主体，搭配适当的无机肥作为基础原则。允许适量化肥与有机肥料配比使用；允许施用由畜禽粪便、作物秸秆等积制而成的农家肥料；允许使用质量达标，通过国家机关许可登记的商品肥料和新型肥料。如果因施肥导致土壤、水源造成污染，导致影响农作物的正常生长或农产品质量不合格等问题，应立即停止施用肥料，并进行相应的整改。绿色农业肥料的使用应以农作物产量、品质和效益的综合利益为目的，注意产品和肥料的价格比价，当边际收益不明显时，应控制或减少肥料用量，并选用先进的施肥技术提高肥料利用率（刘连馥，2009）。

3.3.3 绿色农业产品管理机构及其认证标准

1）绿色农产品管理机构

中国绿色食品协会是正式提出"绿色农业"概念、一直致力于推动农业绿色发展的非营利性组织。该协会是由全国从事绿色食品、有机食品、无公害农产品及农产品地理标志管理、科研、教育、生产、仓储、运输、销售、监测、咨询、技术推广等活动的单位和个人，为了共同的目标而自愿组成的具有法人资格的非行业性、全国性、非营利性社会组织，其业务主管部是农业部。

1992 年成立的中国绿色食品发展中心，是负责指导我国绿色农业，负责开发和管理我国绿色食品的专门机构，拥有绿色食品标志商标的所有权，隶属于农业部。该中心的主要职能是：制定绿色食品发展的相关政策、法规及规划，组织制定绿色食品标准，组织和指导全国绿色食品开发和管理工作；专职管理绿色食品标志商标，审查、批准绿色食品标志产品；委托和协调地方绿色食品工作机构和环境及产品质量监测工作；组织开展绿色食品科研、技术推广、培训、宣传、信息服务、示范基地建设以及对外经济技术交流与合作。

中国绿色食品发展中心在全国设立 36 家省级绿色食品工作机构，定点委托了125 家绿色食品产品质量监测机构，产地环境监测机构。在各机构配备了专职的执业人员进行监督、检测、市场监管等相关工作，以维系绿色食品检验的正常运行（蔡健，2015）。

2）绿色农产品认定标准体系

我国绿色食品发展至今，已经形成了一套标准体系，这套体系一共有 126 项，包括生产产地的环境质量标准、生产过程中的技术标准、绿色农产品标准，包装、储藏、运输标准等一系列标准体系，将绿色概念融入农产品的每个环节之中，并按照这一系列标准将绿色农产品分为 A 级农产品与 AA 级农产品。AA 级农产品是在生产过程中完全不使用任何化学合成肥料、农药等生产资料，必须按照有机方式生产；A 级在生产过程中允许施用部分投入品，但必须严格遵循使用剂量，确保产品安全。两者的主要区别在于在生产过程中投入的生产资料程度不同，但两者都是安全、健康、无公害的绿色食品（谢焱，2011）（图 3-2）。

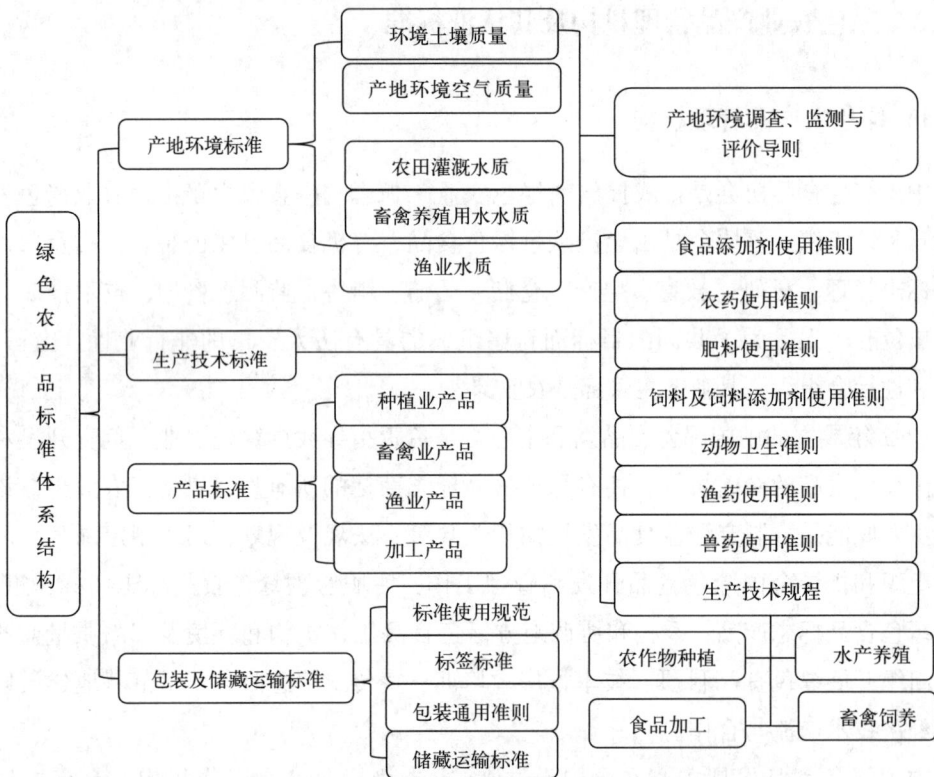

图 3-2　绿色农产品标准体系结构

3.3.4　绿色农产品的流通环节分析

在绿色农产品包装、储藏、运输、销售环节，对农产品的保鲜、冷藏、包装、保质等要求较高，就需要绿色农业流通过程中的物流系统方便快捷、体系完备，建立相应的物流链系统，降低损耗，保障农产品物流畅通。因绿色农产品的特殊性质，在流通过程中容易受到外界多方因素的干扰，从而影响绿色农产品的安全性，达不到其质量要求。对于绿色农产品的流通，企业需要对流通过程中的每个环节严格把关。针对绿色农产品的特殊性质，在仓储、运输等环节要采用保鲜、防潮、防虫鼠蚁等专用技术设备，并在中转环节的前后进行质量监测，确保绿色农产品的品质；开通绿色农产品"绿色通道"，减少在运输途中的时间及成本消耗，保障农产品的新鲜度（李季芳，2010）。

如果说绿色农业的农产品生产过程是基础，那么绿色农产品的特性使流通环节变得至关重要。现代农产品的流通体系带动了农业的发展，也是农产品流通重要机制保障，其以市场机制为推动力、以技术创新为驱动力、以宏观调控为引导力，利用先进管理技术和手段，采用先进的组织管理理论整合、优化农产品流通环节，建立起以市场为主导、以物流服务为基础、以产业为支撑的多位一体的流通交易体系，不断提高农产品物流、交易现代化、市场化和高效化水平。现代农产品流通体系主要包括五大部分：市场主体、市场体系、物流系统、支撑产业和规章制度（蒋娅娜，2018）。

现代农产品流通与传统农产品流通差别很大（图 3-3、图 3-4）：传统农产品流通系统复杂，中间环节多，不利于保质期短的农产品流通，易造成资源浪费；互联网的出现改变了流通体系的结构，减少了流转环节，提高了农产品流通速度，有利于提升农业经济收益。在农产品的流通过程中，冷链技术的出现加快了现代农产品物流的发展进程。冷链物流是在运输过程中，通过冷藏、冷冻将农产品置于规定的低温环境下，确保农产品的质量，减少农产品在流通过程中的损耗。因此它也比常规物流的技术要求更高，投入资金也更大，但能显著降低流通过程中的成本。

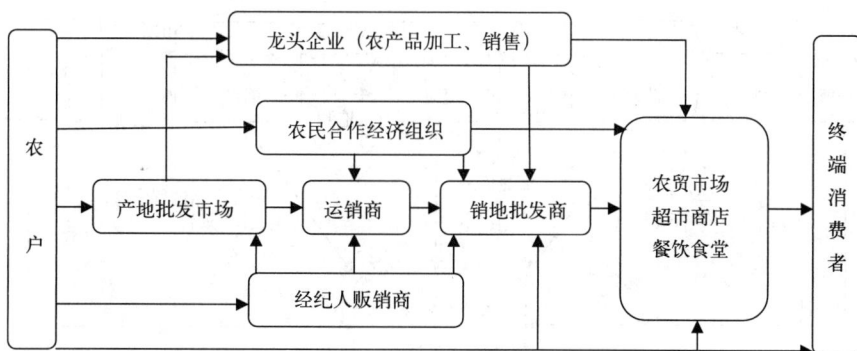

图 3-3　传统农产品流通示

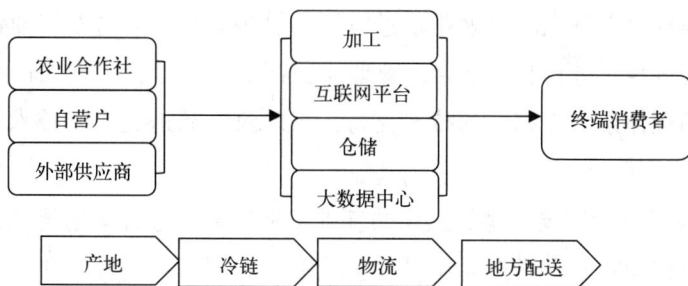

图 3-4　现代农产品流通示

3.3.5　农产品质量安全追溯体系

农产品质量安全追溯体系可解释为：农产品生产者（包括农户）、加工者、经销商、政府、消费者等与农产品质量安全相关的利益主体，通过认证等相关技术，对农产品原料产地、生长环境等各个环节的信息进行跟踪、溯源的相关制度和手段交互作用的整体（赵睿智，2016）。

　　农产品的质量安全追溯体系也是在信息化与大数据时代背景下发展的。如图 3-5 所示，通过对绿色农产品生产的产前、产中、产后各环节的数据进行收录，形成数据库，生成识别码，为终端的消费者提供准确的农产品相关环节信息。农产品质量的安全追溯能够在一定程度上解决市场上信息不对称的问题，有效减少农产品质量安全事件的发生，在农产品问题发生后也可以准确追查责任承担主体，对消费者利益进行保护。

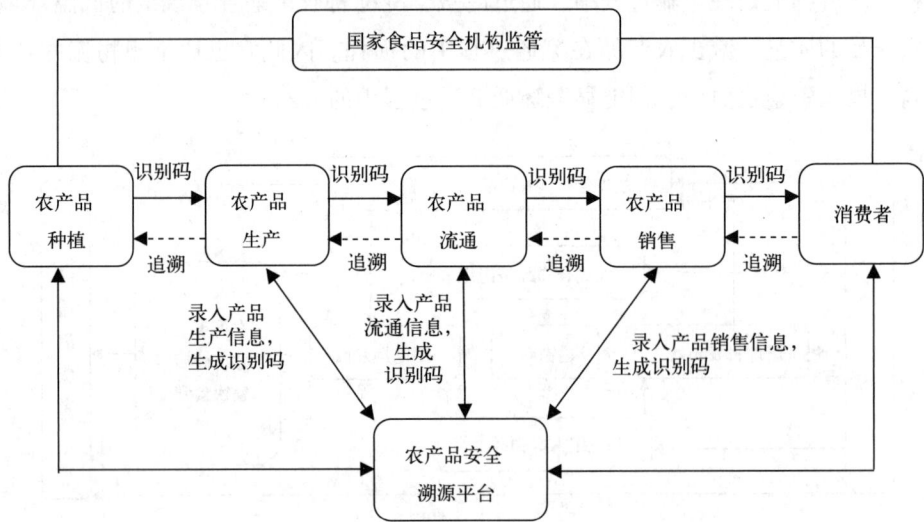

图 3-5　农产品追溯体系图

　　农产品质量安全追溯本质上就是信息资源的管理系统，通过对产业链各环节的生产、加工、流通等信息进行收录整合、管理并进行信息共享，实现农产品的可追溯体系。农产品的追溯体系要靠相关的技术支持，当前农产品追溯体系技术主要包括以下几类。

　　（1）标识技术。标识技术是信息化的基础，是将物品进行编码再通过标注识别的技术手段。信息标识技术在农产品质量安全追溯中起到了关键性作用，通过对编码的识别，可以更方便地了解农产品的产品信息，实现市场信息对称。但目前我国各行各业的编码各有不同，标识标准也存在差异，不利于供应链中的各主体在农产品的流通中全程监控与管理。在当下实施农产品质量可追溯体系应按照全球化的标准进行完善，用国际化的标准进行信息采集与管理，根据国际标准统一国内的编码与及标识标准，实现供应链的相互衔接。当前最常见的标识技术主要有条形码技术、射频识别（Radio

Freguency Identification，RFID）技术、IC 卡技术等（刘晓珂，2014）。

（2）信息交换技术。在农产品供应链中，每个环节都会进行信息流通，在这些环节中流通的信息就是供应链所需。因此在每个环节建立可追溯标识过程中，还需要建立信息交换和传递的关联管理，这样就算供应链中有某个环节出现偏差，也不会影响整个供应链的运转，而这些信息的交换前提是以国际化的标识标准作为基础的（盘承军，2013）。

（3）物流跟踪技术。在绿色农产品的流通过程中更易受到外界的多方因素的影响，而对绿色农产品的质量下降。尤其是在物流运输过程中，时间与距离造成绿色农产品的新鲜感流失，因此在运输过程中应利用地理信息技术系统和全球卫星定位技术系统对农产品进行监控和管理，保障农产品的质量安全，若在流通过程中发生的农产品质安全问题，也可以第一时间进行追溯，提高运作效率，降低成本（徐杰，2010）。

3.4 如东县绿色农业发展案例分析

江苏省的如东县资源丰富，气候温和湿润；地理位置优越，交通便利，高速公路、铁路四通八达，有利于农产品的流通。政府实施了行税收奖励、重点扶持、贴息贷款等农业惠政策，使绿色农业获得了较快发展。笔者通过查阅大量资料、统计年鉴及新闻报道进行数据搜集，并去当地的主要生态园进行实地的参观和调研，对如东县当地的村民进行了过访调查，参照数据对如东县当前的绿色农业发展进行系统的案例总结与分析。

3.4.1 如东县绿色农业发展的基本条件

1）如东县概况

如东县位于江苏省东南部，地处长江三角洲北翼，隶属于南通市。东、北面濒临黄海，与日本、韩国一海之隔。属亚热带海洋性季风气候区，四季分明，光照充足，雨量充沛，霜期不长，季风明显，温和湿润。如东地处平原地区，植物茂盛，土地肥沃，种植业发展良好。2017 年户籍人口 103.54 万，其中农村人口为 43.13 万。全境不包括海域面积一共 1872 平方千米，全县耕地面积 10.85 万公顷，农用地 14.33 万公顷。如东县境内水资源丰富，水质良好。水稻、小麦、棉花为主要种植的农作物，如东大米名闻遐迩，兼有蔬菜、瓜果，还有湖桑，盛产优质蚕茧。

2）经济条件

如东县农业生产较为稳定，在工业化和城镇化建设的带动下，如东的经济发展迅猛。2011—2017 年，如东县的生产总值增长率增势平稳；产业经济结构不断完善，第三产业占比逐渐上升，与第二产业成为支撑如东县的经济发展的重要组成部分，为加强对如东县农业可持续发展奠定基础，也给如东县绿色农业的发展创造了合适的条件。

3）产业结构

从表 3-1 可见，历年农林牧渔产值从 2011 至 2017 年间总产值不断提升，农业产值占比例最大，但几年农业结构发生变化，发展逐渐减缓；紧随其后的是渔业，并在这几年赶超农业，林业发展最为缓慢。

表 3-1　如东县各年农林牧渔产值统计　　　　单位：亿元人民币

年份	2011	2012	2013	2014	2015	2016	2017
农林牧渔总产值	100.77	109.76	120.5	127.36	133.35	139.88	148
农业产值	36.22	41.46	46.12	48.96	47.46	46.52	47.83
林业产值	—	—	0.91	0.97	0.99	—	1.07
牧业产值	29.08	27.75	28.5	29.78	31.50	33.35	35.03
渔业产值	30.69	34.11	38.68	40.53	45.55	50.07	49.96

从表 3-2 可以看出，如东县是粮食大县，农产品还是以粮食为主，占总产值的 2/3；因水资源丰富，水产品产量位列第二；如东县的养殖业也较为发达，肉类排名第三，最少的是桑蚕产量。

表 3-2　2016 年农产品产量

主要农产品	产量
粮食/万吨	90.90
棉花/万吨	0.45
油料/万吨	4.02
蚕茧/吨	803
肉类/万吨	10.31
水产品/万吨	29.78

3.4.2 如东县绿色农业发展现状

1）如东县绿色农业的发展历程

从 2011 年开始，如东县政府针对县产业发展的问题及瓶颈，提出"发展生态农业，建设宜居乡镇"的口号，将如东县建设成绿色生态特色乡镇。2012 年如东县发布的《关于加快推进"五个一批"农（渔）业项目建设的实施意见》，主要包括对现代农业发展进行规划、新建千亩高效设施种养园区和种养示范基地、培育现代农业示范村、引进农渔业工程项目，加快农业现代化发展步伐。2013 年，如东县制定的《"菜篮子"工程蔬菜生产基地的规划》，分别在高新区与大豫镇规划建设两个占地面积为 2.3 万亩的蔬菜生产基地。

2015 年，如东围绕南通市创建国家级现代农业示范区指标体系和南通市中心镇建设指标体系，重点打造"一带"（沿海休闲农业观光带）、"二区"（南通外向型农业综合开发区、江苏省如东农产品加工集中区）、"三基地"（江苏省掘港镇"菜篮子"工程蔬菜生产基地、江苏省大豫镇"菜篮子"工程蔬菜生产基地、328 国道沿线特种水产养殖基地）、"三园"（台湾农民创业园如东出口蔬菜加工园区、江苏省如东现代农业产业园区及现代渔业产业园区）、"三中心"（栟茶、河口、岔河三个市级中心镇）。

经过各级业务部门及行业协会的努力，2017 年如东县全年完成高标准农田建设面积 16.79 万亩，新增设施农业面积 5.26 万亩，新增造林面积 1.61 万亩。生猪大中型规模养殖占比 66.97%。全年新建或续建符合市要求的规模农业项目 102 个。全县新增家庭农场 312 家，累计 1204 家，新增市级以上示范性家庭农场 13 家，其中省级 5 家、市级 8 家。新增"全托管"农业经营主体 164 个，累计 572 个。建设益农信息社 207 个，其中示范站 20 个，建设县级中心站 1 个。新增农业物联网应用点 22 个，新增网上年营销 100 万元以上农业电商 10 个。

2）绿色农业生产面积不断扩大

自从开始发展现代农业之后，如东县一直将绿色、可持续发展的理念作为目标，近几年通过对新型农业技术的推广，培养新型农民，开展技术培训等，逐步推进农业绿色发展。在农业绿色发展的过程中高度重视农产品的质量安全，积极推广水稻绿色防控、测土配方施肥新技术，做到精准用药、精准施肥，减少农药、化肥施用量，减少其对农业生产环境和农产品的影响，提高农产品质量。

随着绿色农业技术的不断成熟，如东县也建设了一批农产品种植、养殖基地和示范园区。截至 2017 年，如东拥有果蔬千亩农业园区 22 个，高效农业面积、设施农业面积分别达到 107.39 万亩（占全县总耕地面积的 67.3%）和 22.92 万亩（占全县总耕地面积的 14.4%）。其中设施蔬菜栽培面积 15 万亩以上，年产优质蔬菜 50 余万吨。先后建成省级以上出口示范基地 5 个，现有自营出口权蔬菜加工企业 6 家。

3）绿色农产品认证不断增多

如东县高度重视农产品质量安全工作，以"关注民生，保障安全"为目标，以"推动发展、加强监管、打造品牌"为重点，把发展"三品"工作作为提高农产品质量安全水平的重要工作来抓，列入县政府对各镇的农业农村工作考核内容，并出台了相应的扶持政策。2016 年底，国家、省、市、县级农业龙头企业 131 个，全县有效期内累计"三品一标"数量 257 个，其中无公害 230 个、绿色食品 26 个、地理标志产品 1 个。全县种植业三品产量占当年种植业总产量的 56.5%。

4）绿色农产品带动了农业经济发展

如东县针对上海消费者对绿色农产品市场的需求，积极与上海农产品市场接轨，拓宽农产品市场，增加农民收入，提升农业经济。上海市场对农产品质量要求严格，因此如东县政府积极推进农业转型，加快建设绿色生产基地，积极推广先进技术经验，引进高新技术设备，施行有机种植，提供保障服务，确保农产品质量的安全可靠性。如东县也积极将优质农产品推向上海农产品展销会，加大产业整合，形成供、产、销一体，大力发展如东县绿色农产品品牌建设，增加市场竞争力度。根据如东县农业局统计，全县活跃在上海市等周边农产品市场的经纪人超过 6000 人，在上海销售龙头企业 80 个，全年销往上海农产品 61.92 万吨、销售额 30.57 亿元，签约上海投资项目 20 个、资金到账 7.63 亿元（杨新明，2017）。

5）科学技术带动绿色农业生产力

如东县整县制推进水稻绿色高产高效创建和增产模式攻关，在全县水稻种植面积 2 万亩以上有 12 个镇 84 个村。以新型农业经营主体为重点，建立水稻绿色高产高效生产技术示范基地 2.06 万亩，水稻示范基地平均单产 689.2 千克。坚持病虫综防，夏粮贯彻"立足预防、主动出击、药肥混喷、保粒增重"防治策略，秋粮坚持"突出重点、统筹兼顾、绿色防控、减量控害"原则。积极推广水稻绿色防控技术，集成运用农业、物理、生物及科学化防等防治措施，在马塘镇蔡渡村建立水稻绿色防控与统防统治深度融合示范基地，核心面积 80 亩，辐射面积 200 亩，示范区选种耐病品种，应用性诱剂诱杀害虫，种植香根诱集害虫，投放赤眼蜂寄生害虫，使用高效、低毒、低残留及生物农药等技术，科学防控、精准施药，全面实行专业化统防统治。核心区内专业化统防统治覆盖率 100%，绿色防控技术推广覆盖率 100%，综合防治效果 85% 以上，减少化学农药使用量 20% 以上，水稻病虫危害损失控制在 3% 以下。

如东县是全省闻名的畜牧大县。近年来，畜牧业转型升级加快，南通正大、美国泰森、江苏鸿轩等国内外知名畜牧企业发展迅猛。"十二五"期间，连续多年获国家生猪调出大县称号。如东县不断推进畜禽粪污综合治理工作，培植农牧结合综合利用，建立有机肥加工中心和大田循环农业示范基地，采用畜禽粪便片区化集中收集治理模式，利用马塘镇畜禽粪便收集处理中心设施，通过扩建覆膜式简易沼气池，配套建设沼气发电、并网工程，铺设沼液田头利用管道，增强畜禽粪污处理能力，实现"三沼"综合利用；养殖片区畜禽粪便收集与"能源化+肥料化"综合利用模式。利用岔河镇玉林村畜禽粪便收集场，通过扩建工厂房、引进有机肥自动化生产设备，扩大畜禽粪便加工能力，提升有机肥品质，年产 2 万吨，不产生二次污染，具有投资规模小、粪便处理效果好、适应不同种植者需求的特点，在全县具有推广价值。

6）绿色农业发展引起农村生态环境改善

如东县在发展农业的同时，也在积极改善农村的生态环境问题。积极进行土地整治，改善农业生产环境和条件。推进河道机械化管护，购置 28 条动力保洁船对全县一、二级河道实施巡航保洁。畜禽粪污治理也在大力推进，全县 706 个禁养区规模畜禽养殖场户全部关停。雨污分流改造、治污设施建设、生态循环项目利用全部到位。全县 1727 个栏存 100 头以上的养猪场（户）、37 个污染治理重点村治理全部合格。农药化肥使用实现零增长，全县高效低毒低残留农药使用占比 81%，主要病虫害专业化防治覆盖率达 60.5%，全年推广测土配方施肥 206 万亩、种植绿肥 11 万亩，使用化肥折纯总量 4.01 万吨，较 2015 年下降 2.01%。秸秆综合利用能力持续提高，积极推进以秸秆机械化还田为主、其他多种利用形式为辅的"1+X"秸秆综合利用模式，全年利用农作物秸秆 200 吨以上主体 75 个，全县农作物秸秆综合利用率 93% 以上。

3.4.3 如东县绿色农业发展模式

1）营销导向的区域特色农产品品牌模式

农产品品牌模式以市场需求为基础，在农产品的生产、加工、流通过程中，全程按照标准进行生产，通过产品优势创建农产品品牌，以品牌带动农产品的销售与市场拓展，最终实现相关产业的共同发展目标（王永权，2018）。以"狼山鸡"为例，狼山鸡种鸡场设立在如东县，天然绿地与人工植被能够净化空气中的污染物质。鸡场养殖区四面环水，与办公区、生活区绿化隔离；农户根据狼山鸡生长需求自配饲料，不添加激素、抗生素，以中草药改善和提高狼山鸡的免疫力；定时自动处理鸡粪，确保鸡舍卫生，保证养殖环境；独立的深加工大楼，生产设备齐全（活鸡屠宰自动化设备、风干系统设备、高温煮制设备、高温杀菌设备），保证深加工产品的食品安全。

如东大米种植地区的地势低洼，水量充足，气候宜人，适宜水稻的生长，也是如东大米形成独特品质的外部自然条件。在种植过程中严格控制投入品的剂量，加工过程中严格按照技术标准执行，以确保大米的质量。

"如东大米""狼山鸡"是通过国家地理标志认证的农产品。处于特定的地区与环境下，是农产品独特内在品质形成的主要条件，通过全程实行标准化的生产技术规程，从生产、加工直到销售，严格控制每个环节，力求符合质量标准，保证农产品绿色、安全、无污染。

2）组织导向的农业龙头企业带动模式

龙头企业带动模式是较为常见的，通常都是"龙头企业+农户""龙头企业+基地+农户"等形式。通过两者建立的契约关系，实行生产、加工、销售一体化模式。企业与农户建立稳定购销关系，与农户共担风险，共享利润。企业还为农户提供生产方面的技术指导，增加农户生产率，促进双方利益（刘耀美，2016）。以南通双羊生态农业有限公司为例。企业位于如东县曹埠镇，以芦笋作为其主要农产品，有400亩的芦笋种植基地，自身也有加工设备可以将芦笋进一步加工制成芦笋汁、芦笋粉进行售卖，扩宽销售渠道（杨新明，2017）。该企业对周边农户的土地使用权进行流转，盘活闲置资源，提升土地利用率，扩大生产基地面积。雇佣农户进行种植生产，企业提供专业设备和生产物资，提供种植技术培训，农户只负责种植培育、日常管理，最后进行采收，采收之后由企业进行统一收购，统一运输至上海进行销售，因如东距离上海很近，交通便利，可以保证产品的新鲜度，深受上海消费者的喜爱，产品供不应求。通过这种"龙头企业+基地+农户"的模式，企业可以为农户承担风险，农户不需要考虑农产品的销售问题，企业与农户利润共享，增加农户收入，调动农户生产积极性，带动如东县农业经济的发展。

3）生产导向的"猪-沼气-作物"模式

这是一种生态循环模式，根据养猪场规模，建造适宜的沼气池，通过微生物发酵生成沼气、沼渣和沼液。沼气可用于照明和日常生活；沼渣和沼液可以作为肥料灌溉农田，用作农作物的生产（邱振亮，2018）。农作物中的玉米、麦麸等可以作为猪饲料使用。这种模式将种植业和养殖业相融合，提高资源利用率，减少养殖业对环境的污染，还可以提升农作物的质量，提升劳动效益。当前，如东县正在积极整治养殖业的畜禽粪便污染，而"猪-沼气-作物"模式（图3-6）是很值得大力推广的。

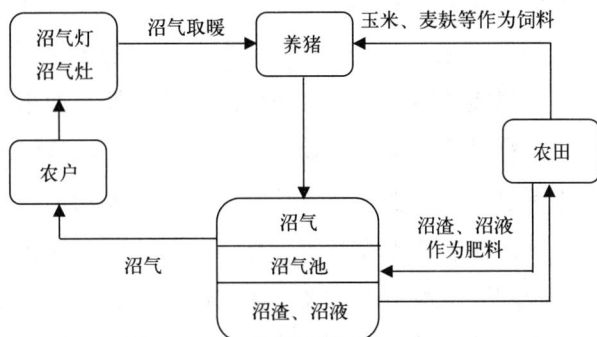

图 3-6   "猪-沼气-作物"模式示意图

4）与旅游相结合的观光休闲农业模式

观光休闲农业模式是近几年来兴起的一种农业与休闲相互结合的模式。地域优势与农业产业特色结合，将种植、养殖、采摘、观赏、餐饮相融合，形成观光、休闲、娱乐、种植、养殖多功能一体农业发展模式，有利于提高农业经济收益（赵远兴，2017）。例如南通循环农业生态园区，以葡萄栽培为主体，种植葡萄品种众多，年产量20万斤，葡萄园的葡萄除销售外还供游客采摘品尝，滞销的葡萄用来酿制葡萄酒。葡萄架下养殖兔子，解决了杂草生长问题，兔子的粪便又是很好的有机肥料，促进葡萄生长，兔子从饲养到病害防治、销售也已经形成产业化。园内种植观赏性树木众多，建有休闲垂钓区，供游客赏玩垂钓，园中还举办多次垂钓比赛，增加园区知名度，提升经济收益。

3.4.4 绿色农业发展中尚需面对的问题

因如东县的地理位置、经济基础、产业结构等基础方面较为优越，近年绿色农业的发展也初见成效，绿色农业的生产面积不断增多，"三品一标"[①] 的认证不断增多，带动了如东县的农业经济，增加了农民的经济收益，农业技术的推进也改善了农村生

[①]   三品一标：无公害农产品、绿色食品、有机农产品和农产品地理标志的统称。

态环境的变化，总体发展趋势较好，但其中也存在一些问题。

1) 土地资源紧张，生态环境有待提高

2017 年，如东县国土资源局将土地利用总规划重新进行调整，提出 2020 年，如东县基本农田保持在 94396.2 公顷，比 2014 年实际计划规定的基本农田减少 7438.2 公顷，可以看出如东县当前的农田面积正在减少，影响绿色农业的发展。

当前如东一直进行沿海开发，更多的项目不断投入，加大土地开发。此外，人口因素、生产因素以及土地供需矛盾等，使农业发展面临困境。如东县的三大产业结构比例中，第一产业占比越来越小，第三产业与第二产业的差距逐渐缩小，产业结构逐渐稳定。如东县还大批引进各类工业项目，在经济飞速发展的同时，自然环境遭到了破坏，土壤、水质、大气污染较为严重。由于种植业的农药、化肥的随意使用，造成土壤生产力下降；农药也随灌溉水不断流失，造成河流污染，渔业受到影响。在养殖业方面，养殖户增多，畜禽的排泄物肆意堆/排放，而导致农村生态环境受到影响。虽然当前如东县在积极改进农村生态环境问题，严格控制养殖户面积及污染情况，但对于污染性工厂并没有对其进行整顿，对绿色农业的发展具有很大的影响。

此外，当前如东县大力发展现代农业，走农业绿色道路，投资建设绿色生产基地、示范园区等，但也存在诸多问题。如东县农业生产基地较为分散，不利于土地资源利用，从而降低了基础设施的利用效率；同时，农产品加工、冷藏和运输流通成本也会增加，农产品质量也会受到影响。

2) 绿色农业投入资金不足，补助资金监管体制缺失

绿色农业的发展是一个复杂的系统性工程，从生产初期的育种、生产资料供应到生产中期的产品种植、养殖，再到生产后期的产品加工、储存、运输和销售等环节均需一定的资金支持，但由于生产过程中投入的生产资料费用及生产劳动成本较高，仅依靠农民自身无法成功。

现在，如东县的绿色农业处于起步阶段，相当多的绿色农业产业基地还处在建设初期，未筹得足够资金进行独立发展，只能依靠政府支持。但当前如东县对绿色农业的补贴是不足以支撑产业发展的。此外，绿色农业的投资期长，回报率受不可控因素影响较大，风险较高，也很难获得企业或金融机构对绿色农业进行投资。

2015 年，南通市审计局对如东县的高效设施农业项目进行审计调查，发现项目中存在严重的违规问题，农业补助被骗近 400 万元（孙子玉，2015）。例如在建设的钢架大棚，项目规定跨度在 6 米以上，在建造时私自改成 5 米，或在建造过程中使用不符

合项目规定的钢管材料以骗取补助金；还有因面积达不到申报标准的，通过合并申报达到补助标准；按规定，项目建成之后保留期不得少于三年，但有些项目在运营期限未满的情况下，私自拆除，缩小种植面积。这些现象都说明了当前农业项目监管混乱，农业补助金的发放与管理存在监管不严的情况，给了不法之徒以可乘之机，不能将补助金用在实处，助长了违法逐利之风。

3）绿色农业的产业化发展滞后

绿色农业实现产业化、集成化是一种产业成熟的标志，也是绿色农业的发展目标。如东县当前的绿色农业发展，虽然近年来龙头企业不断增多，合作社带动也办得有声有色，但这些也无法改变如东县目前农业产业化经营处于较低水平的局面（赵敬天，2015）。

绿色农业产业化经营滞后有如下两个原因。

（1）绿色农业生产基地没有形成规模化。从如东县开始提出农业绿色发展之后，绿色蔬菜、绿色农产品的生产基地数量也有显著增长，但从总体来看，绿色农产品生产基地所占地并不多，规划也不太合理，分布地区较广，基地结构也过于分散，不符合绿色农业规模化生产标准。由于绿色产业基地呈分散式发展，无法大规模的实现机械化生产，间接导致绿色农产品生产成本的提高。同时，绿色农产品种类单一，不利于市场竞争。

（2）绿色农业的产业组织能力不强。绿色农业的发展不仅要依靠规模化的基地的建设，还要形成龙头企业带动的模式。如东县绿色农业的龙头企业规模较小，综合实力一般，组织能力与带动能力不足，无法将农户与企业相互衔接与合作，形成供、产、销的产业链。这样就导致农户自己种植、自己经营，但由于加工增值幅度降低，只能销售原料产品，使农产品的质量不能得到保障，不能适应市场竞争，农产品滞销，导致农户收益减少，生产积极性降低。

4）流通环节冷链物流基础设施不完备

因农产品的保存时间期短，在流通过程中会受到时间与距离的限制，严重阻碍了农业经济的发展。而绿色农产品更是因其会在流通过程中受到外界因素的影响而导致产品质量达不到标准，增加成本与损失。冷链技术的出现有效解决了农产品流输过程中的相关问题。近年来，随着如东县的农产品流通量增加，从表3-3可以看出如东县的冷链物流也随之得到较快的发展。

表 3-3　如东县农产品冷链物流发展指标

农产品种类	冷链流通率（%）		流通腐损率（%）	
	2014 年	2017 年	2014 年	2017 年
果蔬	10	20	18	10
肉类	35	40	5	3
水产品	40	53	10	4

尽管发展较快，但如东县冷链物流依然存在一些问题，在当前如东县的农产品产量流通很大，无论是果蔬、肉类还是水产，都需要在流通过程中进行冷藏。虽然如东县已经加大了对冷链物流的投入，但总体来说，专门从事果蔬和肉类的冷库和冷藏车总体数量还是达不到要求，低温加工配送的冷库面积也较小；这些冷库为满足存储水产需求，大多靠近沿海。另外，也有出于对经营成本的考虑，冷库的使用率也不高。

如东县大型的冷链物流企业数量较少，不能进行资源整合，而且如东县冷链物流的企业规模相对较小，企业实力较差，提供的服务也较为单一，企业内部运营能力也有很多的问题，一些企业的冷链技术与设备都相对落后，会造成运输过程中农产品质量受到影响。

如东县冷链物流发展较快，配送保障机制不能与其相适应，会造成冷链环节的监管缺失，进而导致冷链物流行业的市场混乱。冷链物流行业缺乏专业人才，行业创新性不足，影响冷链物流行业的发展。

5）绿色农产品品牌建设意识需要进一步加强

农产品品牌有利于增加市场竞争力，增加农产品的附属价值，提升经济收益。目前，如东县的绿色农产品品牌有所增加，如带有独特地域文化特色的"狼山鸡"和"如东大米"。近些年虽然绿色农产品品牌申请增多，但与"狼山鸡"和"如东大米"的品牌影响力比较则相形见绌了。部分企业获得相关绿色标识认证也并没有将品牌效应利用在生产经营中，没有给企业创造相应的价值，本地政府也缺少对当地农产品品牌建设的意识。

农产品品牌的建设是一个漫长的过程，需要一定的资金支持。如东县的农产品品牌多为企业品牌，资金供给的能力具有局限性，销售收益要支撑企业内部管理和外部经营，一旦企业出现突发状况就会导致资金流通不畅。而且农产品的生长周期较长，资金运转周期也会延长，不利于企业收益。当前如东县的企业品牌实力较弱，资金投资不足也导致了虽然农产品品牌逐渐增多，但品牌建设能力不足，影响力较小（刘嘉玉，2017）。

品牌的建设需要漫长的口碑积累，一旦失去消费者的口碑，品牌也会随之消亡，而消费者的口碑则建立在农产品的质量安全的基础之上。绿色农业的最终特色就是农产品的绿色、无公害，一旦失去这些特色，绿色农产品将会被消费者所质疑，最终影响绿色农产品市场。当前，也有一些企业为了节约经营成本，铤而走险，在某些环节偷工减料，导致农产品的质量不合格，最终伤害消费者的购买热情。

6）专业技术人员较少，技术应用推广难度较大

想要发展绿色农业就必须依靠先进的科学技术，专业的农业人才和配套的政策支持。但是如东县的人口老龄化严重，青年人口不足，女性人口略多于男性人口，不利于农业发展。同时，如东县也是教育大县，向全国各地输送了大批的优秀学子，但学成后选择回县发展的却很少，人才流失较为严重，即使回县就业也很少有人会选择从事农业方面的工作，因为家长认为从事农业工作并不体面，学生受其影响在选择工作时下意识回避农业工作，造成如东县绿色农业发展较慢。

产业的持续发展离不开背后技术创新的推动，绿色农业也是如此。当前如东县的技术研发水平较低，在绿色农业生产过程中科技化程度不高，缺少先进的技术设备投入，缺乏创新力和自主知识产权产品的研发，加上合作水平低，科研人员无法在第一线调查研究，对农产品的生产过程中存在的相关问题，没有办法进行有针对性的技术指导。基层农业推广的技术机构组织不合理，从业人员的技术知识也不够全面，无法适应绿色农业对高新技术的需求，因此如东县绿色农业的技术现状亟待调整。

第 4 章 生态农业的理论与实践

现代农业要求在农业生产中实现自然资源、产业经济、社会等效益最大化，要求在符合农业生产安全和人类健康的条件下，实现现代农业发展的可持续。生态农业就是可持续发展的农业，发展多产业结合的开放性农业和多功能生态农业，有助于走出一条符合"三农"、经济、社会、环境协调发展的、具有中国特色的现代生态农业发展道路。但是由于多种原因，生态农业推广较为困难。

4.1 生态农业的兴起与发展

美国土壤学家威廉·阿尔布莱希特（William Albrecht）在 1971 年提出了"生态农业"的概念。他认为，生态农业是生态系统能量的多级利用和物质的循环再利用，以此达到提高投资效率的目的（穆争社，2002）。德国对于生态农业的运用与研究主要集中在农产品上，重视社会、土壤和自然间的联系，在一些农业技术领域有所突破；日本对于生态农业的应用与研究主要集中在制度、政策和立法上，认为生态农业的投入和发展是其成功与否的关键（牛蓉琴，2001）；美国对于生态农业的应用与研究主要集中在措施和制度上，认为农业生产不应过度依赖和损害自然环境，应着力推广绿色生产方式，生产高效低耗的绿色农产品；澳大利亚在 20 世纪 90 年代，为了推进农业的可持续发展，出台了"捷径食品计划"；欧盟在管控化肥农药的使用方面十分严格；墨西哥、加拿大、以色列等国家在生态农业模式方面进行了应用与研究（汪卫民，1998）。

我国对于生态农业的研究起步较晚，但发展较快，在探索生态农业的理论和实践方面，很多学者提出了自己的观点和看法。李玉浸（1993）认为，要想发展生态农业，国家应作为主要推动力量，将生态农业的发展融入我国社会发展中，加大宣传力度和制度建设，在生态农业的监督和评价体系上不断完善；孙浩然（2008）就生态农业发展的问题和对策进行了深入的剖析，认为我国生态农业发展缓慢主要原因有政策制度不健全、科技落后、基础设施和配套体系滞后、对农民指导不力等。

在生态农业模式方面，国内特别重视对生态农业的发展技术和模式进行研究与实践。先后出现了几百种生态农业模式，2002 年农业部为了推进生态农业进步而向全国征集生态农业模式或技术，通过专家的反复研究，从 370 种选出了 10 种作为今后生态农业发展的重要任务。宗新丽（2011）根据汾河流域农业生态功能区与农业经济板块的对应关系，分析了不同生态功能区适宜的资源节约型高效生态农业模式，提出了汾河流域应建立不同生态功能区资源节约型高效生态农业模式类型。刘萍（2012）通过实地调研郫县安龙村生态农业，认为安龙村"粮蔬种植+沼气池+家用污水处理池"的生态农业模式、农产品生产者和城市消费者直接合作的模式，具有一定的示范性。

目前为止，我国对于生态农业的研究处于瓶颈期，创新不足，研究缺乏系统性，在生态农业的相关政策制度上的支持还存在着不足，在生态农业模式的推广利用上也较为匮乏。

4.2　国内形成的典型生态农业模式

4.2.1　北方"四位一体"生态农业模式

"四位一体"生态农业模式多在北方使用，"四位"包括沼气池、大棚、猪圈、厕所这四个因素（Kirsti Granlund，2014）。"四位一体"的生态农业模式以沼气池为纽带，人和猪产生的粪污被集中到沼气池中，通过沼气池发酵产生沼渣、沼液和沼气，沼渣和沼液作为绿色肥料用来给大棚里的蔬菜施肥，沼气则用来供人类取暖或者照明。大棚里的作物废弃部分也可以喂猪作为猪饲料（张培栋，2001）。这一生态农业模式实现了模式内能流物质的循环利用，从而降低了成本，提高了经济效益，并保护了生态环境（骆世明，2009）。"四位一体"生态农业模式如图 4-1 所示。

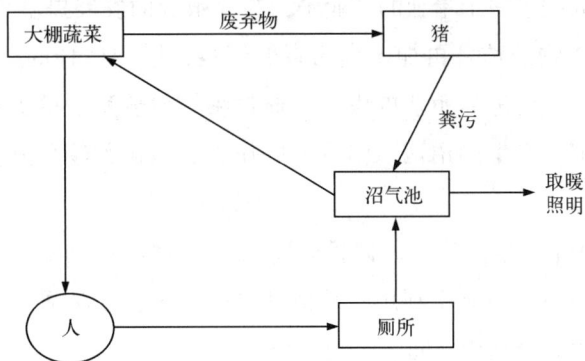

图 4-1　"四位一体"生态农业模式

4.2.2　南方"猪-沼-果"生态模式

南方"猪-沼-果"生态农业模式的循环方式类似于"四位一体"生态农业模式，但南方的气候条件不同于北方，所以运作方式不同（胡振鹏，2006）。该模式同样以沼气池为纽带，建设厕所、猪舍、果林实现能流物质的循环生态利用。在实际运行中，将厕所和猪舍的粪污集中到沼气池中进行发酵处理，会产生沼气、沼液、沼渣。沼气可以作为燃料供应农业生产和生活，沼渣和沼液作为有机肥料可以给果林施肥，也可以作为猪的饲料，生产的果和饲养的猪成为有机绿色农产品，这样就形成了以沼气池为纽带的"猪-沼-果"生态农业循环模式。此模式的运行提高了农产品的质量，使农产品变为绿色农产品，保障了农产品的安全，且此模式简单有效、投资低、见效快，同样实现了生态、经济、社会效益的三者结合，提高了农民的生产劳作积极性。

4.2.3　农林牧复合生态模式

农林牧复合生态模式是指将农林牧三者中的两者或者两者以上进行复合生产的模式，实现农林牧三者之间的互利共赢，实现农业的生态可持续发展。通过利用粪便、秸秆等来实现三者的互利，养殖畜牧牲畜的粪便通过沼气池的发酵可以作为林果粮食的肥料，而粮食作物的秸秆可以经过青贮加工成为牲畜的饲料，从而形成以农强林强牧，以林促农促牧，以牧兴农兴林的良性循环关系。这对于我国农业的发展起着促进作用（李朝晖，2006）。该模式有以下三种主要的子模式。

（1）"粮饲-猪-沼-肥"生态模式。此模式主要是农业和牧业的复合系统。该模式一方面是将粮经二元结构转变为粮经饲三元结构，即新增了饲料饲草的种植，这样便将饲料饲草的种植放到了一个单独的产业中，为养殖业的发展提供了必不可少的基础。另一方面是将粮食作物的秸秆再加工变为青贮饲料，增加秸秆的适口性和营养含量，从而使秸秆成为饲料，促进养殖业的发展。通过粮饲对养殖业的促进作用，将畜禽粪便集中到沼气池发酵，产生的沼液、沼渣可以作为肥料供作物更好生长，从而实现循环再利用。

（2）"林果-粮经"生态模式。此模式将农业和林业相互复合，形成农林复合系统。该模式是将时间与空间统筹利用，种植林果的同时，在林果植被间种植一些粮食或者经济作物，从而充分利用空间、时间资源。

（3）"林果-畜禽"复合生态模式。此模式将林业与牧业相互复合，形成林牧复合系统。此模式将各种动物（鱼、鸭、鸡、兔等）放入林果植物园中，动物的食物主要来源于林果的果实和野生果实，辅助以人工饲料喂养，形成林果、畜禽协同发展。

4.2.4　草地生态恢复与持续利用模式

此模式主要以保护生态为主要目标，辅助以种草来实现养殖业的发展。在草场丰富的南方，对草场实行现代管理方式，通过种草养草饲养牲畜。在农牧区草场相对充沛，但由于多年的放牧，使得草场荒漠化严重，所以应实行退耕还草或减牧还草的运行方式来保护草场，达到草场的可持续利用。在土壤贫瘠的沙漠化地区，此处生态环境恶劣，应当以遏制土地沙漠化，逐步恢复草地植被为主，通过对草地的生态保护实现其持续的利用（杜清，2011）。

4.2.5　生态种植模式

此模式是在保护环境的基础上发展种植业，通过对农业科技的运用实现种植业的高效生态发展。生态种植模式又细分为 4 种。

（1）"间套轮"种植模式。此模式是在耕地上实行间作套种或轮作倒茬两种种植方式的生态农业模式。间作是两种或者多种农作物在一块土地的同一成长时间内相间栽种的方式。若种植物形成条带状，就称为带状间作。套作是指在前季作物生长后期的株、行或畦间播种后季作物的一种种植方式（郭怀林，2017）。间套作可以最大限度地运用土地空间，做到高效种植。轮作是在一块土地的不同时期内依据作物特性轮番种植不同的作物。不同作物所需营养不同，这样进行轮作，可以使土地的营养成分含量得到恢复和均衡，实现用养结合，减少病虫草害的影响，减少了农药和化肥的使用率。如谷类作物对氮、磷和硅的吸收较多；豆科作物对钙、磷和氮的吸收较多，吸收硅较少；烟草、薯类消耗钾较多。因此不同类型的作物轮换种植就使得土地营养成分得到充分利用，最终实现高效生态种植的目标。

（2）保护耕作模式。此模式将残茬置于土地之上，这样便减少了对于残茬的耕作，从而保护了土地，辅之以少量的除草剂和农药，从而达到保护耕地的生态农业模式。

（3）旱作节水农业生产模式。此模式的主要目标是尽可能减少水资源的使用，通过各种节水技术和工艺减少水资源使用量并提高水资源利用率。此方法多用在水资源匮乏的我国西北部地区，在其他水资源匮乏的城市也应该使用此种生态农业模式用于农业生产。

（4）无公害农产品生产模式。此种模式主要关注农业生产的结果，要求使用无害的生产技术生产农产品，从而形成无公害的农产品生产模式，此模式可以优化我国的农产品质量，满足人们对于农产品的绿色安全的需求。

4.2.6 生态畜牧业生产模式

此模式类似于生态种植模式，是在保护环境的基础上发展畜牧业，通过对农业科技的运用实现畜牧业的高效生态可持续发展。此模式有以下三种主要的生产子模式。

（1）综合生态养殖场生产模式。此模式注重生态两个字，通过对畜禽粪污的科学有效处理实现生态畜牧养殖。根据饲养动物的不同，该模式还有三个子模式，分别是以猪为主、以禽类为主、以草食动物为主的生态养殖场生产模式。

（2）规模化养殖场生产模式。此模式不同于上一个模式，该模式注重"规模"二字，但规模化养殖会造成畜禽饲料的不足和畜禽粪污清洁处理的困难。此模式也根据动物的不同分为不同的规模化养殖场，如猪、牛、羊、鸡等。

（3）生态养殖场产业开发模式。此模式可以说是前述两种模式的综合化，即注重生态二字，也将养殖作为产业开发。此模式既具有综合生态养殖场生产模式的生态效益又具有规模化养殖场生产模式的经济效益，是未来发展畜牧业的趋势所在。

4.2.7 生态渔业模式

生态渔业模式同上述的生态种植模式和生态畜牧业生产模式相似，是在保护环境的基础上发展渔业，通过科技在渔业领域的应用，实现渔业的高效、生态可持续发展。该模式具体分为以下两种子模式。

（1）与鱼池塘混养模式。该模式主要是将鱼类混养，通过区分不同鱼类的不同属性和特点进行养殖。有的鱼是草食性，有的鱼是杂食性，有的鱼是滤食性；有的鱼生长于水体上层，有的鱼生长于水体中层，有的鱼生长于水体下层。此模式还可以细分为常规鱼类多品种混养模式和常规鱼与优质水产品综合养殖模式。常规鱼即指草鱼等一些经济效益低的品种，优质水产品指美国红鱼等一些经济效益高的品种。

（2）鱼与渔池塘混养模式。该模式主要将鱼类与其他水产品混养，从而利用两种生物的不同属性的相互作用实现渔业的生态发展。此模式还可以细分为鱼与鳖混养模式、鱼与虾混养模式、鱼与贝混养模式、鱼与蟹混养模式。这四种模式都是将两种生物的特性充分发挥，在这个共同的水体中相互作用，共同发展，实现了更高的效益。

4.2.8 丘陵山区小流域综合治理生态农业模式

该生态农业模式主要针对我国丘陵地貌，我国是一个多山区的国家，地势呈级阶梯分布，其中丘陵面积大约为 670 万平方千米，占国土总面积近 7 成。丘陵地区有以下几个特点：生物种类繁多、生态系统多种多样、地貌复杂多变。由于这几个原因，使得丘陵地区特别适合发展农林牧复合的生态农业。此模式具体分为以下几种子模式。

（1）"围山转"生态农业模式。此模式的形成主要源于温度随高度的升高而降低这一规律，高度每增高1000米，温度降低6℃。同一座山的不同高度，温度、湿度都不同，形成的气候特征也不同，所以适宜种植的作物也不同，这就形成了山顶、山腰、山脚种植的作物不同，不同高度区间形成了不同的种植带。由于常年的乱砍滥伐，山区的水土流失现象严重，这种"围山转"生态农业模式不仅可以充分利用山体的空间资源，还可以利用作物的不同特性起到保护山体的作用，实现用养结合（郭玥，2007）。大同市山区面积广阔，在发展山区种植业时应采用该生态农业模式。

（2）生态经济沟模式。此模式以环境保护和生态治理为出发点，小流域为特色，对山坡、山沟进行统一布局规划。在山坡种植一些可以保护水土的植被来保护被破坏或未被破坏的生态体系，从而实现生态效益；在山下、山沟种植林果、药材等经济作物，从而实现经济效益。山坡山下统一布局，统一规划，统一开发，统筹管理，实现对于山区的用养结合。此模式现在主要依靠政府牵头，农户参与和一户或多户联合承包两种途径进行发展。

（3）西北地区"牧—沼—粮—草—果"五配套模式。该生态农业模式以沼气池为纽带，农、林、牧三者有机结合发展生态农业。人和畜禽产生的粪污被集中到沼气池中，通过沼气池发酵产生沼渣、沼液和沼气，沼渣和沼液作为绿色肥料供给粮、草、果等，沼气则用来供农业生产、生活。粮、草、果的种植也为牧业的发展提供了强有力的保障，从而形成了以沼气池为纽带的以农强林强牧、以林促农促牧、以牧兴农兴林的良性循环关系。

（4）生态果园模式。这种模式的运行原理类似于生态种植模式、生态畜牧业生产模式、生态渔业模式。该模式将农牧林三者结合，以发展林果业为主，在林果种植空隙处发展农业种植，如牧草等。在果园内可以建造养殖场和沼气池，从而形成了以林果为主的生态农业模式，该模式构成因素众多，经济效益、生态效益强。

4.2.9　设施生态农业模式

该模式以设施工程为基础，农业设施为手段，通过运用生态学原理将农业所用的有害或化学制品替换为无害且有机的农业用品。通过发挥动物、植物间的互补特性和生物链技术实现农业的生态化。从而在模式系统中形成既具有高效的设施工程，又具有绿色生态的双重优点。该模式具体分为以下几种子模式。

（1）设施清洁栽培模式。该模式主要有以下三种方式。一是设施生态型土壤栽培。

该模式以恢复生态为目标，将原先使用的化肥改为使用无公害的有机肥料，如沼液、沼渣等。此外，灌溉技术方面，采用节水的滴灌方式。这样便形成了在种植作物时，既满足了用水效率的提高，节约了水资源，又采用了安全的有机肥，使得土壤得到充分的养护，有利于设施种植的可持续发展。二是有机生态型无土栽培。该模式的肥料和节水技术类似于设施生态型土壤栽培。也是将原先使用的化肥改为使用无公害的有机肥料，如沼液、沼渣等，且在灌溉技术方面，也采用节水的滴灌方式。不同点在于，该模式改用秸秆、花生壳等作为作物生长的"土壤"，这样便使得原本无用的废料变为作物生长的基础，有利于实现资源的循环再利用。三是生态环保型设施病虫害综合防治模式。此模式的着眼点在于对病虫害的生态防治上，通过采用先进的科技和防虫设施等一系列手段实现农药的减量化或无农药使用，再结合上述提到的将原先使用的化肥改为使用无公害的有机肥料，如沼液、沼渣等，并搭配节水的滴灌方式，提高作物的经济与生态效益（杨其长，2004）。

（2）设施种养结合生态模式。此模式的核心在于对温室技术的利用上，通过建造温室，使得蔬菜水果和畜禽鱼养殖相互结合，形成生态互补、循环利用的生态模式。此模式在中国北方地区已经有大面积的推广和使用，实用性强，建造技术相对简单，有利于农作品增产增收。该模式运用最为普及的有以下两种方式。一种是"畜禽-菜"的模式。此模式以气体作为媒介，蔬菜的生长需要吸收二氧化碳，而畜禽的呼吸可以制造二氧化碳供蔬菜使用；相反的，畜禽的生长需要有氧气的摄入，而蔬菜可以制造氧气供畜禽使用。通过畜禽和蔬菜对于气体的互补作用实现温室的内循环，增加效益。另一种是"鱼-菜"的模式。此模式以水体作为媒介进行生态互补功能，蔬菜的生长需要水和肥料的使用，而养鱼后的水形成营养水，从而满足了蔬菜的生长需求；相反的，鱼类的生长需要有干净的水体作为载体，而蔬菜的根系有净化水体的功能，可以为鱼类的生长提供清洁的环境。通过鱼类和蔬菜的相互促进作用，可实现温室"鱼-菜"模式的良性循环。

（3）设施立体生态栽培模式。该模式强调"立体"二字，即在作物种植上充分发挥时间和空间的作用，从而实现生态种植。此模式主要有以下三种子模式。一是"果-菜"模式。该模式充分利用温室的时间资源，即在果树采摘后的空闲时间里，种植蔬菜，从而实现增收。二是"菇-菜"模式。该模式充分利用了温室的空间资源，在蔬菜的行畦间隙培育菌类、菇类。该模式中菌类、菇类的生长会产生二氧化碳，这也有利于蔬菜的生长，温室内的环境比较潮湿，温度比较适宜，这也比较适合菌类、菇类的生长。三是"菜-菜"模式。该模式也着眼于充分利用温室的空间，但不同于"菇-菜"模式的是，"菇-菜"模式利用的是空间的水平资源，而"菜-菜"模式利用的则是垂直的空间资源。此模式通过种植藤类蔬菜和地面蔬菜相结合，充分发挥了温室的垂直空间。

4.2.10 观光生态农业模式

该模式将休闲旅游与农业相结合，形成以生态农业为依托、旅游休闲为主的发展方式。该模式还具体分为四种经营方式，每种方式都是以不同的生态农业为基础形成的以观光教育为目的的模式。下面具体介绍几种方式。

(1) 高科技生态农业观光园。该模式以高科技农业设施为基础，如前文提到的设施工程、温室无土栽培、农林牧复合生态技术，再辅助以优美的环境和清新的空气，形成环境优良，科技含量高，有教育意义的生态观光园（胡雁飞，2006）。

(2) 精品型生态农业公园。该模式也以观光为目的，但组成因素不同于高科技生态农业观光园。该模式是将现代生态农业技术，如设施清洁栽培模式、设施种养结合生态模式、设施立体生态栽培模式等模式中的瓜、果、蔬菜、粮食、畜禽鱼等生物的生态循环利用模式与传统农业生产过程进行比较，使人们在参观、游览的过程中有所收获，同时这些生态农业模式也会产生经济效益（黎华寿，2003）。

(3) 生态观光村。该模式就是将上述的两种模式建立于村庄中，在这个村庄形成大范围的生态农业观光区，从而形成以村为单位的观光区。

(4) 生态农庄。该模式是将上述的高科技生态农业观光园、精品型生态农业公园两种模式相结合，形成集休闲、教育、旅游、办公、文体于一体的综合生态农庄。

4.3 生态农业的理论分析

4.3.1 生态农业的概念及特点

"生态农业" 概念提出后，英国农业学家 M. 沃兴顿（M. Worthington）于 1981 年对何为生态农业作了更为明确的定义。他指出生态农业是一种小型农业，经济上具有生命力和活力，生态上做到低输入、可以自我推荐，在审美、伦理及环境方面能够为社会所接受（穆争社，2002）。中国对于生态农业的定义也有很多。2011 年，中国农业研究报告网发布的《2011—2015 中国生态农业市场供需预测及投资前景评估报告》对生态农业的概念作了更为完整的定义。报告指出，生态农业是重要的农业发展模式，以保护和改善生态环境为前提，按照生态经济学、生态学的规律，运用现代科技和系统方法，开展的农业集约化生产经营模式（肖俊杰，2012）。

生态农业具有综合性、多样性、高效性、持续性等特点。综合性是指生态农业是融合第一、二、三产业的综合性农业发展方式，强调发挥其整体作用；多样性是指针对我国自然条件、经济社会发展状况非常复杂的特征，生态农业的发展必须满足多样性的特点才可以匹配不同区域的发展；高效性是指生态农业是通过系统内的物质循环和能流移动使得废物得到再利用，从而降低了生产成本，提高了经济效益。持续性是指生态农业的发展有利于社会的可持续发展，在满足当代人类需求的同时不损害下一代的生产和生活。生态农业的实质是实现生态效益、经济效益和社会效益三者的有机结合，从而推动社会的发展的农业形态（单光德，2006）。

4.3.2　生态农业系统结构分析

整体结构理论来源于系统论观点。生态农业的整体结构理论协调了生态农业系统中的各要素。整体结构理论将生态农业系统分为农业生态、农业经济和农业技术三个子系统（图4-2）。从整体生态农业系统结构可见，生态农业的良性运行需要三个子系统的密切配合。生态农业作为一个系统，农业生态是这个系统的基础部分，农业经济是这个系统的产物，而农业技术是这个系统可以更好运行的必要保障，只有三个子系统相互协调，相互配合，才能使生态农业这个大系统健康、快速发展。

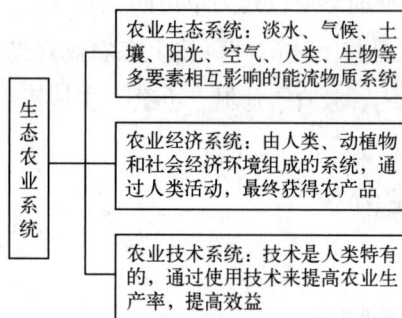

```
                ┌─────────────────────────────────┐
                │农业生态系统：淡水、气候、土       │
          ┌─────┤壤、阳光、空气、人类、生物等       │
          │     │多要素相互影响的能流物质系统       │
 ┌──┐     │     └─────────────────────────────────┘
 │生│     │     ┌─────────────────────────────────┐
 │态│     │     │农业经济系统：由人类、动植物       │
 │农│─────┼─────┤和社会经济环境组成的系统，通       │
 │业│     │     │过人类活动，最终获得农产品         │
 │系│     │     └─────────────────────────────────┘
 │统│     │     ┌─────────────────────────────────┐
 └──┘     │     │农业技术系统：技术是人类特有       │
          └─────┤的，通过使用技术来提高农业生       │
                │产率，提高效益                     │
                └─────────────────────────────────┘
```

图4-2　生态农业系统图

4.3.3　基于生态经济理论的生态农业的分析

经济学者保尔丁在20世纪60年代提出了生态经济思想。该思想将生态和经济有机统一，在一个生态被破坏的社会里，经济效益也不会增加，生态和经济是统一在社会中的，不可将其分割（刘先曙，1991）。生态经济学的提出，将生态提高到同经济同样重要的地位，在人们追求经济效益的同时，也要同样重视生态环境的保护。生态经济理论不仅丰富了经济学理论，也为生态环境遭到破坏的一些国家提供了一个全新的发展思路。而生态农业的发展，正是将生态效益结合在农业经济效益中，倡导生态和农业经济共生共存，共同发展。

生态农业主要依据以下几个原理。

（1）生态学的"整体、协调、循环、再生"原理。"整体"是系统学理论的基本特性，部分组成整体，但整体的功能并不是部分的简单加总，而是往往产生新的功能或者大于部分之和，产生 1+1>2 的收益；"协调"说的是要想产生 1+1>2 的收益，则部分间也就是生物间应协调发展，互惠共存；"循环""再生"则表达了农业生产中可持续发展的思想。

（2）"生态系统的能物流"原理。该原理包括生态系统的物质守恒原理和生态系统的能量转化原理，在农业生产中，可以投入多种多样的能物流来促进农业生产。

（3）经济学的"经济外部性"原理。农业生产中，处在上游的生产者若为了节约污水处理成本而破坏了水环境，虽然节省了成本，但是下游的人们会增加使用水的成本，这样，生产企业就把自身的成本外摊到社会中，这就是经济的外部性成本。生态农业可以有效地控制外部成本对生态环境破坏的影响。

生态经济理论给生态农业发展带来的启示：在农业生产中，只看重经济效益是远远不够的，还需要关注生态效益，生态环境是经济发展的基础，若生态环境遭到破坏，则农业经济效益也会受到影响。在我国的农业生产中，应坚持可持续发展，坚持"整体、协调、循环、再生"的原理，达到经济效益、生态效益和社会效益三者的紧密结合，促进农业增产增收。

4.3.4 基于可持续发展理论的生态农业分析

20 世纪后期，传统的农业发展模式正面临着极大的挑战，各国都加大了农业发展新模式的研究力度，20 世纪 80 年代后期世界环境与发展委员会提出了可持续发展的思想，成为了人类提升自身对经济社会发展认识的开端。可持续发展的思想内涵是社会经济与资源环境保护相协调的发展，通过发展从而促进经济增长，保护人类赖以生存的资源环境，满足当代人类需求的同时也不能损害后代的利益（刘青松，2003）。

1）可持续发展理论

可持续发展理论主要包含以下三部分内容。

（1）环境的承载能力。环境的承载能力指在固定的时间长度以内，有限空间内，环境对社会经济活动支持的能力，其指标体系一般由三部分组成：自然资源供给指标，如大气、水体、森林资源等；社会条件支持指标，如经济实力、基础设施等；污染承受力指标，如净化污染物的能力、森林覆盖率等。

（2）环境的价值。指在社会生产过程中，除了广为人知的劳动价值和流通价值之外还有天然环境的价值。

（3）环境的协同与发展。可持续发展的核心问题实质上是在每一个历史阶段中社会、经济和环境三大系统的协调发展问题，即如何采取适当的生产生活行为，在保持人类发展的前提下使社会、经济和环境相互的作用协调统一。这是在实现可持续发展目标中不可或缺的过程（刘思华，2002）。

2）可持续发展理论在生态农业中的体现

可持续发展理论给生态农业发展的启发有以下两点。

（1）农业的可持续发展是在生产生活的基本物质需求得到保障后才值得大力推广，农业的可持续发展中最重要的前提是要促进农业的发展，但是在有限的时间和空间内不能进行过度发展、野蛮发展，不能以损害长久利益的方式进行发展，要为子孙后代留下绿色循环的发展模式。

（2）生态农业是可持续农业发展基本理论的集中体现，完全符合了环境的承载力理论，以环境承载力为发展红线，通过环境资源与农业价值协调发展，既保护了环境又发展了农业经济，对于大多数农业人口仍采用传统农业发展模式的中国来说，生态农业不失为一种绿色高效的发展模式。

4.4 大同市生态农业发展案例分析

大同市位于山西省北部，处于晋冀蒙三省的交会处，农业生态比较脆弱，具有发展生态农业的现实需求。大同市结合区域生态环境，在生态农业模式应用方面进行了有益实践。对大同生态农业发展进行深入的案例分析，有利于从一个侧面把握我国生态农业推广的状况，为促进生态农业发展政策的制定提供参考。

4.4.1 大同市生态农业发展的条件分析

1）自然条件

（1）区位。大同市位于山西北部，东与河北省张家口市、保定市相接；西、南与省内朔州市、忻州市毗连；北隔长城与内蒙古自治区乌兰察布市接壤。地理坐标位于39°54′N—40°44′N，112°06′E—114°33′E。大同市位于晋冀蒙三省的交汇处，是北京的西大门,是全国42个交通枢纽城市之一,区位条件非常独特。

(2) 气候。大同属温带大陆性季风气候,全年四季分明,全市年平均气温7.0℃,年极端最低气温值为−37.4℃(2010年1月5日出现在天镇),年极端最高气温41.5℃(2010年7月29日出现在灵丘),春季平均气温6.5~9.1℃,夏季气候温和,平均气温为19~21.8℃,秋季平均气温为5.8~8.4℃。

(3) 地形地貌。大同市地貌类型多样,山地、丘陵、盆地、平川兼备,其中丘陵山地多,平川台地少。全市平均海拔为1000~1500米。在地貌构成上,大同的山地面积为278平方千米,占总面积的13.4%;丘陵面积为1177平方千米,占总面积的56.6%;平原面积为626平方千米,仅占总面积的30%。

(4) 土地资源。大同南北长约189千米,东西宽约136.9千米,总面积14176平方千米,占全省面积的9.1%。全市耕地面积560万亩,其中土壤有机质在1%以下的耕地超过400万亩,占到总耕地的74%;有效灌溉面积224.2万亩,占总耕地的40%;土壤速效磷低于10mg/kg的耕地约330万亩,占60%;土壤速效钾低于80mg/kg的耕地约150万亩,占27%;60%~70%的耕地受到水土流失的危害,瘠薄培肥型土壤128.6万亩,占23%。草地面积720万亩,其中天然草地(农用地)2660亩、人工草地(农用地)16.2万亩、其他草地(未利用)704万亩。林地面积1129.43万亩,森林覆盖率23.5%,其中有林地面积346.36万亩、疏林地面积25.04万亩、灌木林面积149.84万亩、未成林造林地面积353.61万亩、苗圃地面积5.55万亩、无立木林地面积29.05万亩、宜林地面积219.88万亩、林业辅助生产用地0.10万亩。

(5) 水资源条件。作为典型的资源型、工程型、水质型、管理型缺水城市,大同市全市水资源总量为18.25亿立方米,其中水资源可利用量仅8.16亿立方米。人均水资源占有量为297立方米,仅为全国平均值的14%,被列入全国110个严重缺水城市之一。大同市水资源的特点是:水资源严重短缺(远低于国际公认的人均水资源占有量500立方米的严重缺水界限);水资源丰枯悬殊,年内年际变化大;水资源地区分布不均。水资源紧缺、污染严重以及地下水超采严重已成为制约大同市生态农业发展的重要因素(胡海平,2006)。从农业用水来看,表现如下特征:①河道来水、水库蓄水量明显减少,小泉小水枯竭速率明显加快;②农田水利工程效率低,使用寿命短,实际灌溉面积逐年减少;③水井越打越深,出水量越来越少。由此导致全市绝大多数耕地都为旱作农田,水资源对农业的承载力严重不足。

2) 种植业发展基础

从生产传统上看,大同市属于近代农牧史上的半农半牧交错带,由于人口、市场、政策、种植习惯等多方面原因，以籽实玉米为主的粮食作物在大同市种植面积逐年加大，到 2016 年玉米种植面积占大同市种植面积的 42%，而饲草、经济作物仅占到 10% 和 21%，种植结构严重失衡。

由于气候寒冷、降雨稀少以及水土流失造成的土壤贫瘠，大同市多数耕地非玉米高产区，需要大量人工灌溉和补肥，且每年仅能种植一季，产量十分有限，成本居高不下。在全国大市场玉米价格大幅下跌的形势下，大同的种植籽实玉米几无利润，农民脱贫增收难度很大。

大同市山地众多，气候偏寒，具有"五线""五度"的独特区位优势，千百年来形成了丰富的地方品种资源，包括苦荞、莜麦、小米、大同黄花、恒山黄芪、大结杏、哈密杏等；同时，农民群众也积累了大量种植的经验和技术，为特色产业发展创造了良好的条件。大同市特色农业发展迅速，近年来，以广灵"东方亮"小米为代表的特色小杂粮已经在全国甚至海外打开了市场，连绵山脉孕育出的"正北芪"等中草药已形成完整的产业链和高标准的综合生产基地。简而概之，大同特色农产品主要有黄花、黄芪、鲜食杏、食用菌、胡麻、小米等。具体分布区域和产量见表 4-1。

表 4-1　大同市特色农产品概况

产品	地点	种植面积/万亩	产量/万斤
黄花	大同县、广灵县	12	2800
黄芪	浑源县	16	300
鲜食杏	阳高县	36	8000
食用菌	浑源县、广灵县		3000
胡麻	左云县、新荣区	24	1600
小米（谷子）	广灵县	31	5000

特色产业的发展态势良好，在发展生态农业时应结合自身特色产业发展优势，生态农业模式选择上也应充分结合当地固有特色产业，发展具有自身特色的农业产业。

3）畜牧业发展基础

2016 年底，全市规模化养殖园区达 920 个，规模养殖率占 70% 以上，牛饲养量 47.03 万头，其中奶牛存栏 9.68 万头，羊饲养量 644.6 万只，肉、蛋、奶产量分别达到 14.5 万吨、5.8 万吨和 24.7 万吨。2016 年，大同被农业部确认为全国北方农牧交错带 9 个核心市之一。大同地处京津农产品供应圈和生态屏障区，同时也是山西省雁门关生态畜牧经济建设区，在扶持畜牧业发展上具备政策优势。自 2016 年起，结合《农业部关于"镰刀弯"地区玉米结构调整的指导意见》，大同市积极响应国家政策引导，加法、减法双管齐下，努力推动种养结合、循环发展。在稳定粮食产能的基础上，2016 年大同市粮食作物播种面积 400.1 万亩，同比减少 20 万亩；经济作物 99.4 万亩，同比增加 7.4 万亩；饲草种植面积 53.1 万亩，同比增加 11.3 万亩，完成草地建设保护 162.8 万亩，有效保障了牧业饲料需求。特别是南郊区、阳高县、天镇县、浑源县 4 个粮改饲试点县区承担了粮改饲建设任务的 114 个养殖场（企业）、合作社，共完成全株青贮玉米 38.6 万立方米、29 万吨，青贮窖建设 3.2 万立方米，大中型青贮机械 58 台。全市由粮经二元向粮经饲三元结构转变的趋势明显加快，已初步形成粮经饲统筹发展的格局，为生态农牧业发展打下了良好的基础。畜牧业产业的发展，要求大同市在选择生态农业模式时应将畜牧业放在重要的位置中。

4）政策环境

我国已进入全面深化改革、全面建成小康社会的关键时期。党的十八大对中国特色社会主义事业做出了总体谋划，将生态文明建设与经济建设、政治建设、文化建设、社会建设并列，作为中国特色社会主义事业的总体布局。我国农业也进入了全面改造传统农业、推进现代农业建设、实现农业现代化的关键时期，并且将"三农"工作作为全党工作的重中之重（班婵，2010）。

2017 年，《中共中央、国务院关于深入推进农业供给侧结构性改革，加快培育农业农村发展新动能的若干意见》（以下简称"中央一号文件"）提出：深入推进化肥农药零增长行动，开展有机肥替代化肥试点，促进农业节本增效；大力推行高效生态循环的种养模式，加快畜禽粪便集中处理，推动规模化大型沼气健康发展；以县为单位推进农业废弃物资源化利用试点，探索建立可持续运营管理机制；鼓励各地加大农作物秸秆综合利用支持力度，健全秸秆多元化利用补贴机制；继续开展地膜清洁生产试点示范。"中央一号文件"的出台，也为生态农业的发展提供了国家层面的支撑。

5）技术条件

随着科技的飞速发展，农业科技、设施农业和互联网飞速发展为生态农业的发展提供了良好的历史机遇。信息技术的飞速发展对生态农业的发展有着深刻的影响。有些生态农业技术，可通过互联网的方式进行传播，弥补了现场教学的不足，信息化的发展也为生态农业模式的管理和运行提供了便利和机遇。并且随着经济的发展，生态农业、绿色观念逐渐深入人心，坚持可持续发展，生态发展已成为大家的需求。

4.4.2 大同市以粪便为纽带的"三位一体"生态农业模式分析

大同市在大力推进规模养殖场和标准化养殖小区建设的同时，围绕粪便燃料、肥料综合利用，结合畜禽粪污沼气池、畜禽粪污发酵堆肥技术，辅之以设施农业，生态畜牧业生产，生态种植业生产，生态林果生产，构建了以畜禽粪便为核心的"三位一体"生态农业模式（高春雨，2005）。目前该模式仅在少数村庄、地区推广运用，处在发展推广的初级阶段。但"三位一体"的生态农业模式发展潜力巨大，不仅可以减轻对环境的压力，对生态环境起到保护作用，促进了大同市农业的可持续发展，在提高经济效益的同时也同样可得到社会效益和生态效益。

1）"三位一体"生态农业模式的原理

"三位一体"生态农业模式的着眼点在于对畜禽粪污的处理上，该模式主要由畜禽养殖场、沼气发酵池和厕所这几部分构成。"三位一体"的生态农业模式的运行原理是以沼气池为核心纽带，以温室、养殖场、厕所为配套设施，在温室和养殖场外覆一层保温薄膜，这样使得太阳光可以更好地照射进温室和养殖场内，且塑料薄膜的保温性也使得温室和养殖场的热量不易挥散，使"三位一体"的生态农业模式在寒冷的北方冬季依然可以正常运行，实现了资源的循环利用（王勇民，2005）。

2）"三位一体"生态农业模式的结构

如图4-3所示，"三位一体"生态农业模式，将沼气池作为模式循环的纽带，把农林牧三者相结合，组成可持续发展的循环农业生产模式。此模式将畜禽和人类的排泄物集合在沼气池中进行发酵，产生沼气、沼液、沼渣。其中，沼气可以作为人们的日常燃料，供给农业生产及日常生活，沼液和沼渣可以作为种植业的有机肥料，从而将农林牧三者的生产相互结合，不但畜禽人类的排泄物得到了充分的利用，也为种植业的发展提供了安全的肥料，保护了生态环境，提高了农民的收入，实现了经济、社会、生态效益三者的结合。

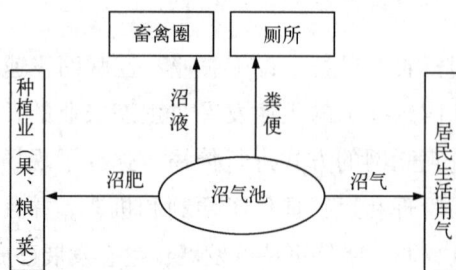

图4-3 "三位一体"生态农业模式结构图

（1）沼气池。沼气发酵池是该模式成功运转的核心。它的作用，是将种植业、畜禽养殖业、人类生活串联在一起的设施，起着纽带的作用。沼气池将畜禽和人类的排泄物集中进行发酵，产生沼气、沼液、沼渣。其中，沼气可供农业生产、日常生活，沼液和沼渣可以作为种植业的有机肥料，从而将农林牧三者的生产相互结合（陈豫，2008）。沼气池除了产生沼气、沼渣、沼液，还改善了农村的生活环境，减少了蚊蝇滋生，优化了农村的生活条件。

（2）畜禽养殖场。畜禽养殖场是该模式中实现经济效益的关键环节，沼气池一般建在养殖场附近，便于动物排泄物的集中。北方的冬季寒冷，在养殖场外覆膜可以使得动物在寒冷的冬季依然能够快速生长，有利于养殖业效益的提高。

（3）厕所。厕所是该模式的重要设施，厕所的建造可以使原本暴露在空气中的畜禽和人类的排泄物转入地下，直接进入沼气池进行发酵（杜艳萍，2004）。这样就使得原本易招惹蚊蝇病虫的粪污转移到了合理的地方，减少了蚊蝇对于传染病的传播，改善了农民的生活环境，减少了粪污对于空气和水资源的污染，水资源得到了保护。

3）"三位一体"生态农业模式的经济效益分析

"三位一体"生态农业模式的最主要优势在于：对时间、空间、资源利用的效率更高，经济效益上，与常规农业相比优势明显。以大同市"三位一体"生态农业模式为例进行经济效益分析。

容积为6立方米的沼气池可供三口之家使用，8立方米的沼气池可供4~5人使用，10立方米的沼气池可供5~6人使用，在进行效益分析时，为了方便计算、总结，选取了可供4~5人使用的8立方米这个中间数值作为分析对象（张立辉，2010）。在畜禽动物的选择上，同样选取了成猪这个运用最广泛的家畜作为分析的对象。

一个8立方米的沼气池每年大约可发酵生产沼气300立方米，其总能量可以折合标准煤0.7吨，若以煤价580元折算，则折合人民币约400元；沼气池每年平均可生产沼液12吨、沼渣3吨，沼液和沼渣可作为作物的有机肥料，这样一年可节约化肥420元，所以一个8立方米的沼气池一年产生的经济效益有820元。

根据表4-2至表4-4的数据显示，若将大同市现有畜禽粪便全部用于"三位一体"生态农业模式中，以8立方米的沼气池和猪作为计算标准。

一个8立方米的沼气池一天需要有7头猪的粪便量，一头猪一天产4千克粪便，则一天生产粪便要28千克，一年10220千克，折合10.22吨。大同市现有畜禽总量可产生粪便1300万吨以上，则粪便总量可供应约130万个8立方米的沼气池，每个沼气池产生的经济效益为820元，则理论上共可产生经济效益约10亿元。

表4-2 沼气池容量与家庭人口关系

池容积/m³	沼气产量/（m³/d）	满足人数/个
6	1.2	3
8	1.6	4~5
10	2.0	5~6

表4-3 沼气池容积与畜禽饲养量关系

	成猪	成鸡	成牛
日排粪量/（kg/d）	4	0.1	20
6m³沼气池饲养量/（头/只）	5	167	2
8m³沼气池饲养量/（头/只）	7	222	2
10m³沼气池饲养量/（头/只）	8	278	3

表4-4 大同市畜禽排便量

畜禽名称	粪/（kg/头）	饲养量	粪总量/t
牛	7300	800 000	5 840 000
猪	398	3 700 000	1 472 600
羊	547.5	10 000 000	5 475 000
家禽	26.3	20 000 000	526 000
合计			13 313 600

4）"三位一体"生态农业模式的社会效益分析

"三位一体"生态农业模式促进了农业的可持续发展。该模式使农业向着更深、更广的领域进发，此模式的运用将原本单一的种植业变为农林牧（种植业、养殖业）结合，有利于提高农民的生产积极性。沼气池发酵的沼气改变了村民的生活，使原本砍柴烧炭的生活方式发生了改变，保护了农村的生态环境，提高了农民的生活质量，加快了农村的建设，从而有利于实现我国的农业现代化，为实现中华民族的伟大复兴添砖加瓦。

5）"三位一体"生态农业模式的生态效益分析

畜禽和人类的粪便经过集中进入沼气池中，再经过沼气池进行发酵后，粪污中原本含有的病原菌基本被消灭。众所周知，粪污是苍蝇和蚊虫的温床，当粪污被沼气池集中管理后，苍蝇和蚊虫没有了供他们繁殖生长的环境，从而减少了苍蝇和蚊虫的数量，也就降低了传播疾病的几率。畜禽和人类的排泄物经发酵处理后，上层消灭寄生虫卵率达 90.6%，下层消灭寄生虫卵率达 100%，污染物 BOD 降解率 91%，COD 降解率 48%，灭细菌率 99.6%，灭大肠杆菌率 90% 以上。且居民肠道传染病发病率较原先降低 28.7%~33.1%；人畜共患的空肠弯曲菌肠炎在动物中的带菌率也会明显下降。

沼气池的发酵作用会产生沼气，一方面，人们对于沼气的使用，可以减少煤、天然气等能源的消耗，这节约了资源。一个 8 立方米的沼气池每年大约可发酵生产沼气 300 立方米，300 立方米沼气总能量可以折合标准煤 0.7 吨、折合薪柴 1.4 吨，这 1.4 吨的薪柴需要 0.16 公顷薪柴林一年的生长。另一方面，沼气的充分燃烧会生成二氧化碳和水，这些并不会污染环境，这就减少了因为燃烧煤炭或者薪柴产生的烟尘和污染气体，有利于空气环境的保护。煤的燃烧会产生二氧化碳和二氧化硫，若一个村庄拥有 200 座 8 立方米的沼气池，这些年产 300 立方米沼气的沼气池每年共可减少排放二氧化硫约 2 吨，减少二氧化碳排放 82.3 吨。

6）"三位一体"生态农业模式的效益综合评价

目前大同市农业生产上推广应用的"三位一体"生态农业模式本质上是充分利用了生物链的内部循环，废弃物的再利用。在生产方式上采取时空组合和种养结合，促进体系内物质和能量的良性循环，在生产过程中最大限度的在模式内实现循环利用，减轻了环境的压力，在提高经济效益的同时也收获了社会效益和生态效益，促进了农业的现代化和生态化，应大力推广使用。

4.4.3 大同市以秸秆为纽带的生态农业模式分析

随着生态农业的兴起，大同市在发展设施蔬菜、优质杂粮、特色农业的同时，初步形成以秸秆为纽带的生态农业模式，围绕秸秆饲料化综合利用，主要构建"秸秆—青贮饲料—养殖业"模式。目前来看，虽然政府在工作中已经将生态农业的发展提到了很重要的位置上，但是大同市的生态农业发展还处在一个初级阶段，因此在秸秆利用方面虽然已经小有成效，但还是存在着很多问题和困难。

1）以秸秆为纽带的生态农业模式的优越性

从生产传统上看，大同市属于近代农牧史上的半农半牧交错带，由于人口、市场、政策、种植习惯等多方面原因，以籽实玉米为主的粮食作物在大同市种植面积逐年加大，到 2016 年玉米种植面积占全市耕地面积的 42%。玉米一直是大同市的主要种植作物，从而每年会产生大量的玉米秸秆。传统的农业生产，多将秸秆废弃扔掉或者堆在田边，有些农民还将秸秆进行焚烧，这样的处理方法对生态环境造成了巨大的破坏，浪费了秸秆资源，不利于农业的可持续发展。

"秸秆-青贮饲料-养殖业"的生态农业模式使得原本无用的秸秆得到有效利用，这也就避免了焚烧秸秆的现象，使原本无人问津的秸秆变为动物的饲料，既保护了生态环境，又节约了养殖成本，达到节能减排的效果（陈晓燕，2016）。通过加工提升了秸秆的附加值，生产的青贮饲料适口性好，营养丰富，青贮饲料的喂食也为养殖业农产品的安全提供了保障（图4-4）。

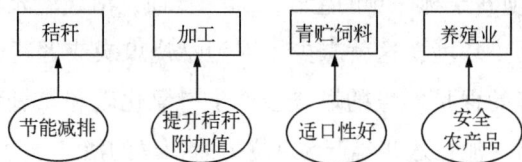

图 4-4　以秸秆为纽带的生态农业模式

2）以秸秆为纽带的生态农业模式的经济效益分析

大同现辖4区7县和一个经济技术开发区，其中9个农业县区。全市年粮食面积稳定在200万亩，其中杂粮100万亩左右，经测算，大同全市年平均秸秆约为60万吨。青贮、氨化是秸秆饲料化的两种处理方式，其中大同市主要运用青贮的处理方式。

由于传统的放养习惯，加之农户为降低养殖成本，秸秆只作为牛羊冬季早春主要饲料。按照每年吃半年的秸秆饲料，以目前大同市牛羊总数约为757万只羊单位测算（以每只羊每天3.5千克饲料计算），每年饲料利用约为498万吨。则大同市现有畜禽量可以将秸秆完全利用（丁萍，2005）。

降低养殖业的饲料投入成本是秸秆饲料化经济效益的主要表现，1千克的秸秆可生产并替代0.2千克左右的动物饲料，而1千克秸秆进行加工成为饲料需额外投入的机械费、人工费等成本共计0.13元。若饲料价格按每千克1.88元计算，秸秆可实现每千克节本约0.25元。以大同市全市秸秆总量60吨计算，一年可节约饲料成本1.5亿元。

3）以秸秆为纽带的生态农业模式的社会效益分析

秸秆中的粗纤维细长且坚硬粗糙，这一特点使得秸秆的适口性很差、畜禽动物大多不愿食用，采食量低，适口性差这一缺点影响了秸秆的使用，但如果将其加工成青贮饲料，那么可以提升秸秆的适口性。适口性好，动物的采食量上升，营养物质的利用率也会提高，从而改善了饲喂效果。利用秸秆作为动物的饲料可促进中国的可持续发展，为农民节省饲料成本，提高农民的积极性，加快社会主义大农业的发展步伐。

4）以秸秆为纽带的生态农业模式的生态效益分析

大同粮食总产逐年稳步增加，玉米秸秆产生量也在逐年增加，过去秸秆焚烧的状况非常多。秸秆的焚烧给环境造成了严重的污染。秸秆在燃烧过程中会产生大量烟尘和 CO（一氧化碳），CO_2（二氧化碳），SO_2（二氧化硫）等有害气体，将秸秆进行加工作为青贮饲料，可以有效解决秸秆焚烧屡禁不止的问题，减少环境污染，实现资源的循环利用（黄方伟，2006）。

随着社会的不断发展，人们对于畜禽的需求量不断上升，畜禽数量的增加会增加饲料需求。饲料需求快速增长的压力会使得草场严重退化，生态环境日趋恶劣。发展秸秆青贮饲料是解决草场日益恶化这一问题的有效途径。每利用 1 吨的秸秆作为饲料，就可以满足 1~2 只羊的饲草需求量，这就相当于 1.32 公顷草地牧草的采食量。

5）以秸秆为纽带的生态农业模式的综合评价

大同市以秸秆为纽带的生态农业发展模式是将秸秆这一原本随意丢弃的废料作为饲料。经过青贮饲料加工，增加其适口性。与传统农业相比，这一做法减轻了农业对于环境的污染，在节约农民成本的同时，也产生了良好的生态和社会效益。

4.4.4　大同市生态农业模式运用中尚需面对的问题

1）生态农业发展缓慢，模式运用较单一

虽然国家、省、市大力鼓励发展生态农业，大同市也有很好的资源条件，也在积极探索符合本地区的生态农业模式。但是，大同市的生态农业发展相当缓慢，只是在某些地区零星地运用推广，没有形成多领域多地区大范围发展生态农业的状况。"三位一体"和以秸秆为纽带的生态农业模式虽然可以节约成本，保护生态环境，但只有两种模式还稍显单薄。应主动借鉴国内外先进生态农业模式，结合自身实际情况，做到资源的循环利用。

2）生态农业发展具有技术、资金和劳动成本较高的问题

从目前大同市的生态农业运作中可见：第一，生产系统较为较为复杂，对以传统农业为主的农民来说技术难度较高，需要接受的技术培训任务较重，这给农业模式的

推广客观上造成一定困难；第二，生态农业模式项目在现有以人工为主的技术生产条件下，劳动投入较高，农业项目的生态效益和社会效益较为明显，但从经营主体来看经济效益不够明显，农业经营主体投资的积极性不高；第三，生态农业模式项目需要一定的设施资金投入，对经营主体而言，增加了投资和风险。正是这些原因制约了生态农业的发展。这需政府在提高技术培训力度，加大技术创新，推出更优的模式，提高技术装备，降低劳动投入，优化融资环境等方面不懈努力。

3）生态农业模式应用中具体技术方式相对落后

（1）秸秆利用方式落后。大部分养殖户因加工、储存方法和手段落后，习惯采用收集—运输—自然风干、晾晒—铡切—饲喂的传统粗加工方式，加之露天存放时间达半年左右，受风吹、雨淋、日晒及降尘等影响，秸秆容易污染甚至霉变，其营养成分损失可达50%，多数秸秆达不到饲喂标准。青贮饲料方式经过加工使其适口性、营养含量大大提高，可以为牛羊提供优良饲料，是一种先进的方式。但只有少数养殖企业和大户采用建青贮窖的方式收集秸秆和加工储存。秸秆不能有效存储利用，最终处理不当仍会使生态环境受到影响。

（2）畜禽粪便处理不当。虽然大同市已有"三位一体"的生态农业发展模式，但目前畜禽养殖的粪便还有部分是通过收集、简单堆沤后直接还田，虽然粪污直接还田可以循环利用粪污中有用的营养物质，作为有机绿色肥料也可以增加土地肥力，提高农作物产量，较为经济有效。但未经过处理的畜禽粪便含有病原菌、虫卵、蛆蛹等，影响植物正常生长，造成产量降低，不仅会造成畜禽棚环境的恶化，也会影响畜禽和养殖人员的身体健康，对周边尤其是下风向的区域造成危害。畜禽粪便处理不当还会污染水资源，给原本就缺水的城市带来了更大的供水压力。

4）人力资源缺乏，技术设施相对落后

在一个生态农业模式中，一般包含了多种组成要素，这些要素之间具有非常复杂的关系。在一般情况下，农民们并没有足够的理论知识和经验对生态农业系统这一复杂系统进行科学的设计。这就给技术人员提出了更高的要求，不论是对农业的技术、物资、信息等方面都必须具备比传统农业更高、更专业的要求。大同市作为三线城市，能够满足这些技术需求的农业人才极度稀缺。关于生态农业的人才培训工作也显得比较薄弱。另外，仓储设施和技术较为落后，缺少先进的大型仓储基地，乡镇级大多无仓储基地只能露天堆放（韦伟，2014）。

5）政府对生态农业推广的扶持不够强

生态农业的发展和生态农业模式的建设是一个系统的工程，这需要政府作为牵头方，若政府扶持力度不足，生态农业的推广就无法顺利地进行下去。由于生态农业项目的资金和劳动投入成本较高，生态农业的推行需要建立具有激励机制与金融保障体系的政策。虽然大同市在生态农业建设上已经取得一些成效，但政策的力度还不够大，很多地区对于生态农业相关政策的贯彻和落实也经常打折扣（和炳全，2012）。大同市在人才培养制度、投融资制度创新方面还有很大潜力。

第 5 章　智慧农业的理论与实践

从农业生产技术手段发展来看，智慧农业形态是现代农业发展的高级阶段，集农业机械化、自动化、信息化、物理化和工厂化于一体。我国农业正处在传统农业向现代农业的转型时期，在高速发展的互联网时代，以互联网、物联网、大数据、云计算等技术为支撑的智慧农业将推动农业现代化的巨大发展。

5.1　智慧农业的理论分析

5.1.1　智慧农业的概念

受 IBM 公司提出的智慧城市、智慧地球的概念的启发，周国民（2009）在回顾我国农业信息技术研究历程的基础上，提出智慧农业是农业信息技术在农业中由单项应用走向综合应用的必然体现。上述学者认为，智慧农业是充分利用现在的信息技术，包括更透彻的感知技术、更广泛的互联互通技术和更深入的智能化技术，使得农业系统的运转更加有效、更加智慧、更加聪明，能实现农业系统达到农产品竞争力强、农业可持续发展、和谐农村、有效利用农村能源和环境保护目标的现代农业模式。智慧农业涵盖智慧管理、智慧生产、智慧组织、智慧科技、智慧生活等五个方面。

2013 年，国家林业局印发《中国智慧林业发展指导意见》，其中将智慧林业定义为，充分利用云计算、物联网、大数据、移动互联网等新一代信息技术，通过感知化、物联化、智能化的手段，形成林业立体感知、管理协同高效、生态价值凸显、服务内外一体的林业发展新模式。可见，智慧林业，就是"互联网+"林业。类比而来，智慧农业的本质就是"互联网+"农业。

综上可以这样概括，智慧农业是融互联网、移动互联网、大数据、云计算和物联网技术为一体，依托部署在农业生产现场的各种传感节点和现代通信网络实现农业生产环境的智能感知、智能预警、智能决策、智能分析、智能控制、专家在线指导，为农业生产提供精准化种植、可视化管理、智能化决策的农业生产方式。

5.1.2 智慧农业的系统结构

我们根据系统论相关与演化的思想，从生产环节到最后的市场销售环节，构建了智慧农业的整体框架，如图5-1所示。智慧农业的系统主要分为4个部分，包括数据采集与控制、数据传输、系统后台和终端交互。数据采集与控制主要包括了传感器的数据采集和相应的控制器的运作；数据传输主要包括了近程和远程数据的传输，这其中又按传输类型分为有线传输和无线传输；系统后台主要包括了数据存储与处理、系统的决策和管理等；终端交互部分主要分为基于浏览器的模式和基于客户端的模式。

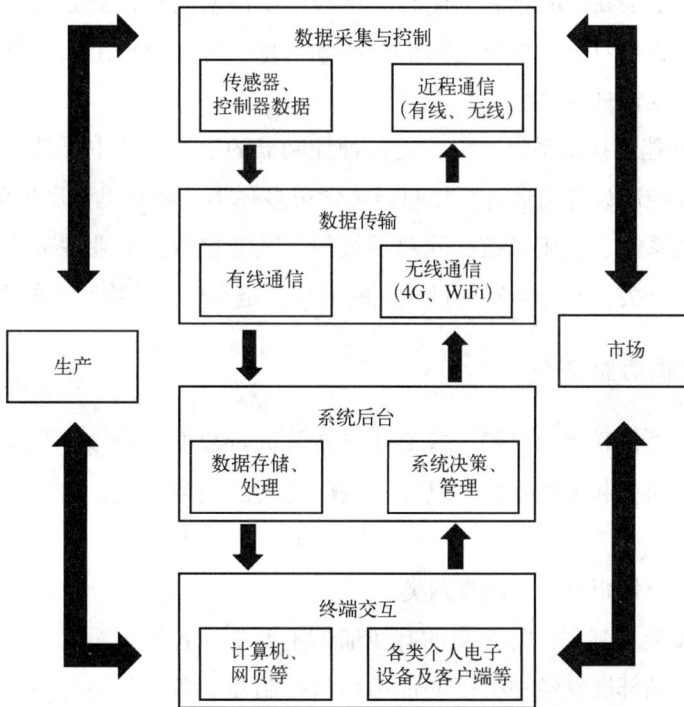

图5-1 智慧农业系统框架图

5.1.3 智慧农业系统功能分析

1）数据采集与控制功能

（1）数据采集功能。数据采集系统主要是负责各种生产环境的数据采集，包括农田里的土壤温湿度数据、空气温湿度数据、周围环境水质数据、空气质量数据等。这些数据主要由遍布在农田各处的传感器获取并记录。同时，对于农作物的生产状况等信息，也需要采集相应的数据。这其中包括农作物的生长情况数据、病虫害情况数据、作物非正常损害数据等。这些相应的数据的采集对于智能化管理作物的生产有着重要的价值。其他的一些需要采集的信息还包括视频监控的数据、红外感应器的数据等。

不仅在原始生产阶段需要用到数据采集系统，在农产品运输以及销售环节依然需要采集必要的数据信息。比如，在运输过程中，针对农产品溯源系统，通过全球定位系统（Global Positioning System，GPS）、北斗导航系统等确定车辆的位置信息；在冷链物流运输的过程中，还要采集车辆冷库中的温度及湿度信息，以防止农产品损坏。在销售环节，一些必要的信息也会被采集（王峥，2012）。比如，应用食品安全溯源系统的农产品，其一般会在产品包装上印有二维码，以供人们查询食品生产以及一系列的信息。通过采集人们对于二维码的扫描频次等信息，可以分析出人们对于产品的认可程度等，有利于反馈进行再生产。

（2）控制功能。控制系统主要负责各种控制器的运作，其主要是配合数据采集系统来实现智能化控制设备的运行。控制器包含很多种类，如农田生产环境的浇灌系统、喷淋系统、通风系统、遮阳系统、除草系统等。其通过智慧农业的运用，既可以做到人工控制系统的开关，又能够实现自动化的运行，是实现农业物联网的重要组成部分。

2）数据传输功能

在各种系统进行联动的时候，首要功能就是进行数据的传输。数据传输按传输类型主要分为有线通信和无线通信。其中，按所适用的距离不同，又分为短距离通信和长距离通信。

有线通信又分短距离和长距离两类。

（1）短距离有线通信。短距离的有线通信主要是为各类传感器和控制器的信息传递服务。农业现场部署着各种类型的传感器和控制器设备，它们之间要想保证互相或者和系统后台高质量地传输信息，有线的方式能够提供很大的保障。按传输信号特征来分类，有线通信又分为数字通信和模拟通信两种。数字通信主要用于数字传感器和控制器的通信，其特点是组网较为灵活、能够实现的功能较多，但目前价格较高。模拟通信主要用于模拟传感器的通信，其特点是成本较低，但精度容易受到影响。

（2）长距离有线通信。长距离有线通信主要用于农业现场设备和系统后台服务器之间的信号传输。长距离有线通信一般使用金属导线或光纤作为传输介质，其拥有传输信号稳定、带宽充足等特点。通过与系统后台服务器的连接，能够及时地了解当前农业生产现场的状况，做出合理的决策。

无线通信也分为短距离和长距离两类。

（1）短距离无线通信。由于农业生产现场环境复杂，部署有线通信有时可能并不方便，众多传感器和控制器之间可能交错复杂不便布线。这时就需要使用短距离无线通信技术了。目前常见的短距离无线通信技术有蓝牙、WiFi、Zigbee[①] 等，它们的特点是无需实体信号线、布置摆放灵活、功耗较低等。随着低功耗蓝牙技术的发展，在短距离传输方面，这一技术将成为主流。Zigbee 技术靠着其超低的功耗以及传输信号的稳定性，能够实现多种设备的互相组网。不过其应用需要单独的网关来管理所要控制的设备。而 WiFi 技术，能够实现局域网的传感器与控制器的连接，同时还能够通过路由器等设备访问互联网，将使得部署操控更加灵活方便。

（2）长距离无线通信。长距离无线通信技术主要用于农业现场设备与系统后台服务器之间进行数据传输的情况。将农业生产现场的各个传感器与控制器直接与互联网相连，或者通过短距离通信先与网关相连再由网关与互联网相连。将各个部分都连接至互联网，可以利用互联网"无所不达"的特性，实现在任何时间、任何地点，只要有网络，就能访问智慧农业系统，获取实时信息，或者进行远程操作和控制（张育斌，2014）。

长距离无线通信的特点是，只要有网络信号覆盖的地方就能够进行传感器与控制器的操控，但其也较易受到信号干扰，且成本较高。目前主要的长距离无线通信主要有 WiFi、3G/4G 等，随着 4G 信号的覆盖范围越来越大，基于移动通信的长距离无线通信将成为主流。

3）系统后台分析与管理功能

系统后台主要指部署在农业生产环境后端的或者是网络服务商提供的后台服务器，这个部分是智慧农业当中的核心部分，它主要负责所有前端产生数据的存储和处理以及针对数据进行分析然后做出相应的决策。

（1）数据存储和处理功能。这部分主要负责从农业生产现场传回的各种传感器的数据存储与处理。例如分析记录农业生产环境中的土壤温湿度情况、空气质量情况等，通过一段时间的记录监测，能够提供对农业生产有着指导意义的分析数据（赵湘宁，2011）。在农产品溯源应用中，每个环节所产生的数据都要被记录并长期存储，以便消费者日后能够查询得到所购买产品的一切相关信息。对数据的存储和处理，是系统决策不可或缺的一个关键部分。

（2）系统决策和管理功能。这部分主要负责整个系统的决策运行和系统管理。通

---

① Zigbee 技术是一种短距离、低功耗的近距离无线组网通信技术。

过分析存储的数据，制定相应的运行规则，达到智能化的管理目标，从而尽可能减少人工的干预。比如，根据农业现场传感器采集到的土壤温湿度信息，进行分析比对，根据预设的规则来决定是否启动浇水装置或者通风装置，改善当前状态以达到一个适合农作物生长的环境。这里系统的决策就显得尤为重要，对于前期的系统各个功能的设计，既要做到合理可控，又要结合实际情况做到灵活多变，这对后台系统的设计提出了一定的要求。系统后台的决策和管理是决定智慧农业是否智慧化的关键所在。

4）终端交互功能

终端交互功能是指用户对智慧农业系统的访问与交流。该功能一般分为采用网页浏览器作为入口的基于计算机等硬件的方式和采用客户端作为入口的基于手机、个人电子设备等硬件的方式来实现（刘兵，2014）。这两种方式的特点如下。

（1）基于计算机等硬件的网页浏览器方式。个人计算机无论是台式还是个人电子设备等一般配置都较高，显示屏幕较大，进行复杂时不存在操作障碍。所以基于此类硬件，一般采用网页浏览器的方式来访问智慧农业系统。智慧农业服务提供商一般会制作网页版的应用来供用户访问，无需安装额外的专用客户端直接输入网址即可访问，方便快捷。台式计算机一般采用有线通信方式连接互联网，适合于在室内固定场所使用。个人电子设备一般采取无线通信方式连接互联网，适合移动使用需求（李如平，2017）。

（2）基于个人电子设备类硬件的客户端方式。个人电子设备等硬件由于体积较小，一般采用无线通信方式，适合随身携带，便于随时随地访问智慧农业系统。不过这类硬件由于屏幕也相对较小，一般需要安装专用的客户端，通过客户端才能访问相应的智慧农业系统。这种方式的好处是客户端针对移动设备进行了专门的研发与优化，在操作上更符合移动设备的需求，当前智能设备一般都是触摸屏，客户端能够有效避免一些误操作的产生。但同时采用专用客户端也带来一定的问题，比如采用了多家的智慧农业系统，就需要安装几个不同的客户端软件，这对于用户的操作和学习成本都有了一定的提升。不过随着浏览器技术的不断发展，HTML5[①]等浏览器技术日渐成为主流，各大服务提供商也逐步在开发自适应的浏览器界面，以应对各种屏幕大小和操作方式。

5.2　智慧农业在西方国家的发展

智慧农业作为未来农业发展的方向，具有举足轻重的地位，世界各国都对智慧农

---

① HTML5 是下一代 HTML（超文本语言标记语言）标准，其具有跨平台和自适应网页等优点。

业给予高度重视。美国、英国、德国、法国和日本等国家的智慧农业发展水平比较先进。

5.2.1　美国的智慧农业发展特点

美国农业信息化建设起步于 20 世纪 50 年代。80 年代，美国率先提出"精确农业"的构想并在此后多年的实践中成为"精确农业"绩效最好的国家，这为"智慧农业"奠定了良好的发展基础。现阶段，美国利用物联网科技开展"智慧农业"生产的水平世界领先，带动整个农业产业实现了一场新的革命。刘丽伟，高中理（2016）对美国智慧农业的运作特点进行了总结，主要体现为以下 4 个方面。

（1）生产及经营环节借助于农业物联网及大数据分析，实现了农产品全生命周期和全生产流程的数据共享及智能决策。美国中西部地区在玉米、大豆、甜菜等作物种植方面广泛应用物联网技术。物联网的应用使农产品的全生命周期数据共享，特别是从播种、灌溉、施肥、病虫害防治到收获预期的全生产流程一直处于智能决策的状态中。物联网在农业生产中的主要应用是实时监测并查清农作物生长过程中田地的土壤性状与生产力状况（如光照强度、空气温湿度、二氧化碳浓度等），使用红外成像系统配合卫星观测数据和观察农作物的长势情况，配合生物量地图系统及时判断作物是否缺少营养素，将数据传给化肥供应商，直接获得当下最适合作物生长的肥料配方，从而通过变量施肥技术动态调节耕作过程中的水、肥等生产要素投入量。

（2）流通环节借助农业电子商务不断改造升级。美国的农业流通较早地采用了电子商务技术，农业流通模式不断创新升级。早在 20 世纪 80 年代，美国就开始尝试农业电子数据交换（EDI）电商。农业智慧管理也由此具备了良好的发展环境。同时，为提升产品安全溯源及定价能力，农产品电商与农资电商均构建了从生产者到需求者的网上直销渠道。其中，农产品电商通过企业对企业（B2B）与企业对消费者（B2C）双结合的模式对接种植、养殖主体及下游加工商和消费者，农资电商则采用 B2B 模式，对接种植、养殖主体及农资企业，从而在根本上颠覆了传统的农业流通渠道体系。随着"智慧农业"生产中农场主从生产者向管理者转型，农资需求日益从单纯的产品需求向综合的服务需求转变，大农资一体化的进程不断加快，行业集中度进一步提升。美国的农产品在线销售平台不断创新，带动农业电子商务进入高级阶段。电子商务信息平台提供的大数据，有利于农场主及农产品经销商随时掌握国内外农产品市场变化的宏微观信息，根据价格、行情变化等情况指导农业生产的品种、数量等，从而保证"智慧农业"生产导向的正确性。

（3）有强大的技术支撑体系。美国有 100 多个信息收集处，每天汇总分析并发布全美各类农业信息；大量农业基础数据是公开的资源，行业壁垒低，加之农场主对技术服务尤其对基于大数据的决策支持有迫切需求，使大数据公司层出不穷且呈蓬勃发展之势。AGRICOLA、AGRIS、Preview 等多个强大数据库及物联网科技等创新成果给美国"智慧农业"及其产业链条的发展提供了优越的科研资源和技术条件。同时，多层次的农技推广及服务体系也是各种新技术落地实施的有利保证。

（4）美国智慧农业的发展进程中政策的扶持作用至关重要，是美国农业发展的重要力量。虽然美国是一个拥有发达市场经济的国家，但政府仍然选择参与重要的农业经济事务。在市场经济体制下加强宏观调控有很多经验借鉴，最基本的是每项农业计划都有相应的投资措施保证。为实现这一目标，美国先后出台了多项与农业信息化相关的法律法规和发展计划，包括《信息自由法案》《全国农业研究、推广和教育政策法》《国家基础设施保护计划》《1996 年联邦农业完善和改革法》《2002 年农业安全与农村投资法案》和《农场法案》，为"智慧农业"及其产业链条的发展提供了良好的政策环境和财政支持。同时配套有相应的差额补贴、无追索权贷款、休耕补贴和灾害补贴等投资手段。在信息化服务方面，美国政府设有专门的农业信息管理机构，负责收集每天的农业信息并及时发布。

5.2.2　德国的智慧农业发展特点

德国农业采用了大量的机械化和信息化进行农业生产，农业发展居于世界领先水平，在德国从事农业生产的人员约为总劳动人口的 2%，农户总量不超过 69 万户，平均每个农业劳动力能够养活 100 多人，但德国的智慧农业发展水平相对落后，目前德国正致力于发展"数字农业"。王志远（2015、2016）对德国智慧农业进行了较多的报道，从中可见德国智慧农业发展具有如下特点。

（1）发展措施主要依据"数字农业"开展。"数字农业"的基本理念类似于"工业 4.0"，通过将大数据和云技术结合应用，将田地的天气、土壤、降水、温度、地理位置等数据上传到云端，在云平台上进行分析和处理，然后将处理好的数据发送到智能化的大型农业机械，以指挥使其进行精细作业。

（2）智能化水平高。据《欧洲时报》（2014）报道，智慧农业的智能表现可从以下方面反映。一是计算机控制播种施肥。在农业生产中，将地理信息系统、全球定位系统、遥感技术等高科技应用到大型农业机械上。因此，大型农机接收到卫星信号，经过计算机处理、分析，根据土地和粮食作物的情况，确定种什么作物、施多少化肥和打农药的量等。进行各种田间作业时还可以从农作物生长情况分析病虫的危害损失，判断农作物不同生长阶段遇到的病虫害，农民可以根据这些数据，提前进行处理和预防。二是畜牧业自动挤奶机不需人力。在德国许多农场里，饲养的牛、羊、马身上都会安装带有电子识别牌，在喂饲料、挤奶时，可以获得这些动物的饮食状况、产奶量等信息，以便发现问题并及时采取适当的改进措施等。大多数农场都配有自动挤奶机，奶牛只需要走进这个设备，挤奶机就会自动调整奶牛站位，并完成所有挤奶程序。挤奶完成后，数字记录器会记下每头奶牛的挤奶量、奶的浓度等。这些信息会被传送到计算机上，作为奶产品的最初资料保存。德国商店出售的奶产品在包装盒上或食品上都贴有可供识别的条形码，通过扫描条形码就可以检索到奶产品的基本资料，一旦发生安全问题，可以立即展开追溯。三是分析土壤确定种什么。德国是一个有机农业强国，精准农业技术就是帮助德国农民发展有机农业的高科技之一。农民利用全球定位卫星来解决土地因多样性、复杂性带来的耕种问题。通过卫星定位技术，对土壤进行实时分析，查看是否适合种植有机农产品，种哪一类有机农产品；根据农作物的生长状况，来确定施何种有机肥等。这种生产技术不仅能找到最优的种植模式，获得最大经济效益，也保护了环境，保证了农业生态的可持续发展。

（3）德国在发展智慧农业过程中，十分注重发挥政府的主导作用，促进高科技在农业领域中的应用。preagro（2005—2007）作为德国较早提出的计划，着重发展精准农业技术。而后 preagro Ⅱ（2004—2008）计划继续以跨领域的方式研究探讨智慧农业技术的实际应用。德国政府通过 preagro 系列计划的进行，逐步将研发成果实际导入农业应用，并依地域及物种不同进行调整，以提供适当的智慧农业解决方案。并且透过对生产价值链的研究，找出农民生产的实际需求并作为未来的发展方向。为了进一步提高农业生产力。德国政府通过 iGreen 计划，结合企业、政府、学术界力量，融入分享经济的概念，共同开发及推广农业辅助决策的资讯工具，并通过资讯整合及资讯主体的确立，提高农民接受度，加速其智慧农业发展。

（4）德国智慧农业建设面临一些问题。一个问题是农村地区宽带覆盖率还不够高，尤其是德国东部农村地区；另外一个问题是数据安全问题。目前，并不是所有农民都愿意将自家农场的数据上传到网络，很多人对网络安全的可靠性仍持怀疑态度。

5.2.3 日本的智慧农业发展特点

日本作为一个岛国，属于人多地少的国家，其可用耕地面积还在不断减少，同时还面临着农业劳动力短缺的问题。基于这个背景下，日本积极开展了以物联网和云计算等新兴技术为依托的智慧农业项目。日本智慧农业发展具有如下特点。

（1）日本智慧农业推动主要以 AI（Artificial Intelligence，人工智能）农业资讯为中心。早在 1994 年，日本就已经拥有了超过 400 家从事农业服务的网络信息公司。农业相关生产部门计算机普及率就达到了 93%。而后还建立了国家农业科技信息服务网络（DRESS），几乎每个县区都配备了一个 DRESS 服务分支中心，能够实时收集、存储和处理来自全国各地的农业信息，方便互相之间交换关键信息，实现资源共享。通过计算机在农业中的应用，日本构建了相应的商业模型以实现农业知识产业化，并且通过降低成本、进行生产预测、实现稳定出货、培养早期加入智慧农业的农民，进行了相关的产业升级，利用资讯流通价值链，强化了市场的开发与销售能力。

（2）日本的智慧农业是物联网高度发展的典范。截至 2014 年，超过一半的日本农民选择使用农业物联网技术。这不仅大大提高了农业生产和分配的效率，而且帮助解决了农业劳动力老龄化和劳动力短缺的问题。日本提出，到 2020 年，其农作物出口额有望增长到 1 万亿日元，而农业互联网的规模将达到 580 亿~600 亿日元，农业云计算占农业市场的 75%。

（3）日本在推动智慧农业的发展中推行了许多有力的措施。比如构建智慧系统与专家系统，通过这个系统的运行，除了提供一些必要解决方案以外，还能积累有助于提高农业生产效率和质量的各种政策推行经验，以便后人参考施行。再比如农业用地集约化管理，推动"农业竞争力强化政策"，促进农业用地管理机构进行土地集约化或农业高附加值化管理。

（4）日本政府通过立法和计划实施对智慧农业的扶植。日本政府于 2001 年就推行了《IT 基本法》，设置了 IT 综合策略中心，以保障智慧农业信息化的发展。2004 年，农业物联网被列入日本政府计划。日本历届政府都十分重视农村的通信、广播、电视的发展。21 世纪初日本农林水产省就制定了"21 世纪农林水产领域信息化战略"规划，保证大力充实农村的信息通信基础设施，以建立发达的通信网络。

（5）日本在推动智慧农业的过程中也存在着一些障碍。这些障碍包括成本、安全、推广、通用性等。在成本上，因日本农业整体规模不大，导致成本难以降低，使得小规模的农场难以投资，所以需先进行成本效益评估以便作出决策。并且通过标准化、利用现有成熟技术等方式降低开发成本。在通用性上，因不同系统之间资料难以共享，所以还需制定数据资料标准化协议。

5.2.4 美德日智慧农业发展启示

1）智慧农业的发展需要合理的规划与完备的信息基础设施

从几个国家对农业的区域规划来看，都做到了合理、有效，因地制宜。因此，为使智慧农业高效率、低成本地运作，我国对于基础的农业区划要做到合理、高效，统筹规划，这样才能保障智慧农业的标准化运作模式。同时，一些基础设施的完备将极大促进智慧农业的发展。目前各种新兴技术已在农业生产过程中得到应用，生产设备和设施的不断完善与发展是智慧农业推进的一个重要环节。

2）智慧农业推广须全面提高农村信息化水平

即使在发达国家，农村地区的信息化水平也不一定特别高，比如德国依然在提升农村地区的移动通信覆盖能力。智慧农业主要依托互联网、物联网、云计算等高科技技术，解决了传统农业所产生的效率低，劳动力成本高等问题（马福晶，2008）。这同时就要求我国具有较高的信息化水平来支撑智慧农业的发展。国外都通过各种手段大力发展自己的科技水平和信息化水平，为智慧农业的发展保驾护航。

3）智慧农业的发展离不开政府的强有力支持

政策的合理引导是智慧农业发展不可或缺的一个部分。纵观各国的农业发展历程，离不开政府的各种政策规划支持和相应的调控。无论是加快科技的研发，还是加速各种技术以及法律法规的推广，政府都在其中扮演着重要的角色（朱小兵，2016）。我国智慧农业还处于起步阶段，政府如何有效地参与建设，鼓励企业加速研发，成立示范项目以加快推广，都需要政府强有力的支持。

5.3 智慧农业在我国的发展

5.3.1 我国智慧农业发展的历史进程

中国一直是农业大国，传统农业在中国历史上存在了很长的一段时期。直到20世纪初期，农业工业化才逐渐起步，由此中国的农业开始由传统农业向现代农业转化。1979年9月，在党的十一届四中全会上，提出并通过了《关于加快农业发展若干问题的决定》（马蓉蓉，2012）。该文件要求我们要从我国的基本国情出发，结合时代特色，走适合我国国情的农业现代化道路。自此，农业现代化算是进入了一个稳步发展的时期。

到1994年，农业部提出了"金农工程"，这一工程的提出又极大地推进了我国农业信息化的发展。尤其是自党的十六大以来，中央连续多年的一号文件都是关于农业，这一举措又使得农业的现代化、信息化发展不断增速。农业现代化、信息化的发展为智慧农业奠定了一定的基础。

2011 年，张侃谕教授首先提出了"智慧农业"的概念，并通过上海邦伯现代农业技术有限公司进行相关产业的发展。这个阶段的主要特征是探索，因为这一全新概念的出现，各个企业以及科研机构等都在积极探索智慧农业的发展方向。智慧农业是在农业现代化与信息化的基础上发展而来，2014 年"智慧农业"首次出现我国政府文件之中。在此之前，我国的农业发展主要靠改良品种、机械化运作等方式。在传统农业生产中，所有的关键信息如土壤肥力、水的灌溉等都靠农民自己去掌握，需要大量的经验和时间。随着"智慧农业"这一概念的提出，这一切都有望交给计算机来完成，通过物联网农业的综合运用，达到精准种植与管理（王海宏，2016）。农业部于 2017 年发布的《"十三五"农业科技发展规划》中提出，在"十三五"时期，农业信息化要在以下三个关键领域实现突破：现代智能农业机械装备核心部件及软件系统；农业信息资源开发、大数据挖掘、知识服务关键技术及产品；农业互联网、物联网和移动互联网融合技术、部件及网络服务平台。实现农业生产、经营、管理和服务信息化整体水平显著提升三个目标；建立农业信息化数据标准和技术标准体系；农业物联网国产处理器芯片与传感器核心部件市场占有率达到 30% 以上。

我国智慧农业发展目前尚处在研发、示范阶段。在此阶段，基于智慧农业的概念，企业以及科研机构开始加大投入与研发力度。通过对智慧农业精确性、高效率、可追溯等特点的理解，企业以及科研机构纷纷研发出各种相关的设备来支撑智慧农业的实际运作。同时政府和企业也在开发出实际可用的设备的情况下，积极设立示范点，来展示自己的成果，推动智慧农业的发展。目前我国智慧农业的发展还主要处于这一阶段。下一个阶段就是推广应用阶段，在智慧农业产业基本成熟后就能够开始逐步地进行大范围推广。这一阶段也标志着智慧农业发展基本成熟，能够实际解决农业生产中的问题，发挥智慧农业优势，促进农业升级。

在实际运用发展方面，随着国家农村信息基础设施的不断加强和农业信息技术研发项目的支持，一些企业开始了智慧农业生产方式的尝试。智慧农业网、中国智慧农业网及其 APP 等信息服务提供商，已在农业信息服务和农业技术推广方面发挥积极作用。不断涌现出一些以智慧农业生产方式为内容的创新型企业。如广西南宁相思葡萄农业科技有限公司在 2012 年就投入使用了智能农业监控系统，通过监控系统，能够实时了解到葡萄园的环境信息包括土壤温湿度、风力情况等，技术人员不用长时间待在农业现场就能够有效指导农业生产，大大提高了生产效率和降低了成本；中国联合网络通信集团有限公司（中国联通）南京分公司则打造了一整套智慧农业物联网设施解决方案，帮助农户全程自动化高效种植生产。

5.3.2　智慧农业的我国案例分析

1）农业物联网应用案例分析

（1）案例背景。农业物联网的应用是互联网、物联网和云计算等技术的结合。它依赖于各种传感器节点和通信技术，如环境温度和湿度、土壤温湿度、空气质量、二氧化碳和在农业生产场所部署的图像采集设备。该网络实现了农业生产环境的智能感知、智能预警、智能决策，为农业生产的精准种植、可视化管理和智能决策提供了解决方案。农业物联网的应用可以大大提高农业生产效率，解决各种综合问题。

（2）农业物联网应用案例。成立于2004年3月的上海多利农业发展有限公司（以下简称"多利农业"），是一家从事农业物联网的公司。多利农业拥有一个物联网管控中心，是整个园区的核心部分，它主要负责整个农场的人员、车辆、货物和资金的监测、控制、指挥、调度和管理。通过分布在整个园区的传感设备感知整个农场的运行情况，确保农业生产安全、高效运行、低碳环保，实现农场绿色、安全、顺畅、智能、高品质地运行。

多利农业的物联网控制系统主要分为以下几个部分。①农业生产环境自动化控制。在这个模块中，前端无线传感器网络负责信息的收集和传输。整个农业园区的采集信息集中在单点或几个中心基站，然后连接局域网或3G／4G完成远程信息传输，降低了使用成本。②有机蔬菜仓储管理系统。通过二维码等技术标记有机蔬菜。主要包括产品出入库管理、外包装的打印、产品库存管理查询等功能。③有机蔬菜冷链物流管理系统。这个系统是通过车辆上安装有北斗卫星导航系统，通过对车辆位置的实时查询，管理物流的运输环节。在保障行车安全的同时，还能够监测车内的温湿度等信息，同时保障了食品的安全。④农业生产可视化管理系统。该系统通过遍布园区各个地方的摄像头来运作，能够实时进行视频监控。视频的传输方式分为有线和无线两种。该系统特点为监控点分布范围广，支持远程操作监控，有利于事前防范以及事后取证。还提供了紧急情况下的联动报警功能。

（3）农业物联网应用的效果分析。精准农业有助于降低成本并提高效率，有助于改变广泛的商业模式。通过对土壤性质的智能监测和温室环境参数的自动调节，实现合理灌溉、合理施肥，为蔬菜种植提供最舒适的生长环境，从而提高蔬菜产量，提高蔬菜质量以及提高企业产品的附加值。

通过物联网，在农业生产中，该实验示范基地蔬菜平均产量增加了约10%，示范园区的年收入增加了1000多万元，节约人力资源约20%。物联网系统上线运行后，每

30 亩节省生产工人 1 名，以一年计算降低成本约 2.16 万元，而质检部工作效率的提高大大改善了质检工人的质检效果，其中根茎类蔬菜的出库不合格率在 0.5% 以下，叶菜的不合格率在 1% 以下。

通过物联网的建设，可以有效促进产品质量的不断提高；通过对物联网系统质量信息的反馈，可以促进当地农业产业结构的不断升级，加快产业结构调整，增加企业收入。同时，还可以更有效地利用农业资源，减少资源消耗，减少农药和化肥对环境的污染。从目前国内的发展来看，采用移动通信技术和物联网技术来发展农业，提高农业生产在信息化、数字化、智能化方面的能力仍处于发展的初级阶段。

2）食品安全溯源应用案例分析

（1）案例背景。随着生活水平的提高，人们愈加注重食品的安全与质量。自"三鹿奶粉"[①] 事件出现后，人们愈发担心食品安全问题，其中很重要的一个原因就是从农业生产到最终销售这整个过程中缺乏有效监管。面对现今的食品安全现状，消费者在选择产品时最希望了解的是产品的质量安全问题并核实这些信息（任斌，2010）。农产品溯源系统，为这一问题提供了解决方案。该系统能够保障食品从生产到销售各个环节的透明度，让消费者能够查询得到，买得放心。通过建立安全溯源体系，企业可以为消费者构筑起食品安全供应链，通过提供可查询信息，使消费者放心地消费食品，提高企业信誉、增强市场竞争力，也为政府监管食品安全提供有效的手段（许敏，2010）。

（2）食品安全溯源应用案例。黑龙江龙蛙农业发展有限公司（以下简称"龙蛙农业"）位于世界三大黑土地之一的我国东北地区，该公司主要打造绿色有机农业，是黑龙江省农业智慧化重点扶持的企业。近年来，龙蛙农业不断强化食品安全技术创新力度，投入大量人力物力打造了一个绿色安全可追溯系统，努力成为食品安全问题解决的典范。龙蛙农业将安全食品理解为绿色无污染、有机健康、遵循标准和可追溯。为了让消费者了解每一颗种子的来龙去脉，了解每一种粮食从播种到收获的整个过程，再到加工和分配，龙蛙农业已逐渐在主要生产基地投入使用了一套农产品溯源系统（王位斌，2011）。通过农产品溯源系统，能够实现质量上控制，保障食品安全，有利于生产可靠且可追溯的农产品。

通过农产品溯源系统，利用二维码技术给产出的每一袋大米都标识上了它们唯一的身份证，消费者只要用手机扫描这个二维码，就能完整地查看这袋大米的品种、产

---

① 2008 年中国奶制品污染事件，是一起严重食品安全事故，在当时影响较大。

地、种植、收割、加工、仓储、质检等全部信息（徐龙，2013）。龙蛙农业同时配合使用慧云智慧农业监控系统，通过安装专用 APP，消费者可以查看从播种第一天起的全部生产加工过程。还可以通过部署在农场的摄像头等设备查看现场情况，通过各种传感器的采集实时了解周围的环境数据，对重要的土壤温湿度、空气质量等关键环境信息做到掌控，还能够实时了解诸如大米的长势等作物信息，全程掌控所有的生产过程信息，真正做到了解产品的一切（文华红，2008）。同时结合互联网销售模式，让消费者可以预订自己喜欢的大米，等到产品达到可销售标准时，直接发送给消费者。

（3）食品安全溯源应用的效果分析。在使用农产品溯源系统前，龙蛙农业能够向消费者展示自己产品信息的地方并不多，主要以产品外包装上的信息以及一些纸质宣传资料为主，其官网也仅仅展示了一些基本的静态内容，无法引起消费者购买欲，自然也就无法传递企业想要向消费者展示的重要信息（吴昭雄，2009）。这些传统的宣传方式能够起到的效果是有限的。消费者通过这些静态化的资料了解到的只能是产品的基本信息包括生产者、生产地址等。但是龙蛙农业生产基地优越的自然条件、有机农业的种植技术、对生产过程中食品安全的保障这些信息却无法让消费者深入了解。

但是通过应用农产品溯源系统，龙蛙农业取得了显著的成效。项目运作促进了农业转型升级，极大地提高了农产品的附加值（范军，2007）。通过向消费者展示自己农业生产现场的实际状况，让消费者看得见全部的生产流程，使得消费者能够了解他们想要知道的一些必要信息，进而对农产品的品质放心，促进购买。同时，企业通过这种展示的方式，扩大了自身品牌的知名度，提升了品牌价值，能够进一步带动消费者购买的欲望。从而实现生产者和消费者都达到了各自的需求，实现了生产和销售的双赢。

2）农产品电子商务平台运用案例分析

（1）案例背景。互联网电子商务模式在农产品销售中的应用，丰富了农产品的销售渠道，将农产品直接从生产者手上卖到消费者手中，提升了服务效率的同时，也促进了安全的保障。智能化的电子商务平台，是消除农产品市场信息不对称、发展智慧农业发展的重要条件，也是智慧农业生产经营系统的有机组成部分。

（2）农产品电子商务平台销运用例。北京新立方信息科技有限公司旗下品牌的瓜熟蒂落农村电商平台（以下简称"瓜熟蒂落"），致力于打造中国最具有信任度的乡村特产聚合平台。

短短 6 个月时间内，这个电商平台就把服务覆盖到了山东烟台、蒙阴、泗水，湖南丹棱、岳阳，海南万宁、贵州贵阳、陕西富平、北京密云和广西百色等地区。基于县级农村服务站的"4 + 3"运营模式,"3 + 2"农场直采模式等,直击消费者对产品的疑问、不信任以及未能在农村往外销售优质农产品的痛点,通过系统化流程创新和运营模式创新,有效保证了直接原产地发货,保障了产品的质量。

同时,基于乡村服务站启动了农村电商服务,实现了仓储和物流的双重功能,有效解决了农村"最后一公里"的问题,为产品的配送和存储提供了有力的保障。为了响应国家精准扶贫政策的号召,每一个乡村服务站都签约了至少50个贫困户,以承诺每个贫困户创收1000元为标准进行深度链接,为精准扶贫贡献自己的力量。另外,这项举措还为返乡创业青年、大学生村官等致力于农村电商发展的群体提供仓储、培训、快递、合作等服务,有效带动了区域农村电商的整体兴起。结合当下热门信息技术,基于微信、第三方电商平台开发形成了多渠道分销系统,让更多的人参与进来,拓宽了销售渠道,确保农产品的销量稳定,为打造现代化的农村电商平台奠定基础。

(3)农产品电子商务平台运用的效果。瓜熟蒂落通过各种模式创新为城市消费者提供新鲜、优质、安全、产地直发的农特产品。目前总投入百万元,实现销售业绩近千万元,共带动贫困户近千家,为农民创收近百万,孵化农特产品品牌3个。

作为农村电子商务真正意义上的先行者,致力于立体化的产销渠道建设,瓜熟蒂落已成为中国实在的农村农产品集聚平台和中国领先的农村电子商务平台。

2)实践案例的经验总结

从以上几个案例不难看出,我国智慧农业的发展有自己的特色;一些技术也不断的成熟、快速发展。从中我们可以看到一些已初具成效的经验借鉴。

(1)大力发展农业物联网,为智慧农业奠定基础。当前,我国智慧农业中物联网技术的应用,涵盖了生产中的环境监测、经营管理等各个环节,并在技术研发、示范应用、人才培养等方面积累了一定的经验(孟未来,2007)。智慧农业中的前期生产包括物流运输环节大量采用了物联网相关技术,比如上面案例中的多利农业物联网管控中心,龙蛙农业的食品安全溯源中也使用了物联网系统来查看农作物环境信息等。一些企业也推出了相应的成套解决方案,有助于快速搭建和使用智慧农业系统,降低了使用门槛。所以智慧农业发展的首要任务就是大力发展农业物联网系统,并以此为基础继续发展。

(2)溯源应用是智慧农业获得市场认同的关键。通过对农产品溯源追踪,从生产到销售,每一个环节都公开透明,保障了农产品的安全可靠,使得消费者更加信赖所生产的农产品。也使得生产者自己能够了解产品的销售,以获得及时的反馈信息,也利于再生产。农产品溯源系统解决了生产者和消费者之间信息不对称的问题,从龙蛙农业的案例中可以看出，在采用了农产品溯源系统之后，知名度以及产品认可程度有着明显提升。打开市场的关键就是让消费者能够完全了解企业的产品，因此溯源应用是智慧农业中不可缺少的一个系统组成。

（3）智慧农业应与电子商务紧密结合。传统销售模式往往费时费力，还容易受到各种客观条件的限制，口碑传播也不是那么容易。但随着电子商务的不断发展，农产品也可以采取这一销售模式，以实现更加便捷的销售渠道和更加广泛的口碑传播，不仅能够极大地提高效率，解决许多问题，还能够带动一些相关产业的发展。案例中瓜熟蒂落农产品电子销售平台就很好地利用了互联网的特性，将农村的传统销售模式转为农村电商模式，不仅实现了销售渠道的拓宽，还带动了农民脱贫，同时带动了相关产业如物流、仓储的发展。所以，在最终的销售环节，智慧农业应与电子商务相结合，同时通过电子商务的渠道还能够展示农业物联网的信息和溯源应用的一些信息，帮助消费者更好地选购产品，做到一举多得。

5.4　促进我国智慧农业发展的对策

5.4.1　加强政府对智慧农业的规划与引导

政府的合理规划与引导是智慧农业发展中很重要的一个部分，不仅中央政府，各地方政府的作用也十分重要。纵观各国农业发展的历程，都和政府的大力支持、合理调控分不开。

（1）规划先行。各地政府从农业信息化发展实际出发，对智慧农业发展的方向、内容、研发重点做出规划，以引导智慧农业的发展。

（2）实施有利于智慧农业发展的人才战略。智慧农业作为新兴产业，需要大量具备专业知识的人才，而目前我国从事智慧农业的人才储备严重不足，建议结合国家和地方人才战略，将智慧农业研究开发人才纳入重要支持领域，引进高端人才，提升智慧农业科研队伍水平，同时企业也应积极培养相关的应用技术型人才，制订和实施农业物联网技术人员培训计划，为智慧农业的发展打下良好的人才储备基础。

（3）制定与智慧农业相适应的行业标准。随着智慧农业的发展，针对行业和国家标准缺失与不完善等问题，政府应该联合企业与科研机构，积极推进相关标准的建立与实施。通过制定出统一的技术标准，保证企业从设备的研发阶段就能够有一定的标准可以遵循，各家的产品之间能够做到相互兼容，省却了使用者在各个厂商系统之间切换的麻烦。

（4）加强智慧农业发展的公共服务平台建设。建立政府公共服务平台，企业和农户能够及时了解到最新的资讯，制定出相应的适合生产的调整策略，为加强政府对企业、农户的创新和市场行为起到引导、调节和监管作用，对技术研发、推广以及食品安全方面有着很大的保障，从而有效地指导农业的智慧化生产和销售。

5.4.2　加大政府对智慧农业的推广力度

目前智慧农业的发展态势良好，但多数都是政府、企业搞的试点工程，还并未大规模进行应用。这其中很重要的一个原因就是推广力度不足。许多生产者还接触不到这一高新的技术，所以就要求政府和企业做好相关的推广工作。

（1）加大农业技术信息的推广。目前大部分地区农业种植还处于相对传统的阶段，集约化程度不高，规模化力度不够。大多数地区的农业生产经营还是主要以单农户家庭为单位，不能形成一定的规模用来集中管理、科学种植。人们依然抱着"靠天吃饭"的想法，这对我国的农业生产十分不利。要不断加强现代农业技术信息的推广，让生产经营者改变自己的传统思维，逐步适应智慧农业发展的趋势，提高农业的生产效率和安全。

（2）加大智慧农业示范项目的推广。智慧农业项目的实施离不开示范项目的带头作用，这就要求政府积极进行示范项目推广。给潜在使用者展示实际的案例，了解智慧农业的一些基本信息，从而激发他们使用智慧农业系统的欲望。示范项目的推广能够有效检测智慧农业中技术的可靠性以及存在的不足，能够促进市场扩散和商业化的推进。同时通过示范项目，还能够推进相关政策的有效落实。对示范项目在财政补贴、税收减免和非农用地指标方面给予优惠。

5.4.3　加大对智慧农业的技术创新与科研投入

对于智慧农业产业链中的一些核心和关键技术，要依托大企业和创新型企业，展开技术研发与实际应用的研究，比如，可以极大提升农业生产效率的精准农业应用，涉及食品安全的产品溯源应用，涉及节能减排和提升机械利用效率的农机定位应用，涉及绿色农业和生态农业的病虫害防治应用等。此外，为了提高农产品的交易和流通效率，应研发先进的农产品交易平台以及农产品物流调动和管理信息系统等。

（1）加快物联网的发展，保障精准农业的实施。目前，我国农业物联网技术的研究开发和应用尚处于起步阶段。各种传感器的设计使用还处于试验阶段，各种从事相关产业的企业公司也都还未形成较为完整的解决方案体系。因此，要鼓励企业、电信运营商、科研机构等积极参与物联网技术的研发与创新，积极努力开发现有的传感器技术和传输技术。努力实现农业物联网技术在相关领域的发展，积极改善农业物联网的应用程序模型，为智慧农业的发展提供良好助力。另外，还必须制定统一的物联网技术标准。促进农业物联网高可靠、低成本、适应性强的农业环境专用传感器的研发，满足各种不同的农业应用环境，解决农业物联网网络和合理部署等常见问题。丰富农业物联网传感节点，但同时要建立符合中国农业的应用要求的农业物联网基础软件平台和应用服务系统。为农业物联网技术产品的系统集成，批量生产和大规模应用提供技术支持。

（2）推进农业机械管理智能化。我国农业机械化发展十分迅速，各种方便实用的大中小型农机给农业生产带来了极大的便利，提升了农业生产的效率。目前我国农业机械保有量十分巨大，如何有效管理成为信息化时代智慧农业发展的一个需求。这就要求我们针对农业机械管理使用上的难点，开发完善一套农业机械管理模式。通过互联网的优势，建立相应的平台，实现信息共享，有助于使用者和服务提供者相互建立联系。同时还有利于农机管理部门的宏观决策。

（3）增强移动通信服务能力。在近程通信中，通过农业生产现场部署的传感器和控制器，将采集到的数据传送至网关而后传输至本地的后台服务器，农户在本地服务器就能够操作控制智慧农业系统。但不是每个农业生产现场都有条件部署本地服务器的条件，同时由于有的农业现场覆盖面积较大，近程通信设备也只能作用于一小块范围，范围内的传感器和控制器还是需要将数据传送至网关，由网关再传送至后台服务器，这里也就绕不开远程移动通信服务。移动通信服务能力作为物联网的关键点，关系到远程数据传输稳定性的问题。如果网络运营商信号覆盖不足，信号强度不够，将会大大削弱相关设备的实际运行能力。现有的移动通信服务主要以 4G 为主，3G、2G 等因传输速率低已逐渐被淘汰，但在一些基础设施落后的地区，没有 4G 信号的覆盖，就会回落到 3G 甚至 2G 信号，造成系统的非正常数据传输。因此，增强移动通信服务能力是发展远程通信设备的基础，未来随着 5G 的不断推进，万物互联的农业物联网时代将成为智慧农业发展的一大主流。无线通信技术也将获得越来越广泛的应用。

（4）增强农业生产设备产品的耐用性。农业实际生产环境十分复杂，各个地区土壤、气候、降雨量等条件各不相同，要求产品能够适应各种不同的环境。比如在一些降雨量大的地区，产品的防水防尘能力是一个很重要的指标，如果产品没有很好的密闭性，就容易被雨水浸蚀，造成损坏。农业现场的设施部署较为复杂，维护起来并不容易，这样就造成了成本的增加。因此，就需要产品在设计时就考虑到实际应用环境，必须足够可靠、耐用，能够适应多种不同环境，便于维护管理。同时，产品的实用性也要提升，且价格合理，才有利于市场推广。所以结合质量和价格，打造既有高性价比又可靠耐用的智慧农业系统产品，是未来的重要目标。

（5）拓展产业应用领域。智慧农业的系统中运用了非常多的技术，如物联网、大数据、云计算等，这些技术不单单是为智慧农业服务的，还运用在其他领域。智慧农业的运用中，一些应用可以结合其他产业的应用，共同开发新的技术，拓宽产业的应用领域，实现协同发展。

（6）加大科研投入。目前我国关于智慧农业的相关科研研究水平不高，科研机构、高校以及企业对智慧农业的研究有限，使得智慧农业的发展较为缓慢。因此，必须加大科研力度，政府可以通过设立相关项目以鼓励企业、高校和科研院所合作开展智慧农业的研究与示范，不断提升自主创新能力。智慧农业的相关技术的研发需要大量的资金支持，在发展初期对政府的投入力度要求比较高，才能起到带动作用。加强科技投入，可以设立专项资金用以支持智慧农业的研发，也可以实施优惠的政策吸引创业资本和风险资本。

5.4.4 大力发展溯源应用与电子商务

1）积极应用农产品溯源技术

由于食品安全关系到每个人的生命健康，是人们日常生活中不可避免的一个问题。作为消费者，当然都希望自己买到的农产品是安全可靠、健康无污染的。但消费者如何才能更加详细地了解自己购买的农产品是否真的安全，这就需要智慧农业中的一个关键应用——农产品溯源系统。

我国目前农产品市场主要还是以离散型市场为主，各有自己的销售体系。因此，有效管理和质量安全监管变得更加困难，这使得农产品的生产、加工、包装、储存、运输和销售的农产品有着不安全的因素。此外，随着设施农业的发展，农产品的虫害控制以及对农产品、化学杀虫剂、兽药、渔药、化肥和生长调节剂的需求不断增加，在作物的生长过程中会得到广泛的应用。这不仅仅是农产品的生产问题。安全问题也在许多方面造成了影响，例如农田环境质量等。与此同时，随着人们生活水平的提高，消费者的消费观念逐渐从追求生活基本的物质需求转向追求更高的生活品质。

农产品溯源系统的应用，能够让消费者了解到更加丰富的产品信息，从农业现场的各类环境信息、作物健康状况，到物流运输环节等都能够被公开透明地查询到，从而让消费者放心。企业也可以通过这个系统，展示自身的发展优势，起到品牌推广的作用，同时也能够做到自我监督，不断改善自身的发展。

2）不断发展农产品电子商务

传统农业销售模式以面对面的实体销售为主，往往销售不够便利。采用个体户直接销售模式，能够保持一定的利润，但往往投入的时间和精力较大。采用向批发商供货的方式，由于层层分销，农户实际获得的利润就不多了。还有，在信息不发达的时候，农户往往容易出现跟风种植某一作物的现象，不能很好地细分市场，造成农产品滞销。

但通过电子商务的经营模式，利用淘宝、京东等互联网电商平台，农户在家就可以直接农产品，减少了中间的一些环节，达到了直产直销。消费者能够买到最实在的农产品，农户也从中获得了便利。同时，通过电子商务销售模式，农户能够提供更多的有关产品的信息给消费者，便于消费者了解自己的产品，能够有效带动销售。利用互联网信息快速传递的特性，使农户实时了解市场价格、销售情况，做出合理的决策（任端阳，2017）。农业电子商务因其良好的开放性，解决了传统销售模式中信息获取难、运输不便等问题，日渐成为农产品销售与流通的一个有效手段。另外还可以通过推广，打造绿色食品观光旅游项目，吸引消费者到实地游玩采摘，有助于增加农户收入。

3）促进溯源应用与电子商务相结合

溯源应用能够保证食品的安全性，但需要专有的信息管理平台，消费者需要访问特定的网站或者下载特定的 APP 才能查询到相关信息，在使用方式上不够便捷。但如果将其同电子商务销售相结合起来，让消费者在购买之处就能够了解这款产品的所有信息，能够同时带动消费与安全性的保障。通过电子商务的网站页面信息，结合现代化的技术手段，实时展示溯源应用中的一些诸如生产环境信息、土壤土质信息、空气质量等关键信息，能够激起消费者的购买欲望，让他们了解到产品的优势，从而促进销售。

第 *6* 章　都市农业的理论与实践

都市农业作为现代农业经济的一种重要表现形式，是城市经济重要组成部分，不仅具有经济功能和社会功能，同时还具备生态环境保护功能。集三功能于一体的特征，使得都市农业在城市化建设中愈发重要。都市农业在履行农业满足人们日常生活所需的同时，还能完美地与工业化、新型城镇化发展结合起来，解决当前社会中存在的一些突出问题，因而越来越受到各级地方政府的重视，在学术圈也引起广泛研究和讨论。

6.1　都市农业的起源、概念与特征

6.1.1　都市农业的起源

国际上公认的是都市农业起源于德国。早在 1920 年，德国就开始了对都市农业发展的探究，尤以农业区位理论为代表，对都市农业圈进行细致分析，接着德国颁布了《联邦市民农园法》，可以说都市农业实践起源于德国。都市农业作为一个学术名词最早出现在日本地理经济学家青鹿四郎于 1935 年出版的《农业经济地理》一书中，他将都市农业表述为存在于都市内或都市外围的特殊形态的农业（俞菊生，1999）。在 20世纪 50 年代末、60 年代初美国学者比较重视对都市农业的研究，他们将其表述为"Urban Agriculture Area"，认为都市农业是位于都市内部或者都市郊区的以农业为中心的产业链，是集生产、养殖、包装、运输为一体的生产组合，主要用来满足都市居民的日常所需。第一个明确提出城市农业（Urban Agriculture）一词的是美国农学家艾伦·尼可斯（Allen Nicks），在 1977 年出版的《日本农业生产模式》中正式使用，之后得到学者们的广泛引用，并被日本翻译为都市农业。国内学者认为我国都市农业这一词来源于日本。

我国都市农业研究最早可以追溯到 20 世纪 80 年代的"中国大城市城郊农村经济研究"和"中国大城市城郊发展战略研究"两大课题。这两个课题针对我国 12 个城市成立研究合作小组，在 1983 年时成功召开学术研讨会，后期出版了研究成果和结论，首次为我国都市农业发展研究提供了理论基础。20 世纪末，上海为了适应社会经

济的快速发展，根据自身实际情况并在借鉴国外都市农业发展先进经验的基础上，开始将自身都市农业发展与国际接轨。随后几年北京、南京、深圳等大城市也相继开始传统农业向都市农业的转型。

6.1.2　都市农业的概念

都市农业这一概念虽然提出的时间比较早，但是国内外学者对于都市农业并没有完全形成统一认识。对于都市农业的界定需要从经济活动的类型、地域类型、生产目的、生态系统等方面综合考虑。

（1）都市农业因为处于城镇周边地区，与城镇资源流通、生产、销售等方面关联性比较强，众多分散的小型生产者单元组成了一个供应系统满足城镇消费者的需求，所以积聚经济在都市农业中有着广泛作用。

（2）都市农业归根结底也是为了满足自身消费和对外输出。自身消费是都市农业最基础的功能，对外输出体现了都市农业对都市发展的经济和社会贡献，因此当给都市农业下定义时，都市农业生产目的的考虑必不可少。

（3）都市农业必须与都市生态环境、社会经济系统结合起来，只有有效结合起来都市农业才能得到持续性发展，这也是都市农业区别于传统农业的一个重要方面。

综合上面各因素，都市农业可以如下定义：都市农业是指在城镇或者城镇周边区域利用先进的管理方法和农业科学技术，为城镇提供日常所需的农产品和休闲观光服务，集社会、经济、生态为一体的现代化农业形态。

6.1.3　都市农业的特征

基于都市农业的概念及其社会经济环境的要求，可将都市农业的特征归纳为以下几点。

（1）都市农业的区位优势性特征。都市农业与传统农业的一个首要不同就是前者具备区位优势。都市农业不仅可以获得便利的交通条件、所需的人才信息，使先进的技术和农机设备进入都市农业生产；还可以获得更多与第二、三产业结合起来的机会，发展为复合型农业，这也是我国农业现代化发展的趋势。另外，都市农业背靠都市，密集的都市居民为都市农业生产提供稳定的消费群体。

（2）都市农业的生产集约性特征。都市农业处于都市周边区域，这一区域特殊性限制了都市农业发展对土地资源的要求，也使得都市农业生产必须走集约化道路。只有通过精耕细作，提高生产效率才能获得生产所需的经济效益，这也从另一方面提高了都市生态环境。

（3）都市农业的高度市场化特征。都市农业生产主要是为了满足所处都市居民日常消费需求，都市农业生产者必须通过合理的生产布局来满足都市居民的物质、精神需求，因此都市农业生产并不是一成不变的，必须时刻根据都市需求进行相应调整。

（4）都市农业的多功能特征。传统农业功能比较单一，仅仅为人们提供日常所需的农产品，都市农业是集社会、经济、生态等三方面为一体的现代化农业，它在提供农产品的同时，也为城镇居民提供休闲、娱乐服务；更重要的是还可以改善城镇的生态环境。

（5）都市农业的发展模式多样性特征。总体来说国内外关于都市农业发展模式可以概括为三个类型：偏重经济生产的功能模式、偏重社会生态的功能模式和兼顾经济、生态、社会的功能模式。

美国都市农业是偏重经济生产模式的典型代表。这种模式的特点是该区域拥有非常丰富的农业生产资源，不用担心生态环境恶化。在这种都市农业生产模式中，市场经济是基础，现代化科学技术是动力。充分发挥相关农业资源，尽可能地降低生产投入成本来获得最大的经济效益是这一模式的基本特征。这种模式实际是在经济生态系统中强化人的主观能动性并且弱化自然环境的作用（严立冬，2009）。以法国、荷兰为代表的欧洲国家则偏重社会生态都市农业功能模式。这种模式要求当地社会经济比较发达，生态环境没有遭到严重破坏。与此相对应，该地区的居民注重人与自然和谐相处，生态意识比较强。最为重要的是这些地区的农副产品质量过关、环境保护相关的法律体系健全，这也就使得政府在实施这一策略时不会有太大的压力。对于大多数亚洲国家来说，由于当地城市人口密度大，农业资源相对稀缺，也就使得他们在都市农业发展过程中需要兼顾经济、社会和生态模式。这种模式的都市农业既可以为城镇居民提供日常所需农副产品，实现经济效益，又可以满足人们日常休闲娱乐的需要，同时还可以保护城市生态环境不受损害。

6.2 西方国家都市农业的发展及特点

都市农业于 20 世纪 50 年代率先出现在欧、美、日等发达国家和地区，迄今发达国家的都市农业已经过半个多世纪的发展。在这半个多世纪里，都市农业理论经历了由最初的理论萌芽发展为理论体系的过程。在生产实践方面，都市农业的区域范围由在市区内少量土地进行到市郊内大规模、有组织开展；生产类型也由最初的"市民农园"向"观光休闲型"和"产品消费型"等多种形式转化。理论和实践的日臻成熟使得都市农业的功能和作用日渐扩展，这种扩展推动了人与自然和谐、都市与农村和谐的历史进程。国外都市农业发展已有很长历史，特别是近年发展很快，有很多成功典型积累了不少经验。各国因自然条件、时代背景、经济发达程度不同，都市农业的实施模式也不尽相同（Bo Hu，2012）。本节主要介绍美国、日本和荷兰三国都市农业的发展及特点。

6.2.1 美国都市农业发展概况及特点

1）美国都市农业发展概况

虽然都市农业起源于德国，但是真正得到发展却是在美国，美国都市农业主要分布在东部的大西洋沿岸都市圈之间。由于美国传统农业比较发达，所以美国都市农业与传统农业相比并没有太大区别，总体来说都市农业的功能主要体现在生产和经济功能上。这一区域面积占据美国农业总面积的 10%，但是该区域内都市农业产值却占据美国农业产值 35% 左右，美国都市农业集约化、产业化程度特别高，具有很高的机械化水平。

美国完善的市场体制、金融体制在都市农业方面也得到很好体现，美国都市农业在产生之初，农场主就和都市居民达成协议，双方共同承担农场的生产经营，这就类似于现代的股份制公司，社区市民和农民是现代都市农业的共同所有者，市民出资认购农场成为股东，农民是农场的实际经营者，相当于职业经理人。这一模式可以实现双赢：首先，农场主的农产品生产得到保障，不用担心不好销售或者其他因素造成的经营性风险，因为城市市民共担风险；其次，都市社区居民能得到更为安全、健康的蔬菜，同时还能体验农业生产。国内外学者一致认为，美国都市农业这一发展模式是传统都市农业结合美国实际国情的一种创新，使得都市农业的生产者和需求者能够达到完美结合（Adrian H，2006）。

2）美国都市农业发展特点

（1）现代化生产模式。作为全球第一大经济体，美国的经济、科学技术、文化等都高度发达，这也使得美国都市农业科技含量很高。不论大小农场，机械化、智能化程度都位于全球顶尖行列；此外，美国市场化程度高，农业协会、组织完善，因此美国都市农业从生产到流通、销售都形成了相关的标准制度，最终形成都市农业的完整产业体系。

（2）市民参与性强。美国都市农业的一个典型特征是市民农园式，类似于现代的股份制公司，市民是股东，农民或农场主是经理层，这种互助性都市农业发展模式贡献了美国农业生产总值的 35% 以上。其特点是产值高，产区密集，出资认购的市民和农产的实际经营者共担风险，共享收益。该生产模式被称为传统都市农业在美国的变革与创新，使都市农业的生产者和消费者在生产初期就紧密联系起来，极大推动了美国都市农业的健康发展。

（3）政府扶持思路清晰。农业是典型的弱势产业，如果没有政府扶持不可能迅速发展，甚至还会停滞不前，因此大多数国家都出台了相关政策法规支持农业的正常发展。美国这方面的支持主要体现在以下几个方面：首先，联邦政府和地方州政府都出台相关都市农业保护法规，为都市农业发展提供完善的法律依据；其次，加大对都市农业基础设施建设，包括水、电、路等方面；最后，在农业融资方面，政府联合相关金融机构，加大对农业产业的投资、贷款力度，且由政府承担一部分利息负担。

6.2.2　日本都市农业发展概况及特点

1）日本都市农业发展概况

相较于亚洲其他国家，日本都市农业的提出和发展最早，积累了丰富的经验。一方面，日本因为本土地域狭小、土地资源稀缺、人口密度大等，其都市农业独具特点。另一方面，由于日本经济高度发达，科学文化普及程度高，也使得日本都市农业发展有着鲜明优势。总体来说日本都市农业可以分为两类。其一，零星分布在都市圈中的都市农业区，主要分布在市区、交通要道和城市郊区内。这种类型的都市农业比较重视生产功能导向，同时兼顾经济、社会、生态等方面的影响。例如观光型都市农业，其实质是都市农业和城市旅游业的结合，在注重农副产品生产的同时吸引游人参观、采摘、体验休闲娱乐。其二，分布于东京、大阪和名古屋都市圈内的辐射都市农业。这一类型的都市农业主要生产大宗商品，为都市居民提供日常所需农产品。根据农业区位理论，日本这一类型的都市农业主要生产蔬菜，既可以满足市民日常对蔬菜的需求，还可以使都市农业的经济、社会效益最大化（周维宏，2009）。

2）日本都市农业发展特点

（1）都市农业布局呈点状、零星分布。由于日本地理区域狭小、人口密集等导致日本都市农业主要成点状、片状，零星分布在城市之间。当然这一特征也和日本都市农业政策密不可分，经济高速发展也导致日本城市快速膨胀，从而加快对农村原有农业土地的开发利用，可以说日本都市农业零星状的特点是多方面因素综合作用的结果。

（2）都市农业以蔬菜生产为主。在日本都市农业生产结构中，蔬菜生产占了很大比重，同时辅以生产其他农副产品。日本的土地、人口特点决定了只有降低生产成本最大限度的利用土地使用价值，才能实现都市农业效益最大化。

（3）农业生产机械化。日本是亚洲为数不多的发达国家，也是世界上重要的经济体。得益于日本经济发展水平，早在 20 世纪 70 年代日本都市农业生产就已实现机械化并在 90 年代走向自动化进程。

（4）日本政府支持休闲农业的发展。由于日本国土面积狭窄且多是山地地区，再加上一亿多的人口，所以日本是目前全球人口密度最大的国家，城镇化率达 90%以上，这些原因使得日本城市生活压力剧增。考虑到都市农业的社会功能，日本政府大力支持生态休闲农业的发展，希望通过引导市民与农业的亲近来缓解日益增长的生活压力。

6.2.3　荷兰都市农业发展概况及特点

1）荷兰都市农业发展概况

荷兰是欧洲典型的人多地少国家，是世界上人口密度较大的国家之一。但是所有这些不利因素并不能阻挡荷兰都市农业发展的脚步。荷兰都市农业发展规划比较专注于专业化区分，在荷兰北部地区是畜牧区，主要产业是奶牛饲养和奶制品加工；西部地区是农牧混合区，以种植牧草为主；园艺、畜牧业主要集中在南部区域。另外，值得一提的是荷兰花卉在世界上具有统治地位，有"郁金香王国"的称号。荷兰花卉产量常年居世界第一，每年出口花卉就为荷兰创汇约 50 亿欧元，占世界花卉市场的近43%（Sharanbir S., 2011）。

2）荷兰都市农业发展特点

（1）高投入、高产出的农业工业化之路。荷兰是最早进行工业革命的国家之一，其工业化程度位于世界最前列，因此荷兰都市农业的工业化程度也非常高，体现在都市农业生产的各个环节之中。

（2）大力发展特色农业。荷兰都市农业生产注重区位划分和专业化。在荷兰众多都市农业结构中以花卉生产为主，而花卉生产又以出口为主，每年荷兰花卉都出口到全球各地，尤其是占据欧美花卉市场近一半的份额。

（3）都市农业专业化程度较高。荷兰都市农业非常注重专业化生产，荷兰东部是混合型农业区、西部是农牧混合区、南部则以园艺业为主、北部是专门的畜牧区。

6.3 国内典型城市都市农业发展概况及特点

我国的都市农业起步较晚，从 20 世纪 90 年代开始。上海、广州、北京、天津等城市都已明确提出将建设世界一流水准的都市型农业作为努力目标。另外，环渤海经济带、长江三角洲和珠江三角洲三大沿海城市群及一些省会城市，也已进入发展都市型农业的酝酿期。可以预见，在未来我国特大型城市、省会城市及沿海三大城市群的都市农业发展将形成一定规模（贾连堂，2010）。

6.3.1 上海市都市农业发展概况及特点

1）上海市都市农业发展概况

上海是我国较早发展都市农业的一批城市，也是国内最早对都市农业功能定位进行调整的城市，提出都市农业应加强在生产功能和生态功能。早在几年前，上海就提出郊区都市农业要努力与世界接轨，调整结构和功能定位，尽快实现农业现代化。一是在继续重视传统农产品生产的同时，通过调整都市农业结构，实现规模化经营，大幅提高都市农业生产效率。加快农业和第一、二产业的融合，用现代化生产技术装备农业生产过程，使上海农业向现代农业、精品农业方向发展。二是发挥都市农业的生态功能。都市农业的重要性不仅体现在生产功能上，更重要的是生态功能，提出上海都市农业未来的发展应该在确保农副产品安全供应的前提下，加强都市农业对上海生态环境的整体促进作用。为了保证都市农业定位目标的顺利实现，上海政府积极构建信息化平台，提高农业服务水平的同时，推进都市农业的功能性转变（石万方，2006）。

2）上海市都市农业特点

（1）注重推动体制机制创新。上海都市农业在市政府关心支持下，以确保市民日常所需为基本纲领，相关工作人员和涉农企业积极寻找机制上的创新，希望能为都市农业进一步发展提供动力，总体来看在社会经济、生态等方面都取得了不错成绩。

（2）树立都市农业标准化体系。没有规矩不成方圆，尤其是在市场经济体制下，建立统一标准化的行业体系标准，既有利于整体市场的规范化经营，避免市场无序发展造成资源浪费，同时还可以确保行业内产品质量的提高。目前，上海在都市农业建设方面一直在谋求建立全国适用行业标准，希望在提高本市都市农业竞争力的同时，规范全国都市农业市场。

（3）加强农业科技发展。上海作为国内外知名大都市，其发展与政府、企业对科技的支持、运用密不可分。近些年上海在发展都市农业中，上海市政府非常重视科技在农业经济中的运用，出台一系列促进农业科技发展的政策法规。经过十几年的发展，上海都市农业机械化、智能化程度不仅位于我国都市农业发展前列，而且丝毫不逊色于其他发达国家。

6.3.2 深圳市都市农业发展概况及特点

1）深圳都市农业概况

现代意义上的深圳都市农业最早可以追溯到深圳特区的成立。深圳特区成立初期，急需外汇支援特区建设，但是当时我国工业相当落后，不可能快速创造一部分外汇存款，深圳市政府就通过相对不太落后的农业经济达到创汇目的，于是早期的深圳都市农业就成了创汇型都市农业。现阶段深圳市形成西部田园风光景区、青青世界景区和公明镇生态农庄三个都市农业集聚区。

2）深圳市都市农业区的特点

（1）西部田园风光景区。该景区主要是以闻名全国的桑基鱼塘为基础建设起来的集休闲、观光、垂钓为一体的都市生态观光旅游区，已建成面积达到 25 平方千米，是传统都市农业在充分利用当地自然条件基础上的一种创新发展模式。

（2）青青世界景区。青青世界景区是在观光农场的基础上建立起来的休闲度假都市农业区，占地面积约为 21 万平方米。作为深圳市重要的都市农业观光旅游区，青青世界景区如今已经发展成为净值旅游和观光旅游结合的杰出代表。

（3）公明镇生态农庄。公明镇生态农庄作为全国最具示范性的生态农庄之一，是以信息化为基础，以花卉市场、温室蔬菜为特色的生态农庄。该生态农庄的建立表明随着深圳经济社会的快速发展，都市周边的农村范围越来越小，但是市区的扩张并没有威胁到都市农业的生存发展，而是在都市农业合理规划下日趋完善（邓蓉，2007）。

6.3.3 南京市都市农业发展概况及特点

1）南京市都市农业概况

南京都市农业的发展最早可以追溯到 1998 年，从那一年开始南京市政府首次提出把近郊农业往都市农业发展方向转型，由此形成真正意义上的南京现代都市农业。从宏观层面来看，南京都市农业主要包括绿色、特色、品牌、休闲和外向 5 种表现形式，通过示范园的建设强力推进南京都市农业发展，形成目前以渔业、生态观光旅游、林业为主要表现形式的发展新格局。在都市农业功能定位方面，早在几年前南京都市农业就突破了都市农业单纯或过分重视经济功能的局限，转而支持都市农业三体功能的协调发展。

2）南京市都市农业发展特点

（1）都市农业结构不断优化。南京在都市农业发展过程中比较注重农业生产的专业化。总体来说以满足城市居民日常所需的农副产品为依据，合理分配都市农业的生产结构，在保证种植业、畜牧业发展总体稳定的前提下加强园艺都市农业发展。

（2）都市农业生活功能逐渐体现。南京都市农业生产过程中，都市休闲农业大量出现，初步形成了都市近郊区以观光休闲为主的都市农业；都市中远郊以生态休闲度假为主的都市农业总体产业布局。休闲农业的发展为市民提供更多亲近自然的机会，人们通过接近、参与农业活动缓解日益增长的生活压力，大大增加了都市农业的生活功能（郑风田，2009）。

（3）都市农业示范辐射功能不断增强。20 世纪中期南京农业科技园区只有傅家边农业科技园区一个，如今类似的科技示范园已多达数十个。农业科技示范园区的建设既发挥了农业科技创新、成果的高效转化，也有力带动了南京都市农业的结构调整，未来主导产业的前进方向。这项举措极大地增强了都市农业的示范辐射功能。

6.4 郑州市都市农业发展案例分析

如今在大多数城市都市农业发展普遍被列为城市规划的重要组成部分，郑州作为河南省省会以及中原城市群的主导城市，在经济取得高速增长和城市范围不断扩大的背景下，在促进协调城市空间布局和和满足城市居民生活需要方面，都市农业的布局和发展都是一个重要内容。郑州都市农业发展案例研究，对于城镇化成为未来我国经济发展主旋律、都市农业需求愈发突出的这一背景下，对各城市都市农业发展具有一定参考价值。

6.4.1 郑州市都市农业发展历程

郑州都市农业大体经 3 个发展阶段。

第一阶段（1978—1995）：都市农业形态初步显现。改革开放给城郊农业发展带来了机遇，农业结构调整得到有效调整，农副产品产量大幅增加，进而农业经济发展方式逐步出现新变化，农业生产规模化、产业化、标准化开始出现，现代意义上的都市农业形态初步显现。

第二阶段（1996—2007）：都市农业地位进一步强化。政府出台了一系列扶农惠农政策，如 2004 年的《关于加快郑州市现代农业示范园区建设的意见》，其后又颁布了一系列涉农规章制度。这些法规既为郑州都市农业发展指明了方向，又为都市农业发展扫除了一些障碍。企业和农民在农业发展中切实得到实惠，都市农业发展模式进一步多样化，市域内越来越多的涉农企业和公司得以发展，例如郑州花花牛乳业集团、三全食品股份有限公司等都已经发展成全国规模的涉农公司。

第三阶段（2008—2017）：依据自身丰富的农业资源、优越的区位条件和产业基础，以休闲观光和特色农业为主导，全面实施现代都市农业示范园区建设。2011 年颁布的《河南省农业和农村经济发展"十二五"规划》指出，未来郑州发展规划要结合中原城市群、黄淮海平原以及河南南部、西部、北部山区的不同地貌地势特点，调动资源优势，积极扩展都市农业的供给保障、景观美化、生态环境保护等功能。打造以现代农业示范基地为增长点，以都市农业、规模化、高新农业为增长极的现代都市农业发展新格局，形成新时期不同特色的农业现代化、新型城镇化、工业化三化协调发展示范区。郑州在"十二五"期间以都市生态农业为发展方向，以富裕农民、服务市民、优化环境、促进经济为发展目标，不断拓宽都市农业功能，优化都市农业生产结构，极大促进了郑州农业经济的发展。规划实施 10 大都市农业示范园区和 30 个都市农业特色园区，包括全省第一家草莓工程技术研究中心和蔬菜新品种研发中心的建立。此外，2015 年时郑州登记在册 500 亩以上休闲农庄 186 家，特色村 18 个，休闲农业接待人次达 2300 万人，营业收入达到 27 亿元，同比增长 50% 左右。

6.4.2　郑州市农业综合示范园区的推进

农业综合示范园区是郑州都市农业发展过程中的一个主要表现形式，主要以休闲、生态观光、菜篮子工程为主要生产内容，划定一片区域以联合开发现代都市农业生产基地，一般具有较大的带动性、辐射作用和规模效益。郑州都市农业示范园区的建设并非一蹴而就，而是在近几年的城市规划中，有意识地把相关涉农产业项目通过合理规划逐步发展起来的。农业综合示范园区重点围绕都市农业空间布局、都市农业功能，都市农业服务主要人群等几个方面综合考虑定位，主要发展休闲观光旅游、生态农业、特色渔牧业等比较贴近城市居民日常生活的农业产业。目前郑州根据城市居民需求、不同区域具有各自不同资源禀赋条件，在合理分布等条件的基础上，着重规划发展 7 个万亩以上现代农业示范区，具体如图 6-1 所示。这里重点介绍 3 个最具有代表性的农业综合示范园区。

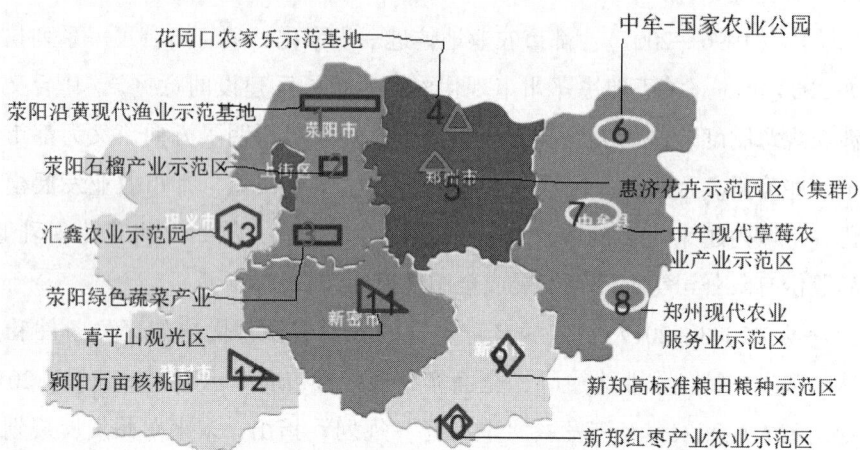

图 6-1　郑州市重要都市农业分布

1）中牟现代草莓农业产业示范区

中牟现代草莓农业产业示范区是河南最大的草莓生产基地，西以解放路和姚家东环路为界，南面到福山路，东面到马家村，北面到黄坟村，总规模大约 5.7 平方千米，投资 23.7 亿元，主要发展蔬菜、高档花卉种植等一些高附加值农业产业。同时凭借先进的现代灌溉基础和特色产业打造核心区域，包括韩寺镇的马家村和姚家镇的校庄、姚家、时家、十八里芦 5 个村庄，利用核心区的现代化设备和种植、管理技术，生产出高质量、高品质、高附加值的绿色、安全、有机农产品来对接都市居民的高端消费需求，达到依靠都市、服务都市的发展理念，建设规模经营、高效、产业化的现代都市农业发展体系。

2）荥阳沿黄河现代渔业示范区

荥阳沿黄河现代渔业示范区是目前郑州发展比较成熟的现代渔业综合示范基地，位于荥阳市北部沿黄河一带，从西向东大致从王村镇孤柏嘴到广武镇桃花峪，东西 45 千米，面积约 5000 公顷。同时该渔业示范园区与多个黄河风景园区相邻，环境优美秀丽，每到周末假期大批游客从郑州市区涌向这里，因此在这一区域发展现代休闲渔业非常有优势。目前该示范园区建成规模大致已达 2000 公顷，含有多家养殖、育种、水产品加工企业合作社，成功开发出多个水产品品种，深受市民喜爱。

不夸张地说，荥阳沿黄现代渔业示范区已经成为郑州都市农业发展代表，成为郑州都市农业中渔业经济的重要组成部分。该示范园区形成"1区、3团、15园"的模式：1区是指沿黄河现代渔业聚集区；3团是指由附近3个村庄组团发展起来的合作组织；15园是指在3个组团基础上建设15个科技示范、加工流通、景观休闲的小型水产品产业园区。截至目前，该示范园区已经投资超过13亿元人民币，主要用于园区基础设施建设，例如水、电、路等项目的建设。据政府报告显示，该示范园区的终极建设目标是现代化国家级渔业示范园区。

3）河南惠济花卉产业示范区

与前两个示范园区不同，惠济花卉产业示范区位于郑州市核心城区的惠济区，距离市区较近。该示范区占地面积2.1万亩，主要是以惠济区老鸦陈街道、古荥镇为中心的集花卉研发、技术推广、花卉交易和花卉物流于一体的花卉产业园区。近些年随着郑州经济快速发展，郑州都市农业结构也不断优化升级，尤其是随着农业种植结构的升级，惠济区花卉产业在市场需求不断扩张的基础上得到快速发展。据数据显示，早在2012年惠济区种植花卉面积就占到郑州总种植面积的35%左右，达到惊人的870公顷。目前惠济花卉生产企业40多家、从业人员1万多人，其中陈砦花卉基地以盆花、园林资材、苗木批发贸易为主，每年交易额在15亿元左右。今后惠济区还将依托花卉示范园区加快花卉产业规划布局，积极引导花卉生产、交易、物流、服务等相关配套措施，形成在河南省内具有较强辐射带动作用的现代花卉产业集聚区，做到以区兴花、以花名城的地步。

6.4.3 郑州市休闲观光农业的推进

早在20世纪90年代郑州就开始发展都市休闲观光农业。凭借着得天独厚的自然生态资源、丰富的农产品种类以及四通八达的交通区位优势（杨晓娜，2016），在一系列摸索前进过程中，郑州已经产生一大批优质、综合现代化休闲观光农业。郑州休闲观光农业的主要类型包括观光农园种植业、观光畜牧养殖业、观光林果业、观光渔场垂钓等。此外从空间布局来看郑州休闲观光农业主要分布在近郊区，包括金水区、二七区、中原区、管城区、惠济区等主城区。这些区域依托市区开发，距离市中心大概5~10千米，对于大多数园区来说交通便利，有公交车直达市区。从区域布局上看，郑州都市休闲观光农业总体可以分为3个地域地带：一是沿黄河地带，这些区域由于离黄河较近，拥有丰富的黄河滩资源，从而形成独特的黄河风景带，在郑州市区愈发拥挤的情况下，这里对市民的吸引力越来越大，所有这些都使沿黄河带成为发展都市休闲农业的天然优势；二是以郑州二七、中原、金水、管城等主城区为主的近郊都市农业旅游业；这一区域以满足市民日常休闲需求为主，也是市民比较熟悉的都市休闲农业形式；三是以郑州周边郊县、市为主的远郊休闲观光农业，具体项目见表6-1。从中可以看出近郊主要是一些满足人们日常所需的都市农业，远郊因为是在郑州郊区县，更多是一些采摘园和风景区。

表6-1　郑州各县（市）区观光休闲农业

	地区	观光休闲农业项目
近郊区	二七	侯寨樱桃采摘园、梨粱寨观光农业园、侯寨葡萄采摘园
	金水	陈寨花卉交易市场、国家森林公园、蔬菜科技示范园
	中原	西流湖公园、咱家小院、蓝莓之夜
	惠济	黄河游览区、孔雀园、黄河大观、黄河花园口生态旅游区
	管城	潮湖生态观光园、花楼现代农业科技园、大湖生态农业园
远郊区	新郑	龙湖樱桃沟、孟庄古枣园
	上街	乌龙山休闲农业园
	中牟	中牟西瓜节、草莓采摘园、大蒜种植园
	新密	皇帝宫、青屏山风景区
	荥阳	六沟河石榴节
	巩义	汇鑫农业示范园、长寿山景区、杨柳沟景区
	登封	颖阳万亩核桃园、八龙潭景区、水库垂钓

6.4.4　郑州市生态农业的推进

在郑州都市农业发展诸多形式中，生态农业最为突出。为了提高市民生活质量，增加农民收入、促进都市农业经济发展，郑州出台许多促进生态农业发展的政策法规。郑州生态农业建设首先从提高耕地质量和耕地生产能力开始，未来郑州将会持续进行高标准农田建设，尤其是黄河生态景区建设。目前郑州已建成高标准生态农田16万平方千米，全市一半以上土地质量得到提升（金森森，2016）。同时在黄河生态农业公园方面，主要依托黄河滩得天独厚的自然资源优势，加强示范区建设，通过农业和工业、服务业融合，搭建产销一条龙、融吃住游于一体的现代化都市生态公园，黄河生态景观带。此外，郑州还大力发展生态循环农业，推广农作物秸秆再利用，促进生态环境优化。目前，郑州积极开发生态菜田，确保为市民提供生态无污染的安全蔬菜，全市生态菜田种植面积8.13平方千米，常年只种植蔬菜的菜田2.13平方千米，农业设施面积1.2平方千米。郑州市生态农业的发展与其社会经济发展密不可分。随着经济发展以及生活水平的提高，传统农业体验的休闲模式已经不能满足人们要求；此外日益高涨的对健康、绿色、安全食品需求等都为郑州都市生态农业发展提供契机。数据资料显示，截至 2015 年年底，郑州全市拥有生态休闲农庄 139 个、生态休闲特色农庄 28 个，411 个生态农家乐，从事生态农业的农户达 3 万多人，总接待游客 921 万人次，年收入超过 10 亿元，所有这些都体现出生态农业在郑州广阔的发展前景。

6.4.5　郑州市都市农业空间布局

在发展现代都市农业，规划都市农业布局时，郑州市政府根据圈层结构理论、农业区位理论、比较优势理论和区域经济梯度转移等理论，综合考虑郑州不同区域实际情况，在空间布局上以主城区为中心，呈放射状圈层分布，把郑州都市农业主要划分为城市型、近郊型和远郊型三种不同类型都市农业。其中第一圈城市型农业是指环城高速以内的都市农业，主要包括中原区、高新技术产业开发区、金水区、惠济区、管城区、郑东新区等核心区域。这一区域总面积约为 1460 平方千米，其中有 60 万亩耕地，人口 550 多万。第二圈近郊型农业是指环城高速路以外，包括中牟县全境和巩义市、登封市近郊区域。这一区域面积较大但人口并不多，总面积达 2800 平方千米，耕地 150 万亩，人口 320 万人左右，郑州市区日常所需农副产品都在这一区域提供，尤其是蔬菜、水果类农产品。第三圈远郊型都市农业是指整个南部和西部远离市区和郊区的农村地区。这些地区的都市农业并不是真正意义上的都市农业，但是又和传统农业在资金、技术、经营规模上有很大不同，这一圈层总面积 240 平方千米，耕地面积在 100 万亩左右，人口约为 120 万。上述关于郑州都市农业三层圈层的划分主要是从宏观层面上进行，在都市农业发展实践过程中，每一圈层根据自身实际情况又发展出不同的都市农业项目。

6.4.6　郑州市都市农业龙头企业发展状况

所谓龙头企业就是在农副产品行业中占据市场份额比较大的企业，它们往往是以农产品基地生产的农产品原料为再加工、销售对象，在接触中逐渐与农户结为利益共同体。龙头企业外部与国内外市场相连，内部与千家万户相连，既是农业产业化经营主体，也是农业产业化经营核心。政府扶持农业产业化就是对农业经济的扶持，扶持龙头企业也是间接对农民的扶持（刘压西，2003）。在都市农业发展过程中，郑州的做法是着重发展农产品深加工，拉长农业生产产业化链条，推进农产品专业化经营。同时为了促进郑州涉农龙头企业的快速发展，郑州市政府专门成立农业产业化经营领导小组办公室，并先后制定了一系列政策法规，希望通过政策引导、专项资金支持等措施做大、做强涉农龙头企业。另外在"十二五"的时候，郑州通过延伸农业产业链条，希望实现农林牧渔业与第二、三产业的深度融合，尤其是与现代物流、休闲娱乐业的融合。在众多涉农企业中，郑州重点发展以思念食品、三全食品、好想你枣业、雏鹰等集种养深加工为一体的企业，以双桥花卉和万邦物流为代表的农产品流通性产业以及以生态农庄、农家乐为主的都市休闲农业。

1）郑州三全食品股份有限公司（简称三全食品公司）——农副产品深加工龙头企业

三全食品股份有限公司（简称三全食品公司）创建于 1993 年，总部位于河南省郑州市，是在郑州三全食品厂的基础上发展起来的，是我国最早生产速冻食品的企业之一。目前，该公司的市场网络已经覆盖到全国各地（陈琳琳，2015）。三全食品公司在产品创新方面也一直是速冻行业的领头羊，已经成为人们日常食品的速冻汤圆和速冻水饺都是由三全食品率先推向市场的。20 多年前三全食品还只是郑州一个小小的食品加工厂，期间有很多年份没有利润可言，只能说是苦苦挣扎在生存边缘，但是三全食品的领导层和普通员工一直没有放弃对产品质量的要求。三全食品能够发展到如今拥有多个生产车间、几十条先进生产线和速冻加工食品行业内最为先进的低温冷库，和三全食品对产品质量的严格把关密不可分。公司占地 8 万多平方米、2 万多名员工，35 个分公司及办事处遍布全国各地。三全食品主要生产中式速冻食品，尤其是以速冻汤圆和速冻水饺为主，这两个产品的销售额占公司总销售额 60% 以上，是我国名副其实的速冻汤圆、水饺大王，连续多年位于我国速冻行业前列，如图 6-2 所示。

通过对财务数据的简单分析我们不难发现三全食品的经济效益也极其可观，例如在 2010 年三全食品主营业务收入 19 亿元、主营业务利润 6.3 亿元，这一数据在 2016 年时分别为 47 亿元和 16 亿元，如图 6-3 所示。其主营产品汤圆占比达到 36%，其次是水饺和面点，分别占比为 32% 和 19%。

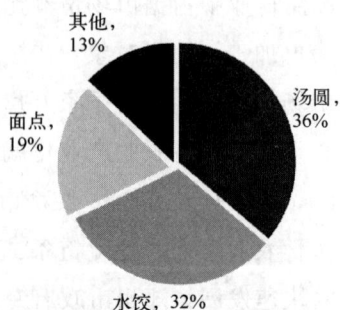

图 6-2　2016 年三全食品产品所占比例

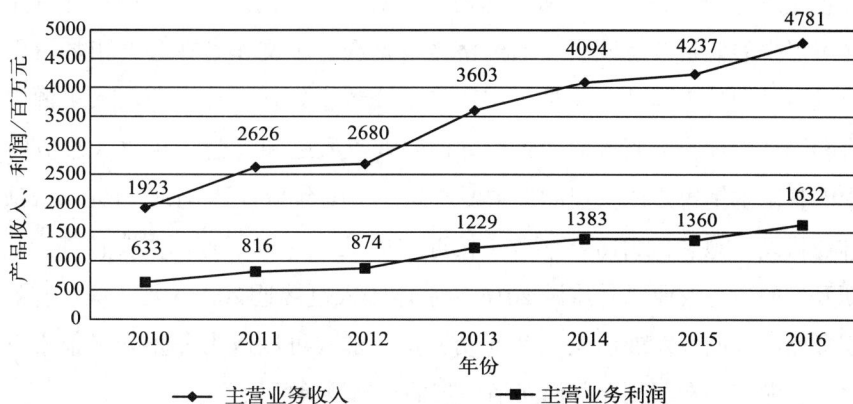

图 6-3 2016 年三全食品主营产品收入、利润

三全食品公司的发展不仅体现在良好的经济效益方面，还体现在整体社会效益方面。在公司整体得到快速发展的同时，郑州周边地区出现越来越多速冻食品企业，这些企业在三全公司的带动下，聚集在郑州周边形成一定的规模效应。同时郑州市政府也发现这一发展趋势对郑州整体社会经济发展具有巨大推动力，因此在市政府支持下、在三全食品公司带动辐射下、在众多参与企业的共同努力下，如今速冻食品已经成为郑州的支柱性产业，成为郑州整体社会经济发展的重要推动力。三全食品在带动郑州速冻行业发展的同时，也间接带动了其他相关产业的发展，例如农产品种植业、农副产品再加工行业、现代物流业等，为郑州经济发展提供动力的同时，也缓解了郑州城乡就业压力，据数据显示这一发展每年直接、间接地为郑州提供 5 万多个就业岗位。这只是明面上提供的就业机会，同时还为郑州周边广大农村、郊区地区解决了大量剩余劳动力无工可务、无工可做的问题。三全食品多次被河南省政府、郑州市政府表扬，并被评为私营企业纳税百强，这些都体现了郑州市政府对三全食品公司的认可，特别是对其发挥出的整体社会效应的认可。

2）郑州鸿宝园林——苗木花卉型龙头企业

郑州鸿宝园林集团主要生产花卉、苗木等园林绿化产品，同时该公司还涉足精品苗木育种、具体园林项目绿化等，如今已发展成郑州首屈一指的都市农业龙头企业。鸿宝园林不是一个单独企业，而是由 5 个子公司组成的企业集团，这 5 家子公司的业务分别涉及园林苗木的繁殖育种、种植、园林施工、销售等多个园林产业环节。据财务数据显示，鸿宝园林集团目前总资产近 5 亿元，总员工数接近 500 人，近些年多次被河南省政府、郑州市政府评为全省优秀园林企业和农业科技型龙头企业。

所有企业进行经营的第一目标永远是经济效益最大化，因此我们在评价企业整体情况时必不可少的就是考虑该企业的经济效益情况。本文作者在公开市场资料收集的基础上以及通过和鸿宝园林相关员工多次接触交谈中发现，该企业收入来源主要包括苗木销售和园林设计施工两方面。这两方面营业收入之和占公司年收入总值的 90% 以上。其中园林苗木销售是该公司的最主要产品，2016 年应收达 4130 万元；次项收入是具体园林项目设计施工，2016 年年收入接近 1500 万元。除了这两大支柱性产业外，鸿宝园林新开发的生态农业园林旅游 2016 年总体收入也接近 200 万元，从经济效益方面不难发现郑州鸿宝园林发展前景一片光明，这一形式可以成为郑州未来都市农业发展的模式之一，尤其是在郑州北部沿黄河一带的黄河滩等区域。

在对三全食品整体社会效益进行分析时发现，其除自身经济效益外，社会效益主要体现在对郑州速冻食品行业的促进作用上，主要惠及这一行业和与行业紧密相关的部分农户。但鸿宝园林集团外部社会效益却是和每一位郑州市民息息相关，甚至惠及郑州周边其他地区居民，这和该公司产品的表现形式有关。郑州鸿宝园林 5000 亩园林主要分布在郑州北部黄河滩上，这一区域由于以前土地风沙化严重，再加上黄河河道近几十里地没有遮挡，所以每到冬秋季季风来临时，该区域就会风沙肆虐，成为郑州空气沙尘含量剧增的头号元凶。如今，郑州鸿宝园林在这一风沙严重区域植入近千万株不同规格苗木，再加上现代化灌溉设施的不定期灌溉等，经过几年自然演化，该区域自然面貌发生很大改观。首先，通过千万株苗木发达根系的锁定和现代灌溉技术的实施，风沙化严重土地已逐步向正常土壤转化；其次，大量树木光合作用产生负氧离子，使得郑州整体空气质量得到很大改善。在人们对生活质量追求越发重视的情况下，这一外部效应直接惠及郑州近千万市民，从这一点可以看出鸿宝园林的社会生态效益不可估量。

生态效益虽然直接惠及所有民众，但其隐形特质不易为民众理解，即便如此，其提供就业岗位的数据却非常可观。据数据显示，郑州鸿宝园林每年为市民提供 1000 个左右就业岗位，同时还在城乡结合处为当地农民提供 300 个左右的岗位，虽然这些工作岗位主要偏重基础性，但也切实解决了当地农村剩余劳动力就业难的问题。

3）河南雏鹰集团——家畜肉制品深加工龙头企业

雏鹰集团全称为雏鹰农牧集团股份有限公司，是由侯建芳先生于 1988 年创立，2010 年 9 月 15 号在深圳证券交易所成功挂牌上市，被行业称为"中国养猪第一股"。河南雏鹰集团不仅是河南农牧龙头企业，还是国家农业产业化重点龙头企业。另外河南雏鹰集团还是中央储备肉和活牲畜的重要基地，充分体现了国家对该公司产品品质的信赖。为了让国人吃上健康肉、放心肉，公司全方位涉足生猪养殖产业链，从生猪养殖到猪肉加工、包装，公司都有涉足。除了生猪养殖外，河南雏鹰集团业务还包括粮食贸易和互联网业务，目前公司已经发展成为同时拥有饲料生产、粮食贸易、生猪养殖、屠宰、冷藏、物流等完整产业系统的大型企业（郭媛媛，2016）。

雏鹰集团 2010 年实现营业务收入 6.8 亿元，到 2016 年营业收入急剧增长到 60.9 亿元，这说明雏鹰集团发展潜力巨大，也充分说明都市农业未来发展前景不可估量。主营产品生猪产品占比达到 44%、其次是生鲜冻品和粮食，分别占比为 22% 和 18%。

河南雏鹰集团主要实施"公司+基地+农户"发展模式，和养猪农户组建生猪生产共同体，共担风险、共享收益，以合同方式把公司和农户紧密联合起来，这种紧密关系带来的是生猪产品质量的保障以及完整的服务体系。雏鹰集团自身发展的同时也带动郑州周边农户共同致富，在公司生猪大规模采购背景下，农户们积极扩大养猪规模，用公司提供的技术科学养猪，形成由核心猪场、养猪专业合作社、养猪大户三方共同组成的养猪基地。2012 年河南农牧投资 20 亿元在新乡卫辉建成一个集工农商一体的农业综合基地，该基地主要用于生猪专业化养殖、鲜猪肉屠宰加工、仓储冷冻和有机食品种植等，该基地的建成给当地经济发展注入新鲜活力，农户收入增加。

6.4.7　郑州市都市农业发展中尚需要面对的问题

1）都市农业发展的长效发展规划尚不完整

发展规划对于事物能否顺利发展具有决定性作用，如果不提前布局规划，发展过程中必然会遇到许多掣肘，同样都市农业发展也需要提前制定出纲领性规划，如果缺乏宏观层面和长远有效的规划，其结果必然是发展混乱、不同区域出现相似功能的重复性建设，既造成资源浪费，也容易形成市场无序竞争。纵观国内外典型都市农业发展现状，不管是国外的美国都市农业、荷兰都市农业，还是国内上海、南京都市农业都有属于自己的长远规划，这些规划根据不同时期有不同侧重点，然而郑州都市农业发展仍未提出纲领性、长远规划，郑州市政府也没有具体系统部署。即使出现一些都市农业部署也只是口号，并没有具体举措。郑州都市农业发展的无规划在区域布局上体现在不同城区、不同县市发展各自为政，不同区域农业发展大量雷同、无序竞争，造成资源的严重浪费。

无规划必然导致郑州都市农业发展存在各种问题。首先，都市农业的经济、社会、生态功能不能充分、有效体现出来，三方面功能严重脱节、结合松散。农业就是农业，旅游业就是旅游业，生态保护就是生态保护——既造成资源浪费，也不能充分有效吸引市民参与，不利于整体社会效益最大化。其次，郑州都市农业发展过于重视经济功能和以"农家乐"为主的简单休闲农业。经济功能确实是都市农业的基础功能，但是在工业化快速发展过程中，生态环境日益恶化，人们更需要都市农业生态环境保护功能的体现。最后，由于整体布局的缺失，各种"农家乐"都是以摘果、吃肉的形式出现，旅游、生态观光、社会教育局限在各自领域，没有利用农业资源将这些方面有机结合起来，达到互联互动、相互促进。

2）农业产业结构仍不尽合理

都市农业发展必然走集约、产业化之路，只有合理调整现代农业生产结构才能在深加工领域提高农副产品附加值，提升都市农业整体效益。然而和其他发达城市相比，郑州农业产业结构不合理，经济效益低下，郑州农业经济的主导产业仍然是种植业，占比高达54%，由此可以看出郑州都市农业结构较为落后。此外，郑州虽然濒临黄河，但渔业仍然没有发展起来，其产值仅占农业总产值的5%，其主要原因是没有规模开发和产业带动。值得一提的是郑州畜牧业经过十几年发展，已经初具规模，其产值占农业总产值的40%左右，带来不错的经济效益。郑州林业产值仅占农业产值的1%左右，而林业对于一个都市的生态环境保护具有决定性作用，这不得不引起我们的担忧。都市农业生产结构落后，对郑州未来都市农业进一步发展势必会产生不利影响，应引起社会各界的关注（葛永红，2009）。

另外，都市农业产业结构不合理还体现在农业产业化结构调整上。首先，龙头企业多而不强。在对郑州龙头企业的分析中发现郑州涉农企业数量庞大，但是具有一定规模的涉农龙头企业却非常少；其次，农产品产销一体化链条没有形成，对郑州农户调查发现，农产品销往外省的比例不足10%，销往郑州市区的也不足20%，大多数都在当地消化吸收，由此可见，产销一体化链条还存在很大的发展空间（皇甫杰，2011）。

3）示范区的规模与功能有待进一步加强

郑州都市农业的一个重要表现形式是农业示范园区，但是在郑州示范园区中能切实发挥出示范作用的并不多，主要原因可以从以下几个方面体现。首先，农业示范园区大多建在远离主城区的郊区，相应配套设施建设不到位，尤其是一些交通不发达的示范园区几乎没有游客，这严重影响了示范园区收入及健康发展。其次，示范园区内容不丰富，示范园区80%的还是生产功能，所谓的综合性发展并不综合，特别是没有和旅游业结合起来，满怀期盼的游客来到这里并没有感受到农家乐因何而乐、休闲山庄并不休闲，不能真切发现都市农业和传统农业的区别（关海玲，2009）。最后，都市农业对于大多数普通民众来说还是一个新概念，加上示范区并没有大力宣传，导致大量潜在客源流失。所有这些因素的结果必然是示范园的示范性并不突出，这与示范园区建设初衷相背离，在今后的发展中如何让示范园区在市场环境中得以发展，是搞好都市农业发展的重要一环。

4）新型人才相对匮乏

都市农业区别于传统农业，是农业现代化的一种重要表现形式，具体表现为生产专业、规模化、高技术含量，因此对从事都市农业生产的从业人员也提出更高的要求。就像上文所提，不管是农业示范园区，还是生态休闲农庄都需要具有创新力、创新思维的人参与，如果没有新型农民参加都市农业建设，所有一切都是空谈，示范园区只能是空架子，生态休闲农庄也将虚有其名，因此郑州都市农业发展能否顺利发展下去，新型人才是关键。

郑州目前农业参与者综合素质较低，创新意识、科技水平远远达不到现代都市农业发展需求，据调查数据显示，郑州农业从业人口中，平均只有 7 年受教育年限，其中大专及其以上学历仅为 0.5%，高中和中专文化水平占比为 11.7%，49.3% 为初中文化水平，小学及以下占比达 38.5%，由此可见郑州农业从业人口文化水平非常低。另外，在市区远郊及农村劳动力还呈现一种 "3860 现象"①，也就是说农村农业劳动者普遍是老人和妇女，所有这些因素对郑州都市农业的发展都会产生不利影响。

5）进一步明确和发挥政府职能作用，加强对都市农业的管理和服务

都市农业发展是一个系统性工程，需要政府全方位参加。然而，在郑州都市农业发展过程中，政府并没有发挥出应有作用，存在管理不到位的问题。首先，基础设施不完善，郑州城区到郊区交通路线单一。由于各休闲农庄、农家乐、生态旅游景点一般坐落在城市郊区且布局分散，单一的公交路线根本不能满足人们日常需求；其次，在大多数涉农景区内普遍存在吃饭难、上厕所难、停车场少、休闲娱乐设施不足的问题，尤其在旅游旺季，游客很容易产生一种不愿意来第二次的感觉；再次，各农业园区由于管理粗糙，植被病虫灾严重，园区杂乱无章，几乎找不到现代都市农业的影子。

与国内其他发达城市相比，郑州都市农业相对起步较晚，都市农业发展的保障机制还没有形成。郑州都市农业的发展随城镇化同步进行，城镇化进程必然会减少耕地

---

① 3860 特指妇女和老人，这里表示郑州从事农业经济活动的主要是妇女和 60 岁以上的老人。

面积，同时农业一直是社会经济的基础产业，这也增加了都市农业发展的不确定性因素，都市农业从业风险也相应上升。如果政府不着手建立系统的都市农业发展保障体系，必将会大大降低农户参与都市农业发展的积极性。

6.5 都市农业实践启示

6.5.1 结合城市规划做好都市农业的合理布局

都市农业作为现代城市经济的重要组成部分，其发展是一个长远、系统性的过程，需要有纲领性、长期有效的规划作为指导。首先，都市农业区别于传统农业的一个重要原因是生产的专业化、流程化，因此都市农业发展必须对农业生产专业化、产业化提前规划布局，包括农业基础设施、涉农产业衔接、农业科技支持、农业物流体系、产销一体化的组建（刘思恭，1998）。其次，都市农业发展应注意不同区域相互协调发展，而不是现有市场的无序竞争，应按照市区、近郊、中远郊、远郊的地理位置特点，再结合各自区域的资源优势条件，合理布局发展不同类型的都市农业，既可以增强各自区域的竞争力，也有利于实现整体资源效用最大化。

都市农业发展过程中并不是都市经济独立发展，而是应城乡协调发展。都市农业必须服从于城市的总体规划设计，为城市发展服务。同时，都市农业也有别于传统农业，都市居民的需求决定了其发展必须是城乡相互促进、相互作用的一体化关系。从空间角度看，都市农业是在都市郊区和都市内部部分区域进行农业现代化生产的过程，空间布局上要形成城市绿色生态框架。因此，要从结合城市的总体规划，在相互协调中做好都市农业的规划布局工作。

6.5.2 政府对都市农业的引导和协调树立正确的理念

都市农业的发展离不开地方政府的引导和管理。各地方政府需要制定合理的规划、激励性或限制性政策、合理的监管方式等，为都市农业的发展提供理想的环境。这些都需要政府树立正确的都市农业理念。根据上述理论与实践案例进行分析，以下几个理念值得重视。

（1）农业区位理论。现代都市农业具有以都市市区为中心，由里向外逐层扩散辐射的特征，都市农业的规划中要根据每一圈层当地资源条件和城市需求，发展最适合的农业产业结构和空间布局。

（2）明确都市农业的功能定位，注重经济、社会与生态三项功能的协同作用。前面我们在介绍国内外典型都市农业发展实践中发现，虽然大多数地区都能根据自身实际情况，合理规划都市农业发展，但依然存在部分地区在都市农业实践中过分重视经济功能，尤其国内部分城市更是如此，这与我国前期以经济建设为主的路线密不可分。我国经过 40 余年的改革开放，经济发展水平已得到很大提高，城乡居民已从过去单一对物质需求转向更为抽象、丰富的精神追求。因此，我国都市农业发展绝不能走只强调或过分强调经济功能的老路，而应该实现经济、社会、生态三功能的同步发展，尤其是在市民居住环境日益恶化的背景下，更应注意都市农业生态功能的体现。另外，也要防止出现忽视经济功能的动向。某些地区随着经济社会的发展人们开始注重生活质量的提高，使得人们对都市农业的需求不再是简单的食物供给，更多体现在对多元化精神层面的需求，这些功能的出现使现代都市农业能全方位满足市民多样性需求，提升城市生活质量和生态品味。但我们也应注意到，生产功能永远是都市农业最基本的功能，因此我们在坚持生态都市农业的同时应利用现代化科学技术改造都市农业的生产功能，促进农业生产升级换代，而不是简单地放弃都市农业的生产功能。

（3）因地制宜，发展优势产业。在对国内外典型都市农业实践分析中发现，都市农业虽然具备一些共同特征，但依然要和当地实际情况相结合，发展具有自身特色的都市农业。就像美国立足地广人稀、经济工业高度发达的实际情况，大规模进行产业化、规模化生产。因此未来我国都市农业发展绝不能照搬别人的实践经验，而应该要结合自身实际情况，因地制宜地调整都市农业结构，实现都市农业健康持续性发展。

（4）都市农业发展要建立足于农业科技成果的创新与应用。在当今科学技术广泛普及的背景下，高新技术被广泛用于都市农业生产，尤其是在生物工程和信息技术方面。从农业生产的基础设施，农产品的生产、加工、包装、运输、管理等多个方面，通过高新技术的应用全面提升现代都市农业整体生产力。因此，未来各地都市农业发展必须向发达国家、地区学习，充分增加农业经济科技含量，利用先进的农业科技技术促进都市农业稳定持续性发展；同时，积极扶植农业生产、农业工程和和农业信息化技术应用的创新创意活动，为都市农业发展提供技术动力。

6.5.3　都市农业发展策略

根据国内外都市农业发展的实践经验和学术界的研究，以下几种策略可供各地都市农业发展资借鉴和参考。

1）培育龙头企业

规模经济是经济学中的一个基本原理，现实中也普遍存在于各行各业。然而许多地区的都市农业并没有达到规模经济效用，最直观的体现是涉农企业虽数量众多，但具有一定规模的却很少，至于行业的龙头企业则更是少得可怜，所以各地在都市农业发展中必须注意对龙头企业的培育。培育龙头企业首先应该从龙头企业的下游产业做起，包括发展与之相适应的现代化农业种植、养殖基地，发挥各农业协会、合作组织的作用，充分调动农户参与现代都市农业的积极性；其次完善农业生产各环节的无缝衔接，包括现代种植（养殖）、再加工、农产品物流、农贸市场等各环节的完善。扶持龙头企业应采取扶持壮大、原基础上再改造、开放引进等措施，积极发现扶持具有发展潜力的涉农企业，使都市农业发展更具活力（许圣道，2012）。

培育龙头企业，一是完善农业融资环境，拓宽融资渠道，建立多元化的都市农业投资体系，帮助企业克服资金不足的问题；二是在政府内部就应加强对农业部门的资源倾斜，给农业经营者一定的税费优惠、财政补贴，在土地规划上确保都市农业用地；三加强农业企业规模化经营配套基础设施的建设。

2）提高从业人员科学文化素质，提升农业生产效率

都市农业作为农业现代化的一种新型表现形式，对从业者综合素质提出更高要求。然而在实践中我们不难发现，农业从业人员中、大专以上学历很低，很难满足都市农业的需求，因此必须着重提高都市农业从业人员科学文化素质。提高都市农业整体生产效率，可以从两方面做起：其一是从未来都市农业从业者整体素质出发，加强农业发展理念、农业科技在学生群体中的教育，加强农业学科发展，为未来都市农业发展提供需要的高素质人才；其二是对现在都市农业从业人员的教育，包括普通农户、涉农企业管理人员、涉农基层干部等。通过相关农业科技培训，具体农业项目实践指导等方式来提高其专业素养（许圣道，2008）。

农业从业人员整体素质提高是一个渐进过程，期间必须配合相应的激励措施，例如对在农业科技领域取得重要突破，产生重大研究成果的单位和个人，不管是在物质条件还是社会地位方面都应给予适当奖励，激励更多的人从事农业科技研究。同时，都市农业发展也不能闭门造车，要时刻关注其他发达地区都市农业发展状况，注意对先进成果的引进，与国际接轨。

3）加快土地流转，推进示范区建设

在实践中发现都市农业示范园区建设是都市农业发展的一种重要表现形式。农业示范园把都市农业的生态、经济、社会功能集合起来，是一种高效的都市农业发展模式。然而土地集约化和规模化经营是都市农业示范园区建设的基础，这与我国土地实

际情况相背离。虽然我国土地所有权属于国家和村集体，但是土地具体使用权却分散在不同家庭。土地集约化和规模化经营必须在国家法律和政策范围内，结合农村劳动力转移的实际情况，尊重农民的自主意愿，发挥农村集体的组织力量，按照市场经济的规则，建立合理的农村土地流转机制，才能得以实现。

党的十八届三中全会明确提出：鼓励土地承包经营权转让流通，以此实现农业现代化、规模化经营。所以各地应抓住历史发展机遇，在确保国家耕地红线不动摇下，以土地承包权流通为契机把分散在不同农民手中的耕地集约起来管理，促进都市农业的发展。当然这一过程必须切实保护好人民的权益不受侵犯（郝修方，2008）。

4）完善社会服务体系，加强服务保障

都市农业前期投入成本过高，对生产条件、人员素质各方面要求都较高，所有这些使得都市农业发展必须有与之相配套的保障机制。国内许多地区都市农业还处于探索、借鉴阶段，并没有形成适合自身实际情况的发展机制，因此地方政府应结合各地都市农业发展阶段完善社会服务体系，为都市农业发展构建配套环境。在信息发布交流方面，地方政府可主导、联合各涉农科研机构、涉农企业、各级农业协会、农业合作组织和农户构建农业信息交流平台，提供农业技术最新研究成果展示、农业项目培训、农业市场需求、农副产品贸易等服务，从根本上解决都市农业信息不对称问题，为都市农业发展提供保障与推动力。在应对经营风险方面，政府可在保险层面提供保障服务。都市农业前期需要巨额资本投入，如果没有与之相对应的保险机制，会大大限制本地都市农业发展，因此地方政府可联合保险公司建立专门的都市农业保险项目，确保都市农业投资资金安全、有保障。

第 7 章　社区支持农业的理论与实践

随着工业化和经济发展水平的不断提高，各种环境问题以及食品安全问题也伴随而来，生活水平日益提高的城市居民迫切想要获得绿色、健康、无污染的农产品。社区支持农业（Community Support Agriculture，CSA）与传统的以中间商为媒介的销售渠道不同，强调的是生产有机农产品的农场与消费者的直接联系，消费者通过向农场保证，使其合理、合法地成为该社区农产品的供应商。CSA 倡导绿色健康的生活理念，满足了城市居民对安全农产品的需求，符合农业可持续发展方向，可以成为部分对农产品品质要求较高居民的选择。

7.1　社区支持农业的兴起与发展

大工业时代以来，农药、化肥、激素等化工产品在农业生产过程中得到了广泛的应用，大大提高了农产品的生产效率，农产品产量不断提高。但是有部分农业生产者在生产过程中大量使用化肥、农药等，造成了严重的水土污染，导致食品安全事故屡次曝光在公众视角下，人们越来越重视食品的安全性。随着城镇化进程的不断推进以及城市居民可支配收入的增长，城市消费者希望通过与那些生产安全有机农产品的农场进行直接联系的方式，来获取安全、无公害的有机农产品，并以此打破消费者和农场之间的信任壁垒。由此，社区支持农业就应运而生了。

20 世纪 50 年代，日本由于工业废水排放污染造成了严重的"水俣病"，日本城市居民迫切需要绿色、健康、无污染的食品，于是社区支持农业应运而生，日本是最初发展社区支持农业的国家，当时被称为"Teikei"。1965 年，日本的岩根夫妇建立了名为生活俱乐部的组织，当地社区的家庭妇女纷纷加入该俱乐部，并逐渐发展成为消费者合作社（Miles）。随后，对农产品品质和价格有着相同需求的消费者聚集在了一起，并在当地成立了消费者合作社。1971 年，日本各地消费者合作社共同倡导并创立了有机农业协会。截至 2005 年，日本已经有 22% 的家庭户加入了消费者协会。

20 世纪 70 年代社区支持农业传入欧洲（石嫣，2013），当时欧洲正在进行大规模的农业运动，受其影响，汉斯·格罗（Hans Groh）、特洛格（Trauger）以及卡尔-奥古斯特罗斯（Carl-AugustLos）开始分别尝试建立农业合作社区。欧洲首个具有社区支持农业雏形的农场出现在 1984 年，是由杨·凡德滕（Jan Vandertun）在瑞士创立的一个生物动力农业农场①。1984 年杨·凡德滕移居美国，开始在美国宣传社区支持农业理念，并与罗宾·凡恩一起在马萨诸塞州建立了美国首个社区支持农业型农场——印第安线农场（Indian Line Farm）（Mc Fadden，2006）。社区支持农业在美国的发展速度非常快，截至 2007 年，美国的社区支持农业型农场已经多达 12000 多家。随后社区支持农业在世界各地的发展速度相当快，截至 2013 年，德国、法国、匈牙利、奥地利等国的社区支持农业项目加起来已达 1650 个左右。

20 世纪 90 年代末，社区支持农业传入我国，当时一些思想先进的海外留学回来的中国人集体创建了基于社区支持农业理念的农场。2006 年，何慧丽、温铁军等学者在北京和南马庄之间发起了"购米包地"②活动，温铁军在南马庄村承包了一块地专门生产无公害大米。2007 年，他们发起并建立了"国仁城乡互助合作社"，这一公益组织也成了我国社区支持农业的雏形。2009 年，石嫣在北京创建了小毛驴市民农园，该农园采用自然农业技术种植农产品，强调种养殖结合以及尊重自然，注重对我国传统文化以及农耕知识的传承与发扬。在经营理念上，该农园坚持"风险共担，利益共享"，注重引导人们建立健康的生活方式，培养城乡之间形成互相信任、和谐相处的关系（洪馨兰，2006）。小毛驴市民农园的成功受到了社会各界的广泛关注，而后四川、上海、深圳、浙江等许多地区也纷纷响应，建立起了社区支持农业型农场。据石嫣和程存旺的不完全统计，截至 2010 年，我国社区支持农业型农场数量达到了 80 多个。截至 2014 年，我国已有规模大小不等的社区支持农业项目 200 多个，分布在北京、上海、浙江、四川、广西、山东、山西等近 20 个省、市、自治区（赵曼曼，2012）。

《中共中央、国务院关于落实发展新理念加快农业现代化实现全面小康目标的若干意见》（又称 2016 年中央一号文件）提出了加快实行食品安全战略布局，实行严格的农业投入品使用管理制度，必须把食品安全责任制落到实处，并把维护食品安全以及提高农产品质量列入考察党员干部工作成果的指标当中。社区支持农业提倡本地生产、新鲜消费，强调对农产品质量的保障、对生态环境的维护以及农业的可持续发展，与我国当前的可持续发展之路以及生态文明之路的目标相吻合，符合现代农业发展的大

---

① 生物动力农业是种植业与饲养业结合的自给自足农业，是有机农业中的更高层次。它不是一个确定的农业方式，而是奥地利哲学家于 1924 年提出的一格观点，涉及农业生产中人与自然的关系，认为，农业一方面增强自然的生命过程，另一方面人的操作影响自然。

② 购米包地是指让有生态大米需求的北京消费者，通过公共知识分子的公益中介作用，和南马庄村农业合作社的生产者进行直接对接，以个人或团队的形式在该合作社至少包半亩地的大米产量，形成使消费者和生产者双方都受益的良性互动，从而使生产者生产出真正质优的好大米，消费者购买到真正质优的好大米。

方向，符合当前形势下我国城市居民对农产品的要求。

7.2 社区支持农业的概念及功能

7.2.1 社区支持农业的概念

目前，世界各国的学者对社区支持农业的概念定义还不统一，美国国家农业图书馆对社区支持农业的定义是：社区支持农业是由一些允许某个特定农场运营，并让该农场在法律意义上以及精神层面上成为其农产品供应商的个人组成的社区，在这个农场中，生产者与消费者共同承担风险、共同分享利益，双方相互信任与支持。美国学者伊丽莎白·亨德森（2012）对社区支持农业的定义是：社区支持农业是一定范围内的农民与食用其生产的农产品的社区居民的一种联系。比尔·莱特（2013）认为，社区支持农业是农场与社区成员之间建立的相互支持的关系，这种关系对稳定农场的经济收益具有重要意义。香港社区伙伴组织（PCD）对社区支持农业的定义是：社区支持农业是指一种以消费者对农场做出的保证为基础，使农场合理合法的成为该社区的农场，实现农场与消费者之间共同承担农业生产风险、共同分享农业收益、相互信任支持的农业模式。我国内地的学者认为，社区支持农业是指农场（或农场群）和其所提供农产品的社区成员之间所形成的合作关系，双方共担生产风险、共享收益。我国学者屈学书等（2010）认为社区支持农业是一种社区成员与农场或农场群之间互相信任、共担生产风险、共享生产收益的合作方式。

虽然目前国内外相关学者在对社区支持农业的概念定义上还不统一，但内涵基本相同：核心理念一致，即有机种植、互相信赖与分享；农业生产原则一致，即生产者与消费者遵循"风险共担、利益共享"的原则；种植方式一致，即当地社区的农民采用有机农业生产技术种植出绿色、健康、有机的农产品；目标一致，即城市消费者追求绿色健康的生活理念，当地社区的农民追求精耕细作以及有机的耕作方式的生产理念；环保意识一致，即维护当地农耕生态环境。

根据以上国内外学者对社区支持农业定义的描述，本文对社区支持农业的定义总结如下：社区支持农业是由社区支持农场运行，采用有机耕种方式，强调消费者与生产者双方相互信赖与共享，采用有偿租赁土地的方式，满足消费者对有机农产品、休闲娱乐、农耕体验、接近自然等方面的需求，实现当地消费者与生产者之间"风险共担、利益共享"的关系，力求经济、社会、文化、环境利益最大化的一种新型农业形态。

7.2.2 社区支持农业的功能价值研究动态

社区支持农业的功能价值是多方面的，它会对一个地区的经济、社会和环境等造成影响。简 . M. 科洛丁斯基（1997）提出社区支持农业的营销功能，它是一种以本地生产的农产品为基础进行直接销售的模式。他通过采访美国部分农场的会员及非会员，结合逻辑回归模型，分析得出农产品的价格、生产效率以及人们自身的观念意识是影响人们参与社区支持农业的最重要的因素。社区支持农业型农场可以通过采用目标营销的方式来吸引消费者成为该农场的会员。B. 兰迪斯（B. Landis）和恩特维瑟尔·史密斯（Entwisle Smith）等（2007）选取了 448 名分别来自美国北卡罗莱纳州 5 个不同农场的会员进行调查。结果显示，在这些会员中多数经济条件较好且学历较高。他们最初了解社区支持农业是通过亲戚朋友介绍以及互联网等途径，这些人都有着共同的特点，即注重农产品的产地、喜欢本地种植的农产品、有着健康的饮食理念。

迈克尔·达菲（Michael Duffy，2005）通过研究发现，社区支持农业最显著的功能是经济功能，农民通过采用社区支持农业生产模式进行农业生产，不仅有利于降低农民所承担的生产风险，还可以采用会员集资的方法来获取农业生产所需的资金。特吉梅尔（Tegtmeier，2005）观察发现，欧美等发达国家的农民主要通过银行贷款来获得农业生产所需的资金，但是银行贷款存在一定的风险性，如果某一年农民遇到自然灾害影响收成，就很有可能面临无力还贷而导致破产的情况。但是如果该农场成为社区支持农业型农场，就能通过采用和农场会员签订合同的方式，在每年年初获得会员提前支付给农场的各项资金，使会员和农场共同分担农业生产的各类风险，降低农场在农业生产中遇到的资金压力与风险。随后，B. 兰迪斯和 T. 史密斯等（2010）通过调查问卷的形式对 97 名社区支持农业会员的个人特征以及参与社区支持农业后膳食结构的变化进行调查，调查结果显示，在所调查的区域内，参与社区支持农业的大多为家庭较富裕且受过良好教育的白种人，并且他们日常所食用果蔬的数量比没参与社区支持农业的人更多。由此 B. 兰迪斯和 T. 史密斯等在研究报告中指出，社区支持农业作为一种新的农业模式，很可能会让人的饮食结构产生变化。

Douadia Bougherara（2012）等人在法国选取了 264 个社区支持农业项目进行调查，结果显示社区支持农业能带来显著的环境效益。Douadia Bougherara 认为，采用社区支持农业生产模式能有效减少现代化学药剂对自然环境造成的破坏，改善农业耕地状况、维持生态平衡、提高水源环境质量。此外，他还积极倡导当地的农民和消费者培养自身环保意识，鼓励他们主动接近和了解大自然。

Siqing Chen（2012）在美国研究一个当地社区支持农业项目时发现，社区支持农业的基础是一个社区，它对环保、农业、社区、食品的可持续发展都有着重要作用，主要体现在社区成员社会经济福利的提高、自然景观真实性的保持、地区生态系统服务水平的提高以及生产过程中碳排放量的减少等。Weiping Chen（2013）搜集了129位社区支持农业会员的基本资料，并采用维度模型以及探索性因素分析法对他们的情况进行分析。分析结果显示，社区支持农业的价值主要由功能、情感、社会、知识、儿童教育五方面的组成。他还指出，社区支持农业对于其参与者，包括组织者、会员、农民都有着更深的意义。

7.2.3　社区支持农业的主要功能

社区支持农业作为一种新型的农业生产方式具有多功能价值（刘丽伟，2012），我国学者石嫣、程存旺、刘丽伟等都曾对社区支持农业的功能进行过研究和总结。这里主要介绍了社区支持农业在经济、文化、社会、生态、旅游五个方面的功能。

1）经济功能

社区支持农业的经济功能具体表现为以下两点。首先，社区支持农业有利于加快城乡经济又快又好发展的步伐，缩小城乡之间发展的差距。通过开展社区支持农业项目，城市居民可以到社区支持农业型农场体验农耕生活，农场通过开办农家乐、民宿、垂钓等设施满足游客餐饮、娱乐、住宿等需求，这样既能有效解决农村剩余劳动人口的就业难题，还能缩小城乡之间经济发展的差距。

另外，社区支持农业型农场生产出有机农产品提供给城市居民，满足他们对健康膳食的需求（曾书琴，2012）。社区支持农业模式下，生产者自行定价，消费者根据生产者的定价预先支付订金，生产者再根据订金来确定生产规模，这样既能做到不盲目生产，也能提高农业资源的利用率。其次，社区支持农业有利于提高农民收入，加快缩小城乡居民之间的收入差距。

社区支持农业的销售渠道与传统销售渠道不一样，它省去了中间商，实现了生产者与消费者的直接交易，保障了交易的公平性，不仅提高了农民的经济收入，还调动了消费者参与社区支持农业的积极性（李长健，2013）。

2）文化功能

社区支持农业的文化功能主要表现在两个方面：一方面是对乡土文化的保护，另一方面是对传统农耕文化的继承。费孝通在《乡土中国》中曾写道"从基层看去，中国社会是乡土性的"。中国的乡土文化的传承与保护对中国社会的发展有着重要的意义，而农村是孕育乡土文化的摇篮，是乡土文化得以形成的根源与基础（费孝通，2007）。但是，随着我国近年来城镇化脚步的加快，作为孕育乡土文化根源的农村的数量正在逐渐减少，对乡土文化的保护迫在眉睫。

社区支持农业项目的开展在对乡土文化的传承与发扬方面发挥着重要的作用，它将"传承与发扬乡土文化"口号付诸实践。社区支持农业强调以传统的农耕方式进行农业生产，号召人们回归自然，关注乡村发展动态，珍惜有限的耕地资源，通过在农场举办各类农耕活动、乡村文化活动、生态文明宣传活动等宣传乡土文化，充分开发农业在社会、经济、文化、旅游等方面的价值，促进现代农业产业的多元化。通过参与社区支持农业项目，城市居民可以感受到我国传统的农耕文化，了解传统农耕文明的发展史以及几千年来我国劳动人民的耕种智慧。并且通过与科研机构、中小学、高等院校等机构合作，农场可以向学生以及社会人士宣传我国传统的农俗习惯以及农耕文化，并教授他们传统的农耕技术。社区支持农业型农场还可以为消费者提供针对性的服务、提供本地特色农产品、营造传统农耕的文化氛围等，在满足消费者对绿色健康生活追求的同时，实现了对乡土文化的传承与发扬。

3）社会功能

社区支持农业的社会功能主要表现在两方面：一方面，有利于促进社会稳定；另一方面，有利于城乡居民和谐相处、安居乐业（王树进，2012）。具体表现为通过社区支持农业项目的实施，首先能满足城市居民对绿色安全有机农产品的需求；其次能提高社区支持农业型农场的经济收入，还能缓解农村剩余劳动人口的就业问题，促进农村地区社会的稳定；最后，城市居民通过参与社区支持农业项目，在亲自参与农业劳作的过程中，体验到了农耕带来的快乐，心情得到了放松，也增加了与农民的沟通交流，促进了城乡居民之间的了解，使城乡居民之间的关系越来越和谐。

4）生态功能

社区支持农业的生态功能主要表现为：社区支持农业型农场对农产品选种、种植地的土壤状况、灌溉水源的清洁度以及农场附近的设施等都有较高的要求；采用有机农业生产技术进行农业生产，拒绝使用农药化肥等化学药剂，保护当地的自然生态系统不受破坏；社区支持农业型农场在规划经营过程中遵循人与自然和谐相处的原则，致力于打造自然环境优美、城乡居民和谐相处的氛围（温铁军，2009）。

5）旅游功能

社区支持农业的旅游功能主要表现为，社区支持农业型农场为满足城市消费者观光体验的需求，通过开办一系列活动，如农家乐、农园观光、民宿、农耕体验园、市民农园等，使城市消费者可以体验到除草、采摘等农业劳作带来的乐趣，欣赏到乡村自然景观，感受到乡村生活带来的舒适悠闲以及心灵上的放松（肖芬蓉，2011）。

7.3　国内外社区支持农业发展及其经验

7.3.1　美国社区支持农业发展

1)　美国社区支持农业发展历程

社区支持农业在 20 世纪 80 年代传入美国，1985 年，为弥补主流食品供销不足的现象，美国出现了首个社区支持农业型农场——Indian Line Farm，自此之后，社区支持农业作为可持续农业运动的一部分在美国迅速推广开来（Henderson E，2007）。20 世纪 70 年代，美国成立了第一个民间自然有机农场协会，推广有机农产品，随后美国的一些非政府组织和崇尚环保的人士开始在美国大力宣传可持续农业，再加上 90 年代的"地方食品运动"席卷美国各地。人们在反对食品的大规模工业化生产以及转基因食品，批判跨国垄断企业对食品生产的垄断导致本地农民利益受损、食品的过度包装以及以低价向消费者兜售质量低劣的食品的现象同时，提倡本地生产、本地消费、自由选择的理念。很多城市消费者都加入了这次运动，这些都为社区支持农业的推广创造了良好的条件（王树化，2012）。

美国的社区支持农业主要分布在东北部、大西洋沿岸以及中西部，据美国农业部调查，截至 2007 年，美国开展社区支持农业项目的农场已达到 12549 家。美国的社区支持农业虽然起步时间较晚，且规模较小，但发展速度较快发展，形式多元化。美国社区支持农业的类型根据其发起主体的不同可分为三种：首先是农场发起的社区支持农业，农场直接给消费者提供满足其需求的各类价格适合的农产品；其次是消费者发起的社区支持农业，消费者为了保护生态环境，挑选自然环境优越的地点进行农产品的生产活动；最后是农场和消费者一起发起的社区支持农业，由彼此一起进行农场事务的管理以及对农场的经营发展进行规划（周淑甄，2014）。

2)　美国社区支持农业发展的经验

（1）实行农业补贴，促成农场合作。美国政府积极鼓励农场开展社区支持农业项目，为了使社区支持农业能在美国健康、稳定、持续地发展，对于开展社区支持农业项目的农场，政府会给予这些农场各项补贴，如农业自然灾害补贴、农业生产合同补贴等，并鼓励和引导经营者为农场投保标准责任险，为农民投保健康险等（常婕，2007）。美国政府还积极促成社区支持农业型农场之间的合作，以降低农场的生产运营风险，在农场遇到收成不足不能为消费者提供其购买的某种农产品时，农场可以从与其有合作关系的农场处采购，并及时供应给消费者。

（2）采用会员制。美国大多数社区支持农业型农场为了使农场会员能够灵活地参与社区支持农业，通常会在农场与会员签订合同时根据每个会员的情况来确定要缴纳的费用，有些农场会对 10 周岁以下的儿童实行费用减免，还有些农场会根据对农场运营成本以及农作物产量的预估来实行认筹。

目前美国社区支持农业的会员涵盖各个行业，包括政府、事业单位、科研机构、金融机构等。美国社区支持农业型农场通过与超市、便利商店、商场等机构合作，为会员提供新鲜的有机农产品，并为会员提供配送服务或定点自取服务，极大地方便了会员购买及提取农产品。

美国的社区支持农业型农场注重会员社区集体意识的培养。在根据会员的特征对会员群体进行划分的基础上，加强与会员们的沟通与联系，了解会员的需求以及他们对农场目前经营、管理、设施建设等方面的一些意见与建议，帮助农场改进现有的不足之处。为了提高会员的忠诚度，农场会向会员发放农场专属的会员卡用于在农场指定地点购买农产品，并为会员提供贴心的专属服务（支婷婷，2013）。

美国的一些社区支持农业型农场还会通过举办一些特色的乡村活动，如农耕知识大讲堂、农耕活动体验、乡村晚会等来增加农场与会员之间的互动，增强会员对农场的归属感。还有许多农场在互联网上建立了农场网站，会员可以通过网站了解到农场当季生产的农产品或者近期将举办的活动，还可以在网站上选购自己需要的农产品。

（3）发挥农业的社会服务职能。美国社区支持农业在发展过程中十分注重农业为社区所带来的社会效益，发挥农业的社会服务职能。社区支持农业型农场与社区之间的关系是双向互动的，农场通过与社区之间的合作来实现经济收益，同时社区也通过农场的影响力来开展集体募捐、农产品捐赠等公益活动。

美国一些社区支持农业型农场会与公益机构合作无偿提供农产品给那些生活有困难的老年人、身体孱弱多病的人；还有一些农场为了吸引那些想参与社区支持农业但由于经济收入过低不能参加的人群，设置了专门用于吸引他们加入的奖金；生活有困难的会员购买农产品时，农场还会为其提供员工折扣；农场还会向一些无家可归者提供工作机会；将一些没有售卖出去、品质过关的农产品捐赠给地方福利组织（石嫣，2012）。

7.3.2 日本社区支持农业发展及其经验

1) 日本社区支持农业发展历程

日本的社区支持农业最早起源于 20 世纪 50 年代后期，当时日本由于环境污染爆发了严重的"水俣病"，人们对市场上销售的食品质量感到恐慌，他们急切地想要寻求安全健康的食品。加上当时"二战"刚刚结束，日本在对外的农业贸易中处于不利地位，有机食品的进口阻碍较多，而本国对有机食品的认定标准又不规范，使得有机农产品的供给量根本无法满足日本民众的需求。日本城市居民为了获得满足日常生活所需的有机农产品，通过与农业生产者直接签署合约、参与农业耕作、预付货款、土地租赁等手段激励农业生产者采用有机农业生产方式生产农产品，这种小规模的销售模式就是日本社区支持农业的雏形"Teikei"。"Teikei"不仅使消费者获得了绿色健康的农产品、生产者获得了更高的经济效益，也保护了生态环境，促进了农业的可持续发展（杨荣荣，2013）。

20 世纪 80 年代，日本的资本市场开始慢慢回暖，愈来愈多之前参加社区支持农业的民众开始加入社会工作者的行列，而此时"Teikei"的弊端也慢慢显现出来，于是出现了新的社区支持农业模式——"sanchouku"模式。在这种模式中，由日本农协负责协调消费者与农业生产者之间的关系，农产品的收购、加工和运输以及销售网点的供给等都由农协直接承担，消费者不用再直接参与农业劳动。

20 世纪 90 年代，日本社区支持农业发展呈现多样化趋势。"chisan-chisho"模式是当时日本政府主导的最主要的食品运动。这种模式中，政府允许地方自行规划生产，设立有机农产品认证机构，鼓励以销定产，流通模式主要有按照订单由专门的配送机构进行的宅配模式、由生产和销售部门合作的直销模式、由生产者协会组织的配送模式等。

2) 日本社区支持农业发展的经验

（1）加强政府的财政支持。日本政府的财政支持是日本社区支持农业得以推广和发展的主要因素之一。日本政府在财政支出方面设立了专项资金用于完善农业基础设施以及各项农业补贴。在人才培养和科研方面，日本政府投入了大量经费，鼓励地方政府、高校培养农业人才，注重提高农业技术人员的业务水平和服务水平。日本政府通过财政补贴鼓励农协完善农业基础设施，并规定农协可不用缴部分税种，对于加入农协的农民，也能享受税收优惠（项仕安，2002）。此外，针对日本每年都会有很多被灾害损毁的农业设施、农田、水利设施等情况，日本政府还设立了灾害补贴。

（2）拓宽销售渠道。日本社区支持农业经营者十分重视销售渠道的拓宽。日本有机农产品传统的销售渠道包括产地直销、有机农产品专卖店销售、连锁超市销售等，但随着时代的发展，传统的销售渠道已无法满足日本城市居民的需求，于是日本社区支持农业生产者开发出了新的销售渠道，包括在农产品产地开设商店进行售卖的地产地销模式、按照订单进行生产的产销对接模式、在大型超市租赁专柜进行售卖的超市专柜模式（孙超超，2013）。有机农产品销售渠道的拓宽，不仅有利于提高有机农产品的销售量以及社区支持农业生产者的收入水平，还有利于社区支持农业生产模式的推广。

（3）充分挖掘社区支持农业的功能。日本在发展社区支持农业的过程中，充分挖掘了社区支持农业在教育、文化、经济等方面的功能。日本许多社区支持农业型农场会在农场专门开辟农耕知识科普园、儿童体验园等具有教育意义的园地，用于宣传有机农业知识和日本传统的农耕文化、培养青少年对有机农产品的认知以及环保意识等。还有一些社区支持农业型农场根据消费者的需求开展了各式各样的活动，消费者可以根据自己的喜好参加坐马车观光农园或是播种、除草、采摘蔬菜瓜果等农业劳动，体验农耕的乐趣；还可以在农场的作坊亲自对采摘的农产品进行加工；认领小动物委托农场进行饲养；参加有机农产品销售比赛、农家乐等活动。

7.3.3 台湾社区支持农业发展及其经验

1）台湾社区支持农业发展历程

受日本 20 世纪 60 年代开始的"生活者运动"的感染，我国台湾地区的社区支持农业理念开始萌芽。到了 90 年代，台湾当局一味追求经济的高速发展，大力发展工业产业，导致环境污染严重，食品安全问题频发，台湾地区一些城市的主妇为了寻求健康的食品，联合在一起组建了台湾主妇联盟，这也标志着社区支持农业开始在台湾成规模的实践。2002 年，台湾地区宣布加入 WTO 后，国外大量的农产品进入台湾市场并受到城市居民的追捧，本地农产品的市场占有率迅速降低，完全无法与进口农产品竞争。当时台湾当局正在大力推进城镇化，认为农业对台湾地区经济的增长毫无作用，没必要花费时间和精力去保护"本土农业"。后来台湾地区城市居民才开始慢慢发现当地农产品市场对进口农产品过度依赖，意识到本地农业的发展对保障台湾食品安全的重要性（郭焕成，2014）。另外，当时著名的"硕士农夫"赖青松提出，我们不应该只看到农业的经济价值，更应该关心农业所蕴涵的人文价值，社区支持农业在快节奏的城市生活中为人们展现了一种不一样的生活方式。这些都促进了社区支持农业在台湾地区的发展。

2)　台湾社区支持农业发展的经验

（1）加强推广社区经营的理念。台湾社区支持农业在发展之初一直走规模化、经济利益最大化的路线，随着时代的发展，台湾社区支持农业向精致农业转型。社区支持农业型农场的经营者开始意识到农场不应只作为农业生产的场所，农场应该在生产经营过程中推广社区经营的理念（邹芳芳，2009）。经营者在农场除了进行农业生产外，还开办民宿、开发农业景点，采用农业"社区"的概念，以策略联盟的方式将他们整合在一起，形成具有一定规模的农业园区。

（2）发挥政府的规划指导作用。规模较小的社区支持农业型农场资源的拥有量较少，对消费者的吸引力相对来说较小，无法满足消费者在休闲娱乐和体验等方面的全部需求。因此，台湾当局对一些规模较小的社区支持农业型农场进行整体规划指导，在一块划定的区域内将这些农场聚集在一起，农场之间还可以通过合作实现农场之间的优势互补、资源配置最优化，为消费者提供全方位的服务，增加消费者的满意度。并成立地方农业协会，将同一区域内的分散农户组织起来，进行统一规划经营，促进土地利用率和农场生产效率的提高（王中军，2008）。

7.3.4　北京社区支持农业发展及其经验

1)　北京社区支持农业发展历程

社区支持农业理念在2008年被引进北京，当时就读于中国人民大学的博士研究生石嫣得到了公费去美国当地农场"插队"的机会，她在美国当地一家社区支持农业型农场亲自体验了社区支持农业的耕种方式以及经营管理方式。当时中国的农业生产过度依赖化学药剂，导致食品安全事故频发、土壤污染加剧，回国后，石嫣基于对这些方面的考虑，将美国的社区支持农业模式引入北京，并于2008年4月在位于北京北六环的凤凰岭脚下一块20亩的土地上开办了北京第一家社区支持农业型农场——小毛驴市民农园。截至2014年，小毛驴市民农园的会员数量已达到1000户左右，从开办初到2012年4月，农园共接受了国内外近400家传媒的访问，招待超过2000万国内外人员入园游览。小毛驴市民农园的成功使社区支持农业模式在北京迅速推广开来，截至2015年，北京具有一定规模的社区支持农业型农场的数量已达250个，耕地总面积达860公顷。

2)　北京社区支持农业发展的经验

（1）加大宣传力度，构建现代化营销渠道。北京地区许多社区支持农业型农场由于资金的限制，无法在大型媒体平台上进行宣传。它们通常会制作印有农场宣传照、地址、主营的农产品、举办的活动等的宣传单页，在各大超市、商场、小区等人流量较多且人群收入水平较高的地点进行分发宣传。北京市政府也会在政府相关的农业网站、涉农报刊中对社区支持农业进行宣传。近年来，北京许多农场也开始采用新媒体进行宣传及营销渠道的构建，包括微信公众号、微博、淘宝、农场网站等。农场可以在新媒体平台上公布农场近期活动、当季特色农产品，并为消费者提供线上购买农产品的链接，使消费者可以直接在线上采购，农场根据消费者的线上订单为其提供宅配服务。

（2）举办各类活动加强与消费者的互动。北京许多社区支持农业型农场十分注重与消费者之间的互动交流，通过举办各类活动，如举办有机农业知识竞赛、蔬果采摘、社区交流会、乡村绘画比赛等活动，使消费者真正的参与到社区支持农业中去，感受到社区支持农业健康饮食、绿色环保的理念，还能使农场与消费者进行良好的互动，培养两者之间的信赖关系。

7.4   浙江嘉兴市社区支持农业发展案例分析

嘉兴市农业资源丰富，是浙北地区有名的"鱼米之乡"，近年来也陆续开展了社区支持农业项目，并取得了一定的发展，但在发展过程中还是存在一些问题。本节以此地为例可以从一个区域了解我国社区支持农业发展动态及存在的普遍问题。

7.4.1   嘉兴市社区支持农业发展现状

嘉兴市社区支持农业的起步时间相对较晚，现正处于初级发展阶段。目前嘉兴市具有社区支持农业特征的农场主要有万科金色农场、"我家的园子"有机农场、华丰城市农场、三叉河蔬菜乐园、嘉心菜有机农业园等，见表7-1。

表 7-1   嘉兴市主要的社区支持农业型农场

农场名称	地点	服务	经营范围
万科金色农场	秀洲区	会员种植	蔬菜、瓜果
"我家的园子"有机农场	海盐县	会员种植 配送上门	蔬菜、瓜果
华丰城市农场	海宁市	会员种植	蔬菜、瓜果
三叉河蔬菜乐园	平湖市	会员种植	蔬菜
嘉心菜有机农业园	南湖区	配送上门	蔬菜、瓜果、肉、蛋

1）万科金色农场

万科金色农场位于嘉兴市秀洲区，该农场立志于为嘉兴市民提供一种不一样的生活方式，让嘉兴市民在城市里拥有一块属于自己的"一亩三分田"，享受绿色无污染的新鲜蔬果，更能体会到亲自耕种的乐趣。

在其创立之初为了吸引更多的城市居民参与进来，农场在首批的地块中划出56块、每块10平方米的土地，让市民通过飞镖选地的方式免费获得土地一年的使用权，并在每个地块上标上属于他们自己的编号，提高市民的参与度。农场还为市民提供农业生产工具以及各类时令瓜果蔬菜的种子，市民可以在自己的土地上亲自进行开垦、播种、浇水、除草、驱虫、采摘等农业劳作，享受自耕自种自摘的农家乐趣。除此之外，为了满足市民多样化的需求，万科金色农场还为市民提供了户外烧烤、垂钓等休闲活动，成功吸引了大批城市居民参与进来。

2）"我家的园子"有机农场

"我家的园子"有机农场是嘉兴市社区支持农业型农场中最具影响力、会员人数最多的农场之一。"我家的园子"倡导"一分地，一种生活"的生活理念，让市民在农业生产劳动中体会真正的田园生活。

其经营模式主要是采用有偿租赁的方法将土地的使用权、管理权及收获权租给城市居民。城市居民根据自身情况预支费用，认租不同面积的土地，认租的市民可选择自主耕种，也可选择"管家式"托管耕种，由农场安排专门的工作人员帮忙管理土地。针对一些距离较远的会员，"我家的园子"有机农场还推出了实时配送服务，每周五由农场管家采摘新鲜的蔬菜并及时配送。由于参加社区支持农业会员数量的增加，农场出租的土地供不应求，社区支持农业型农场的土地出租价格以及农产品价格都有较大幅度的增长，目前嘉兴市很多农场都开始开辟新的土地以满足市场需求。

3）华丰城市农场

华丰城市农场是嘉兴市首个面向市民认租的农场城市农场。农场首期开园有3亩土地，共分成88块，每块20平方米左右，租金为每年200元。农场开办当天就吸引了20多位市民前来认租，农场还为首批认租农场土地的市民免费提供果蔬种子。

考虑到不同市民对劳动模式的需求不同，农场还为市民提供了三种租赁的模式："全管""半托""全托""全管"是由市民独立管理与种植；"半托"和"全托"是由村民帮助管理和种植，并收取一定费用。目前，华丰城市农场的会员人数越来越多，为了满足市民多样化的需求，农场还搭建了温室大棚，供市民认租种植，并在农场的北侧设立了垂钓区。嘉兴市民不仅可以在这里享受亲自耕种的乐趣，还可以垂钓、观光、休闲。除此之外，农场还在计划开发民宿、农业观光等项目，将互动式、体验式的活动融入到社区支持农业中。

4）三叉河蔬菜园子

三叉河蔬菜园子位于嘉兴市平湖市的三叉河村，距离嘉兴市城区以及上海市的金山区廊下镇只有 20 分钟车程，交通十分便利。蔬菜乐园首期共推出 20 块有机标准露天耕地，每块地占地 20 平方米，半年租金 100 元，市民可根据自身的需求选择半年租或者整年租的方式。在劳动模式选择方面，市民可以选择自己种植，也可选择由菜园的管理人员进行代管代收。目前三叉河蔬菜园子还在陆续开辟新的耕地和新的服务项目以满足嘉兴市民以及周边城市居民的需求。

5）嘉心菜有机农业园

嘉心菜有机农业园位于嘉兴市南湖区，农园遵循自然规律进行农业生产，不使用化学合成的农药、化肥、生长激素，不采用转基因的种子种苗，致力于为嘉兴市民以及嘉兴市周边城市居民提供真正绿色完全的有机农产品。

目前，嘉心菜有机农业园主要为农园的会员提供配送上门的服务，配送的产品种类主要为有机瓜果蔬菜以及肉蛋，会员可通过预订的方式，提前一天将所需产品的订单发给农园，农园会在第二天将产品配送到会员家中。近年来，由于嘉兴市民以及周边城市居民生活水平的提高，对农业体验的需求越来越强烈，嘉心菜有机农业园也开始着手规划开展会员种植的服务。

7.4.2 嘉兴市社区支持农业发展存在的问题

在对万科金色农场、"我家的园子"有机农场、华丰城市农场、三叉河蔬菜乐园、嘉心菜有机农业园等几个嘉兴市主要的社区支持农业型农场进行实地调研，在与这些农场的经营者进行访谈的过程中发现，嘉兴市社区支持农业发展过程中还存在以下几个问题。

1）融资渠道较少

通过实地调研以及与嘉兴市社区支持农业型农场的经营者进行访谈发现，虽然社区支持农业作为一种新型的模式正在嘉兴市兴起，但社区支持农业需要耗费大量的人力、物力、财力，前期投资较大，其精耕细作的生产方式决定了经营者的投资收益回报周期较长，而且一旦遇到自然灾害等不可抗因素会导致收益大大减少，这些都成了社区支持农业型农场经营者资金短缺、融资渠道少、融资难的主要制约因素。例如，嘉兴市某社区支持农业型农场的经营者李先生，十分看好社区支持农业型农场发展的前景。他一毕业就通过家里的资金支持开办了一家社区支持农业型农场，但随着农场的发展，各种地方都需要投入资金。李先生目前的收入主要通过租地收取的租金以及出售有机农产品获得，由于还在起步阶段，这些收入也是极少且不稳定的。李先生也向银行申请过贷款，但由于没有稳定的收入以及合适的抵押物，其贷款申请遭到了拒绝。

许多嘉兴市本地的企业、银行和个人表示，他们都不愿投资社区支持农业这一高投入、高风险、低产出的行业，政府在看不到这个产业的巨大发展前景之前，也不愿意投入过多的财政支持，因此嘉兴市一些社区支持农业型农场只能依赖消费者的预付款勉强维持经营（魏喜武，2009）。

2）经营管理方式比较陈旧

社区支持农业型农场的经营管理范围较广，主要包括以下几个方面：有机农产品选种、农产品种植、农场工作者、农场会员等（郭焕成，2010）。因此，经营者必须重视农场的日常经营管理活动。由于嘉兴市社区支持农业的起步时间较晚，所以很多农场的经营者在经营管理方面采取的方式还比较陈旧。

首先，目前嘉兴市大多数社区支持农业型农场的规模都比较小，有些是由当地的农民自己进行日常经营和管理活动，普遍都存在经营理念落后、管理方式较陈旧的问题。这些农民在经营管理上采用固定的模式，不会根据市场供需的变化来调整自己的经营策略，对农场会员以及工作人员的管理也较不规范，缺乏创新，不会在经营管理过程中融入嘉兴市本地的传统文化、民俗习惯，缺乏自身的特色，只会一味照搬其他农场的经营管理方式。经实地调研与访谈发现，嘉兴市部分社区支持农业型农场管理方面较粗放，如华丰城市农场，该农场目前的会员数量不超过80个，但是这些会员的资料相对来说都不完整，由于没有专人管理，甚至还出现了部分会员资料遗失的情况。有些农场不注重客户的维护与回访，与会员之间的沟通也很少，没有专人负责与会员对接，以了解会员的需求以及对农场的满意度。在整个农场的运作过程当中，他们的管理方式较为传统，将经济效益的提高作为农场经营最重要的目的，忽视了农场所应当承担的社会责任。其次，随着嘉兴市民生活水平的提高，他们对农产品种类的需求呈现多样化趋势，而嘉兴市社区支持农业型农场主要种植的都是当地常见的时令蔬菜瓜果，且很少有农场会为消费者提供禽、蛋等，可供选择的农产品种类较少，无法满足消费者多样化的需求。

3）有机农业生产技术相对缺乏

嘉兴市社区支持农业起步时间较晚，在对几家社区支持农业型农场进行实地调研中发现，52%的从业者未受过教育，31%的从业者为小学学历，12%的从业者的学历为初中，高中以上的仅为5%，由此可见嘉兴市从事社区支持农业的工作者受教育程度普遍较低，从业者大多数为农民，缺乏有机农业生产技术知识，包括有机种植标准和方式、物理防病虫害方法等。

例如，嘉兴市某社区支持农业型农场的经营者王先生。在实地调研及访谈的过程中，王先生表示他的农场还处于起步阶段，经常遇到有机农业生产技术缺乏的难题。社区支持农业主要生产的是有机农产品，对农业种植技术的要求相对较高，但是他的农场员工大都是受教育程度较低的农民，这方面的知识相对缺乏，而一些高学历且掌握相关技术的人才又不愿从事农业生产工作。嘉兴市农业经济局的相关负责人表示，社区支持农业在嘉兴当地还属于一种新的农业模式，当地农民在从事农业生产过程中习惯了采用化肥、农药以达到高产、高效的目的，对社区支持农业所倡导的精耕细作、不使用农药和化肥等理念一时难以理解和接受。在遇到有机农作物出现病虫害时，为了保证其品质，不能采用化学驱虫方法，但传统的有机驱虫方法大都失传了，其他快速有效的物理方法一时也找不到，在这种情况下就很容易导致农作物的减产，从而影响农产品的按时、按量配送（王希姝，2012）。

4）供求双方存在信息不对称问题

社区支持农业要求农场和消费者之间实现风险共担、利益共享，需要双方建立高度信赖关系。笔者在对嘉兴市一些社区支持农业型农场进行实地调研和访谈的过程中发现，供求双方存在信息不对称的问题，主要表现为以下两个方面。

（1）部分消费者对农场产生了信任危机。首先，由于农场的生产过程不受监督，消费者无法得知农场是否按照有机耕作的要求在农业生产过程中不使用化肥、农药等。其次，目前嘉兴市的社区支持农业型农场规模都较小，我国的有机食品认证机制还未覆盖到这些小规模的生产者以及农民个人，有机食品市场管理还不够规范，导致有部分农场以次充好，将普通的农产品包装成有机农产品售卖给消费者，使得消费者对自己收到的农产品是否真的是以有机方式生产出来的存在怀疑（李丹，2013）。另外，当遇到恶劣天气等不可抗因素导致农作物收成减少时，消费者对农场能否保证其预购的有机农产品保质保量并按时送达他们手中也是持怀疑态度（吴天龙，2014）。

（2）部分农场经营者对嘉兴市民参与社区支持农业的意愿及需求存在认识不足的问题。他们不了解嘉兴市城市居民参与社区支持农业的意愿，在农场的日常经营活动中，经营者也没有通过与嘉兴市民交流来了解他们参与社区支持农业的需求，没有根据消费者的实际需求来适度调整经营管理方式。

7.5 居民参与社区支持农业意愿及需求的调查与分析

本节以嘉兴为例对居民参与社区支持农业意愿及需求的调查，研究数据主要来源于对嘉兴市五县两区常住居民（在当地居住一年以上）进行的随机问卷调查。进行问卷调查的时间为 2017 年 9 月至 2018 年 1 月，调查地点大致为嘉兴市的南湖区、秀洲区、桐乡市、嘉善县等地的商场、超市、居民社区、开放式公园等。本次调查发放的问卷总量为 250 份，实际回收了 192 份，后期通过网络问卷调查的形式，发放了 100 份问卷，实际收回 68 份，经过筛选、整理后保留了 235 份有效问卷，此次问卷的有效率为 90.4%。

7.5.1 调查样本的描述性统计分析

基于愿意接受被调查的居民样本数据统计，从性别看，女性共有 125 人，占 53.2%，比例略高于男性；从年龄上来看，主要集中在 21~45 岁；从学历上来看，高中及以上学历共 203 人，占比 86.4%；从婚姻状况来看，未婚的比例占总数的 32.3%，大部分都为已婚；从居住地来看，82.1% 的被调查者居住在嘉兴市主城区；从职业上来看，被调查者大多为政府及事业单位员工、学生、企业职员。被调查者的个人特征统计见表 7-2。

表 7-2 被调查者的个人特征统计

统计指标	分类指标	频数	占比（%）
性别	男	110	46.8
	女	125	53.2
年龄	<20	12	5.1
	21~45	163	69.4
	45~60	42	17.9
	>61	18	7.8

统计指标	分类指标	频数	占比（%）
受教育程度	初中及以下	32	13.6
	高中及中专	63	26.8
	大专	58	24.7
	本科	71	30.2
	硕士及以上	11	4.7
婚姻状况	未婚	76	32.3
	已婚	159	67.7
居住地	嘉兴主城区	193	82.1
	嘉兴郊区	32	13.6
	嘉兴下属乡镇	10	4.3
职业	学生	37	15.7
	工人	18	7.7
	企业职员	67	28.5
	农民	13	5.5
	退休人员	29	12.3
	政府及事业单位员工	48	20.4
	其他	23	9.8

7.5.2 民对农产品安全认知的统计分析

从表 7-3 的统计数据可以发现，在此次被调查的对象中，仅有 5.1% 的被调查者对自己所食用的农产品是否安全表现出无所谓的态度，其余 94.9% 的被调查者均表现出非常重视或较重视，可见嘉兴市城市居民对农产品安全越来越重视。在此次调查中，有 41.7% 的被调查者认为自己日常所食用的农产品只有小部分是安全的，仅有 18.3% 的被调查者认为自己日常所食用的农产品非常安全，这也与近年来媒体大量曝光食品安全事件有关，导致人们对自己日常所购买的食品安全的防备意识越来越强。并且有 80.4% 的被调查者表示自己在食用农产品后偶尔会发生身体不舒服的情况，有 4.3% 的被调查者经常发生身体不舒服的情况。由此可见，嘉兴市城市居民认为他们所食用的农产品存在一定的问题，并对他们的健康产生了影响。

表 7-3　嘉兴市民对农产品安全认知度的分析

问题	选项	频数	占比（%）
对自己所食用的农产品安全的重视程度	非常重视	25	10.6
	较重视	198	84.3
	无所谓	12	5.1
日常食用的农产品安全情况	很安全	43	18.3
	大部分安全	70	29.8
	小部分安全	98	41.7
	不安全	24	10.2
食用农产品后有过身体不适的情况	经常	10	4.3
	偶尔	189	80.4
	从未	36	15.3
希望自己购买的农产品的种植方式	普通方式种植	71	30.2
	有机方式种植	117	49.8
	无所谓	47	20
认为能购买到安全农产品的渠道	超市或菜市场售卖的农产品	54	23.0
	农村亲戚朋友或认识的农民种植的农产品	74	31.5
	自己种植的农产品	36	15.3
	贴有国家认证标签的农产品	56	23.8
	其他	15	6.4

　　此外，调查结果还显示，有 49.8% 的被调查者希望自己能购买到用有机方式种植出来的农产品。在被调查者认为能购买到安全农产品的渠道调查中发现，有 31.5% 的被调查者会购买农村亲戚朋友或认识的农民种植的农产品，23.0% 的被调查者会在超市或菜市场采购，还有 23.8% 的被调查者选择贴有国家认证标签的农产品。由此可见，在日常生活中，消费者有强烈意愿购买有机农产品，但目前市场上购买途径较少，并没有出现能完全满足消费者需求的途径。通过此次问卷调查，可以看出嘉兴市城市居民越来越重视自己所食用农产品的安全性，并且对安全农产品有较大的需求，社区支持农业在嘉兴市有较好的发展前景。

7.5.3　嘉兴市民参与社区支持农业的意愿及原因分析

　　由表 7-4 可以发现，在这些被调查者中，对社区支持农业有一定认知的占 46.4%，由此可见，嘉兴市在对社区支持农业的宣传方面做得较好，使很多嘉兴市民对社区支持农业有了一定的认知。并且在这些被调查者中有 28.1% 选择了非常愿意参加社区支持农业，36.2%选择了愿意参加，而在社区支持农业的参与度这项调查中发现，参加过社区支持农业的只有 36 人，仅占 15.3%。上述数据说明，嘉兴市民对社区支持农业非常感兴趣，且当地社区支持农业发展的潜力巨大。

表7-4　嘉兴市民对社区支持农业的认知度、参与意愿、参与度

问题	选项	频数	占比（%）
对社区支持农业的认知度	听说过	109	46.4
	不知道	126	53.6
社区支持农业的参与意愿	非常愿意	66	28.1
	愿意	85	36.2
	一般	54	23.0
	不愿意	30	12.8
社区支持农业的参与度	参与过	36	15.3
	没参与过	199	84.7

由表7-4可以发现，在这些被调查者中，对社区支持农业有一定认知的占46.4%，由此可见，嘉兴市在对社区支持农业的宣传方面做得较好，使很多嘉兴市民对社区支持农业有了一定的认知。并且，在这些被调查者中有28.1%选择了非常愿意参加社区支持农业，36.2%选择了愿意参加，而在社区支持农业的参与度这项调查中发现，参加过社区支持农业的只有36人，仅占15.3%。上述数据说明，嘉兴市民对社区支持农业非常感兴趣，且当地社区支持农业发展的潜力巨大。

本文将嘉兴市民对社区支持农业的参与意愿分为两方面，一方面是愿意，包括表7-4中的"非常愿意"以及"愿意"，另一方面是不愿意，包括表7-4中的"不愿意"以及"一般"，对影响嘉兴市民参与社区支持农业的原因进行调查，并为被调查者提供多个原因选项。

在对愿意参与社区支持农业的151人进行原因调查中发现，有81人选择了"这类食品安全系数高"这一原因，占总数的53.6%，由此可见嘉兴市民对所自己日常所购买的农产品的安全程度十分重视。其次为"将农耕视为休闲娱乐活动，体现农耕乐趣"，共有19人，占总数的12.6%，这在一定程度上反映了，现在城市居民的工作以及生活的压力越来越大，渴望农耕生活给他们带去欢乐。其余原因占比依次排序为"节省买菜时间""支持环保、绿色农业""价格合适""教育子女农耕知识"。由此可以看出，与有机食品的售价相比，嘉兴市民更关心的是购买的便利性。

表 7-5　影响嘉兴市民参与社区支持农业的原因

参与意愿	原因	频数	占比（%）
愿意（151 人）	这类食品安全系数高	81	53.6
	将农耕视为休闲娱乐活动，体现农耕乐趣	19	12.6
	节省买菜时间	17	11.3
	价格合适	10	6.7
	支持环保、绿色农业	16	10.6
	教育子女农耕知识	8	5.3
不愿意（84 人）	价格过高，经济上承担不起	36	42.9
	位置太偏，交通不便	14	16.7
	可种植的农产品种类太少	8	9.5
	农产品产量低，不够吃	3	3.6
	工作繁忙，没时间参与	19	22.6
	耕种过程太累，且等待收获时间较长，没耐心	4	4.8

在对不愿参与参与农业的 84 人进行原因调查中发现，有 36 人选择了"价格过高，经济上承担不起"这一原因，占总数的 42.9%，排名第一，这在一定程度上反映了不愿意参与社区支持农业的消费者比较注重农产品的价格。居于第二位的是"工作繁忙，没时间参与"。由此可以看出，嘉兴市城市居民的工作时间较长，工作强度较大，闲暇时间较少，无法参与到社区支持农业中去。其余原因占比依次排序为"位置太偏，交通不便""耕种过程太累，且等待收获时间较长，没耐心"以及"农产品产量低，不够吃"，从"农产品产量低，不够吃"排在最后可以看出嘉兴市民对社区支持农业型农场生产出的有机农产品数量有信心，忽略了农业生产的风险性。

7.5.4　民参与社区支持农业需求的调查与分析

1）租地面积、租地费用、车程方面的需求

笔者团队对 151 名愿意参与社区支持农业的被调查者进行社区支持农业需求方面的调查，调查结果见表 7-6。

表 7-6　嘉兴市民对租地面积、租地费用、车程方面的需求

问题	选项	频数	占比（%）
租地面积	20~30m²	73	48.3
	31~40 m²	68	45.0
	40 m² 以上	10	6.6
每月可接受的租地费用	200~300 元	53	35.1
	300~400 元	62	41.1
	400 元以上	36	23.8
可接受的车程	<0.5h	79	52.3
	0.5~1h	44	29.1
	1~1.5h	19	12.6
	1.5h 以上	9	6.0

从调查结果中可以发现，有 48.3% 的被调查者倾向于租面积为 20~30m² 的土地，45% 的被调查者愿意租 31~40m² 的土地。由此可见，像 20~30m² 和 30~40m² 这两种小面积的土地更符合嘉兴市民的需求。被调查者主要都是三口之家，他们对大面积的土地的需求较小，而且小面积的土地更易管理，不会耗费太多时间和精力，一般较大面积的土地都是由几个家庭合租的或是公司单位租的。在对每月可接受的租地费用这一问题进行调查中，有 62 人选择了 300~400 元这一价格区间，占比 41.1%，选择 200~300 元这一价格区间的共有 53 人，占比 35.1%，可以接受 400 元以上的租地费用的有 36 人，占比 23.8%。目前嘉兴市社区支持农业型农场的租地价格普遍在 300 元/月左右，说明大部分被调查者能接受目前嘉兴市社区支持农业型农场的租地价格。在调查消费者可接受的车程中，有 79 人表示能接受小于半小时的车程，占总数的 52.3%，29.1% 的被调查者能接受半小时至一小时的车程。由此可以看出，大部分的被调查者希望社区支持农业型农场能离自己家近一点，这样既可以方便他们闲暇时去农场也可以降低有机农产品的配送费用。

2）多样化服务方面的需求

在关于社区支持农业型农场潜在会员对希望在农场体验到的服务及想参加的活动调查中发现，在 151 名被调查者中，有 82.8%（即 125 人）希望农场能提供农产品配送服务。有 78.1% 的被调查者希望农场能提供多种农家乐活动，例如烧烤、采摘、划船、垂钓等。希望农场能提供租地种菜服务的被调查者也达到 76 人。还有一些活动，如休闲观光、烹饪及耕作技术培训、远程网络监控种菜等服务也在消费者的愿望清单中出现。由此可以看出，嘉兴市社区支持农业型农场可以考虑为会员提供农产品配送、

农家乐等多样化的服务。详细情况如图 7-1 所示。

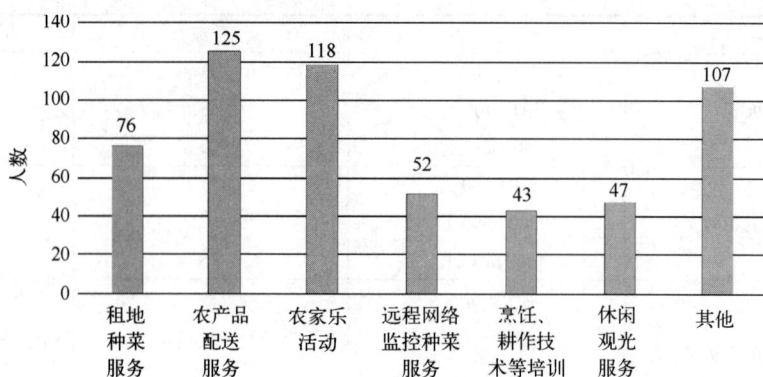

图 7-1　社区支持农业服务选择分析

3)　劳动模式方面的需求

在对 151 名愿意参与社区支持农业的被调查者进行劳动模式需求调查中发现，有 59% 的被调查者选择偶尔自己劳作，主要靠农民管理，选择主要靠自己劳作、偶尔让农民帮助自己管理的被调查者为 31 人，占 20%，从不自己劳作、全部交由农民进行劳作管理的占 12%，仅有 9% 的被调查者选择完全自己劳作。详细情况如图 7-2 所示。

这在一定程度上反映了嘉兴市民平时工作生活较繁忙，平时没有太多时间去农场进行劳作，他们大多数人更倾向于偶尔自己劳动、平时主要靠农民帮忙管理的方式。因此，嘉兴市社区支持农业型农场可以将农场的主要劳动模式设为偶尔由市民自己劳作，主要靠农民管理，对于有特殊需求的市民，农场可为其提供其他形式的劳动模式。

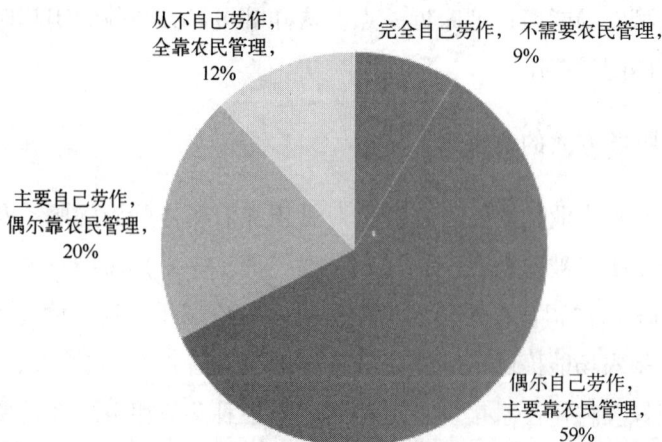

图 7-2　社区支持农业中劳动模式

7.5.5　调查分析小结

通过对嘉兴市民参与社区支持农业意愿及需求的调查与分析，有以下几个发现。

第一，嘉兴市民越来越重视自己日常所消费农产品的安全性，且对安全农产品有较大需求，由此可见社区支持农业型农场所生产的安全有机农产品在嘉兴市的市场前景较好。

第二，嘉兴市民参与社区支持农业的意愿度较高，但是参与过社区支持农业的人数却很少，由此可见社区支持农业在嘉兴市的发展潜力巨大。

第三，影响嘉兴市民参与社区支持农业的主要因素为社区支持农业所生产的有机农产品安全系数高、能体验农耕乐趣等。

第四，嘉兴市民对 20~40 平方米的租地面积需求量较大，大部分市民每月可接受的租地费用为 200~400 元，可接受的车程为距其居住地 1 小时车程内，社区支持农业型农场可根据这三点规划农场的选址、租地面积以及租地费用。

第五，嘉兴市民希望农场能提供农产品配送、农家乐、租地种菜等服务，农场可根据市民多样化服务需求来适当调整服务种类。

第六，嘉兴市民在劳动模式选择方面更偏向于偶尔自己劳作、主要靠农民管理，嘉兴市社区支持农业型农场可根据市民的实际需求，为其提供合适的劳动模式。

第 *8* 章　品牌农业的理论与实践

品牌农业是农业多功能性有机结合的结晶，是从市场的角度研究现代农业，从食品企业和农业产业化经营的角度切入现代农业，是农业和农村经济、农业产业化工作的第一抓手。同时品牌农业既是农业走向市场的手段和落脚点，打通食品工业和农业的媒介，又是农业和农业企业走向现代化的标志。实践证明，品牌农业是现代农业的第一抓手，而"现代农业"的一个重要标志就是品牌农业。

8.1　品牌农业的概念及其发展特点

8.1.1　品牌农业的概念

国外学者大概在第二次世界大战结束之后就开始了品牌农业的关注和研究。20世纪 60 年代，日本学者藤田昌久总结了品牌农业概念，提出品牌农业是基于特定乡村或基于特定地理区域的优势产品或服务发展的目的，建立在社区基础之上的一种农村整体发展战略，而这种战略对于所在区域资源（包括历史、自然、文化和人力资源）的鉴别、培育和高效利用有高水平的要求（Fujita M.，2006），有时又叫做区域品牌农业。罗德鉴（1999）认为品牌农业是在市场上享有较高知名度的效益型农业。干经天（2003）认为品牌农业的打造，从本质上来看就是利用创新加工经营方式和理念，改变传统农业生产、加工和经营的思维和方式，加强运用先进高效的工业化管理技术、理念和品牌营销方式，通过高精尖农业人才的培养和引进来实现农业产业的崛起和发展。

娄向鹏（2013）认为：品牌农业是具有质量和安全健康保证的品质农业；是按照量化标准产生和加工的、产品始终如一的标准化农业；是通过恰当的筛选、包装和加工进行原料升值的价值农业；是摒弃一家一户落后的生产经营状态，以规模获得高效益的规模农业；是打通第一、二、三产业，甚至全产业链掌控、实现质量与安全可追溯的大食品业。品牌农业就是要彻底改变传统农业生产、加工和经营的思想和方式，引入工业化先进的管理思想、技术、品牌营销模式和人才，把农业产品像工业品那样加工和经营，以全新的方式加以振兴和发展。在市场上表现为厨房餐桌食品全面走向品牌化。

所以从含义上来看，区域品牌农业就是在农业产业化环境之下，充分基于农业产业化的载体作用，利用核心经济中心或行政中心的带动作用，通过所在区域打造一系列优质化、全方位的农产品核心品牌的活动，帮助相关企业和农户实现增效增收，进而深入推动农业产业化和全局化进程，最终实现我国农业获得迅速繁荣的一种全新发展方式。因此，我们在一定程度上可以将区域品牌农业与区域品牌农业产业化在意义上等同起来。

对于某个区域来说，区域品牌农业往往是该地区农产品的形象和声誉的一个缩影，甚至通过农产品所带来的吸引度、忠诚度和美誉度，对所在区域的经济发展发挥着极为显著的作用（张元靖，2011）。与某个企业和产品品牌类似，农业区域品牌同样能够对消费者的产品心理偏好和消费行为起到潜移默化的作用，从而创造消费市场，极大地提升所在区域农产品的有形价值。

8.1.2　品牌农业发展的特点

冷志明（2004）对品牌农业的特点进行了研究，并从以下 6 个方面进行总结。

（1）产品品质的主导性。质量是品牌的基础，质量是维护品牌农产品信誉、巩固市场的命根子。为实现品牌农业对农产品高品质的要求，必须重视对农业生产全要素和农业生产经营活动的全面质量管理。

（2）市场环境的适应性。品牌农业是适应市场不断变化的农业，它不是自给自足的农业，也不是计划出来的农业，而是以市场需求为导向的高度商品化的农业。因此，品牌农业的生命力和活力来源于对市场环境的适应性，面对不断变化的市场需求和市场环境，应以科学技术为支撑，不断进行农业生产经营的新技术、新产品的开发与创新，只有提高创新能力，才有可能在激烈的市场竞争中抢占到制高点。

（3）生产经营的规模性。他认为规模是品牌的基石，要打造农业品牌，必须具有相当的规模。因此，品牌农业的发展一方面要求根据农业区域的自然资源因素形成有一定规模的优势农产品产区，另一方面要求通过市场组建跨地区、跨行业、跨所有制的企业集团，扩大龙头企业规模，实现规模经济效益。

（4）发展模式的多样性。由于各地农业生产经营条件不同，需要因地制宜，有针对性地选择发展模式。典型模式有：自然资源型，即根据当地气候、土壤、水源等自然资源条件形成农产品地域特色的品牌创建模式；企业加工型，即以当地的天然动植物为原料，通过加工改变外观形态，保持其品质稳定以扩大市场占有率的品牌创建模式；产业文化型，即根据当地农业产业资源特色，发展观光旅游农业、创绿色品牌，满足一定的消费者对绿色产品和绿色空间需求的品牌创建模式。

（5）产业发展的持续性。区域产业的持续发展不可能寄托于任何具体的农产品上，而可以通过品牌来实现。品牌是经营主体的一项无形资产，不会随产品的淘汰而消失，相反，它可凭借良好的形象和消费者的价值认同，发挥其集聚资源、配置生产要素的作用，在生产经营活动中通过创新，实现产品的更新换代、推陈出新。

（6）消费安全的保障性。品牌是产品质量和特色的标志，是经营业主与消费者之间的一种无形契约，是经营者对消费者的一种承诺，是对消费安全性的一种保障。因此，在农产品安全问题日益受到人们关注的时代，品牌农产品必将成为人们放心消费的首选。

娄向鹏（2013）将品牌农业总结为"五化"特征。

（1）生态化：即按照"尊重自然、循环发展"的理念，从事农产品的培育和生产，加工和销售安全、健康、优质的农副产品。生态化是品牌农业的心脏。

（2）价值化：即引入品牌营销模式，通过品牌定位、产品创新、产品核心价值、品牌（产品）形象设计以及传播推广等手段，提升产业、企业和产品附加值，实现增收增效和可持续发展。价值化是品牌农业的脸面。

（3）标准化：即引入现代经营管理理念和手段，对农业经营组织的种养、加工过程和环节，进行规范化、系统化改造和建设，改变传统农业经营原有的粗放、随意和人为性等特点，形成可量化、可控制和可复制。标准化是品牌农业的血液。

（4）产业化：即实现作为第一产业的农业与第二产业、第三产业高度融合与产业整合，形成完整农业产业链，进行良性联动和互动。"公司+基地""公司+合作社+农户""农户+合作社+超市""农村+金融""农场+家庭""鼠标+家庭"都是"从田间到餐桌"的产业化形式。产业化是品牌农业的肢体。

（5）资本化：即根据农业投资风险大、利润回报低、投资周期长、市场前景广的产业特点，积极主动先期导入现代投资和资本运营理念、模式和路径，用资本的杠杆和力量撬动、助推现代农业跨越式发展。

8.2 品牌农业功能及其发展对策方面的研究动态

8.2.1 品牌农业功能的研究

罗德鉴（1999）认为，品牌农业在现代化科技的驱动作用、农业生产工具的急速革新、农业结构的优化升级，最终达到农业可持续发展以及农业生产力提升的根本目的。林荣清（2008）认为在品牌农业的功能方面提出，农产品品牌战略的推动，不仅能够尽可能消减和规避农产品的市场风险，提升农产品的市场竞争力，为农民提供稳定增长的收入，还能从根本上助力农业实现农业产业化高速发展。理论经济学家从经典经济理论对品牌农业的功能进行了分析。

（1）基于竞争优势理论的分析。在很多国家，由于资源匮乏因此他们试图通过技术进步来改良农产品竞争。目前来看，农产品交易市场正发生质的改变，销售场景从集市转为超市，竞争的因素也从低维的质量价格因素转变为高维的品牌类隐性因素，比如对农产品的认知度、信任度、知名度等，这种竞争力的转变能够有助于形成自身品牌，进而产生市场垄断，最终形成强大的竞争力。

（2）基于交易成本理论的分析。品牌农业的建立和发展利用整合产业链，能够不断强化核心企业与农户之间的密切合作，从而有效释放各自的"外部经济"，实现交易成本降低的目的。

（3）基于规模经济的理论分析。建设品牌农业不仅能够在土地流转机制得以升级的基础上，不断推动农业产业经营的规模化进程，而且在中介机构的帮助下，实现企业与农户的紧密连接，充分衔接"产前—产中—产后"的产业流程，以打造创新性的现代产业链条，最终实现经济效益的提升。

8.2.2　关于在农产品品牌的创建与管理方面的研究

德尔莫特（Dermot）等（2003）在这方面做了非常深入的工作。在其看来，规模不大、产能有限、知名度低的个体农户要打造自己的品牌无疑承担着难以承受的成本压力，所以，农户要建设农产品品牌，就一定要对农产品的供给方式加以严格限制，只有这样才能获得较为可观的利润。李云海（2005）在研究中指出，应该加快构建专业化的开发管理中心，来推动农产品品牌的开发和管理，同时加快农业质量认证标准的制定和推行，加强农业品牌的规范化管理。布理亚基于提高农产品竞争力和增加出口份额这一视角，深刻提出加强管理农产品品牌的重要性。在其看来，农产品品牌能够获得竞争优势很大程度上取决于所在国家是否具备良好的品牌形象，因此不断强化国家形象管理和宣扬是一个不错的选择（Bria，2007）。

8.2.3　关于在促进品牌农业发展方面的研究

让（Jean，2003）提出，政府方面的强力扶持能够极大地推动农产品品牌的建立和发展，比如，欧盟利用食品商标政策的制定来建设和发展欧盟农产品品牌并获得卓越的效果便是一个典范。日本学者八卷俊雄（2007）在对本土品牌农业战略规划加以研究和分析之后认为，管理品牌农业战略需要分三步走，依次为国家、县和农协。郑德祥等（2007）提出，农业品牌化的推进应当致力于与政府机构加强协作，通过高效合理的政策举措和扶持方案，建立健全农产品品牌管理体系。林梅佳（2008）认为，在品牌农业已经形成一定的规模与产业的情况下，与当地新农村的战略目标相结合，发展多元化的品牌化，使其具有一定的竞争性。娄向鹏（2013）在《品牌农业》一书中，从品牌经营与营销的角度出发，总结了促进品牌农业发展的八大法则，即抢占公共资源、以快制胜做老大、用文化塑造提升品牌、内在品质差异化外在化、外在形象品质化差异化、创建领先或者独特的标准引领行业、杂交创新、深加工让产品彻底与众不同等。杨飞（2016）提出，在"三农"政策下发展农业，必须有针对性地发展品牌农业、提高农产品的质量，同时提升科技含量。利用上述一系列措施，提高市场的销量和品牌影响力。

8.3 美日澳品牌农业发展的特点及经验

8.3.1 美国品牌农业发展的特点

美国农业是世界上最发达的农业，也是实施品牌农业的先行者。美国在发展品牌农业中，积累了较丰富的经验，采取了一些有效的方法和策略。

（1）采用现代企业的运作模式。如在水果行业，由各地果农自愿加入协会并成立包装厂，由包装厂组建成区域交易所，包装厂与果农签订合同，负责收购、加工，区域交易所负责接受订单与销售，并确保订单公平分配。

（2）企业注重品牌建设。企业利用自己的便捷，利用数字化信息化，来创建自己的品牌，为自己的品牌赋予更多的色彩，针对不同的消费者会有适当微调，并制定了品牌战略。

（3）农业科技创新的投入高。美国在农业方面的科技公司，在研发方面的投入能够占到销售额的5%~15%，比如美国孟山都公司在农业生物技术领域属于世界领先，其研发投入占到宁都销售额的10%，其中每天用于科技研究的经费可以到达220万美元。从全球看美国农业已经形成了一种高投入研发以及申请专利最多的国家，美国农业产品也因此收获了更高的附加值，形成了农业核心竞争力。

（4）注重广告宣传。美国是广告方面投入最多的国家，在美国农业公司中存在一种认知是广告能够有效地提高产品的知名度。据不完全统计发现，在美国每年为了获得较高的知名度，其花费的经费能够到达1亿美元，有的甚至能够达到10亿美元。当美国农产品步入国际市场之前，都制定详细的广告计划。

（5）实施高效的流通渠道。在美国一个良好的农业物流通道能够有效地推动农业的发展，并且可以树立良好的农产品品牌。在美国，只有部分公司进行市场营销，大部分是把营销和生产相分离，一般借助相应的合作关系，促进货物的流通。美国农产品在树立品牌的过程中，往往借助大型的销售商进行促销。在农产品的经营方面已经趋于专业化，美国的农产品往往来自于专业的农场。比如选择某个区专门生产棉花、果树和牲畜等。

（6）农产品注重规模化。在美国农业发展规模逐渐变大，其中农产品的出口也越来越大，比如在 20 世纪 90 年代之前，美国农业的产值远远低于国内产值的 3%，可是等到 90 年代之后，产值已经达到出口的 9%。在 2000 年，美国农产品的出口的总值能够达 7000 多亿美元，并且占全世界总出口的 12.7 %。

（7）政府对品牌农业发展的持续扶植。美国政府在任何时期都将品牌农业作为扶持重点，如以立法的形式，确保对品牌农业发展的全面保护；高度重视和激励科技在农业生产中的推广应用；注重高度发达的市场机制与体系建设等。

8.3.2　日本品牌农业发展的特点

在 20 世纪 50 年代，日本也出现过类似于我国的"三农"问题，然而经过三十年的发展，该国通过完善各项农业制度、建立政策性金融、发展农协、开展"一村一品"运动等措施，使得这一问题已经基本解决，实现了城乡均衡发展。20 世纪 60 年代，日本外围村庄兴起"草根运动"，利用政府的扶持与当地的资源优势来创建自己独立的农业品牌（周云飞，2013）。日本在"一村一品"运动中，创建区域品牌、发展农村合作组织并确立其在品牌化中的主体地位、建立健全广泛的品牌认证制度、开展品牌研究与发挥传播机构的积极作用对日本品牌农业发展起到巨大推动作用。总的来看，日本农业品牌建设过程具有以下特色。

（1）实施差异化发展战略。日本企业善于调研并且挖掘出消费者的需要，设计和生产独具特色的产品。日本公司在为客户考虑的过程中，主要从技术创新、产品研发和给消费者提供服务等三个方面进行考虑，以此提高在消费者心中的认知度，进而不断提高消费者的忠诚度，不断优化农产品形象以及相应的公司品牌形象。

（2）产品生产过程实施严格的标准。在农产品的品种选育、播种、收获、加工整理以及包装上市等各个环节日本都制定和实施实施严格标准，确保农产品品质。

（3）注重农产品和设备的科研投入与创新。从 20 世纪 80 年代开始，日本已经完成了农业现代化，尤其现在水稻方面已经全面实施了机械现代化，产量跃居世界前列。

政府非常注重农业方面的机械化发展，并且出台了相应的法律，并且号召民间组织开展机械化研究。

（4）不断优化农产品物流和市场网络。在日本国内开始大量培育以及不断完善物流渠道，不断对农产品物流硬件设施进行优化。与此同时开始以加工或者营销的方式加快农产品的发展，不断对农产品营销信息进行及时的捕捉以及分析，这样可以将其用于指导农业生产，以降低销售风险。

（5）重视政府的扶持工作，健全社会服务体系。日本政府注重从宏观层面引导、经费方面帮助和进行岗位培训等方面对品牌农业创业和发展环境进行优化。

8.3.3 澳大利亚品牌农业发展的特点

澳大利亚位于南半球，南回归线横穿澳大利亚中部，澳大利亚处于热带和南温带。要从澳大利亚品牌农业发展中获取经验，首先必须了解澳大利亚农业 4 个特点，主要有农业专业化程度高、农业标准化程度高、农业科研水平高以及农业社会化服务程度高等 4 个特点（冯万玉，2005）。

（1）专业化程度比较高。澳大利亚国家依据现代化的发展理念，根据本国的发展实际，秉持区域化以及专业化的发展理念，最终形成了具有品牌影响力的农业，如澳大利亚的乳业、肉类、禽畜、酒业等行业都有世界级品牌和企业。

（2）逐渐提高农业的标准化发展。由于澳大利亚农业以外向型为主，对于出口的农产品，往往依据国际化的标准进行处理，并且构建了完善的农业标准体系，在产品品种、质量等级、运输储存等环节都设置了标准。

（3）农业科研水平逐渐提高。澳大利亚建立了比较完善的农业科研体系，该体系除肩负农业科研职能之外，还承担科研推广以及相应的培训等服务。农业部门的一个重要的职能是组织各个大学以及相应的科研机构进行农产品的研发和向农民推行相应的新产品。

（4）农业方面的社会服务程度越来越高。澳大利亚品牌农业的成就与澳大利亚政府对社会服务组织的支持密切相关，如在国内支持和引导设置大量的农牧民合作组织，从而可以给农牧业提供优质化的服务；农业的每一个行业都成立了协会，可以为农民争取更多的利益，并且可以给农民提供各种技术指导，并且能够帮助农民对市场进行合理的分析，提高农产品的销售。

8.3.4 国外品牌农业发展的经验

通过以上三个发达国家在农业品牌建设经验，可以找到共同点，他们建立农业品牌都强调农业生产标准化和专业化、注重农业科研投入和创新、坚持品牌战略以及重视健全农业信息服务体系。

（1）强调农业生产标准化和专业化。美日澳因为地域的差异，农业生产环境也有所不同，然而这些国家积极探索多个渠道来保证农产品的质量。他们在质量安全管理领域已经构建了一套较为完善的法律规范、管理机制（李敏，2008）。这些国家的农产品品牌在发展过程中，在质量、安全以及卫生等多个层面，不断开展质量认证，改善评估机制使其不断趋于完善，这种领先于其他国家的标准就表示其所占的市场份额以及品牌价值的领先性。日本作为世界上食品安全保障机制比较健全、监管比较严格的国家，在农产品市场中设置的标准较高，由分级包装作为出发点，构建农产品产地追踪机制。这些国家都加大对生产环节的管理力度，管理机构责任细化、机制完善，由财政保证质量检测机制的健全运行，实行快速检验和化学分析相融合的检测方式，保证农产品较高的安全级别。

（2）注重农业科研投入与创新。科技含量较高的设备能够推动品牌农业的发展，美日澳通过先进的技术促使品牌农业发展的重要特征为技术领先、检验精准。借助发达的技术，在选种、育种、农药和肥料运用等层面实现科学检测，确保农产品质量的合格。结合农产品生产特点，借助技术的发展与突破，将先进的技术与农产品进行有机融合，实现提升质量和品牌的目标。

（3）坚持品牌战略。品牌战略是国际竞争中所有国家都需要制定的重要战略，美日澳因为发展比较迅速，早已拥有了完善的战略思想和政策支持系统，例如美国政府借助完善的法规系统为其品牌提供了重要的保障并赋予了较大的发展潜力；在促进品牌发展方面，借助财税金融政策来促进公司进行科技创新，通过技术的发展来推动品牌的进步与完善。日本的品牌战略是以国家的高度作为出发点的，通过品牌来打造日本的良好形象（周为中，2016）。日本于 2003 年制定并实行了"日本品牌"战略，建立了专门实施这个战略的机构，即"知识产权战略本部"。澳大利亚借助财政、金融和科技等方面的支持，来推动品牌产业、支持品牌企业、拓展贸易规模，促使商标品牌的构建与发展。

（4）重视健全农业信息服务体系。现代农业发展自然离不开信息化，当今社会全球信息化和自动化水平逐步提升，美日澳等国家借助信息服务系统为农民实现生产、销售与市场三者的有机结合提供了便利的条件，让农业生产效率有了大幅度的提升，给农业品牌化添加了更为灵活的机制。农业生产的自动化，可实现定位、定量、定时调控，大大地推进了农业生产的标准化进程。健全的农用物资和产品销售网上交易体系，为农产品质量安全和品质保证提供了条件。

8.4 河南济源市品牌农业发展的案例分析

济源市，地处河南省西北部，位于太行山南麓，与山西省毗邻，属暖温带季风气候，四季分明，气候温和，光、热、水资源丰富，有利于农作物的发育和生长。此外，济源市具有多元化的地形，使得农产品种类也变得更为多样性。济源是长期以传统农业为基础的全国重要的商品粮基地，发展农业品牌具有得天独厚的优势，主要包括自然资源优势和人文政策优势。在这块具有农业资源比较优势的区域，品牌农业建设正在不断探索，取得了明显的成就，也还存在一些问题，其中一些问题是济源市的个性，但在很多方面反映出的问题也是目前我国品牌农业发展中的共性。

8.4.1 济源市品牌农业发展总体状况

进入21世纪以来，济源市不断注重品牌农业建设，当前济源市以具备地方特色的蔬菜、薄皮核桃、烟草、大葱等行业为中心，根据跨越式的发展理念，突出组织的主导作用，推行有利政策，寻找发展途径，孵化龙头企业，在构建具备较强竞争实力的产品和品牌的战略思路指导下，品牌农业获得明显发展。在河南省农业厅2017年4月公布的363个河南知名农产品品牌（省级品牌156个、地方品牌207个）中，济源市有9种农产品榜上有名："济药"冬凌草茶、"优洋"香蕉牛奶乳味饮料入围农业企业品牌；"石匣"柿子醋、"玉阳山"核桃入围特色农产品品牌，被评为省级农产品知名品牌；寺郎腰大葱入选农产品区域公用品牌，"中沃"体质能量功能饮料入选农业企业品牌；"黄河小偃"优质小麦；"王母寿"桃；"北辰农庄"葡萄入选特色农产品品牌。

以上被评为知名品牌农业的产品将被济源市重点发展，这将对济源市农产品打牢品牌、创建基础、确保品牌产品品质、加强品牌示范带动、增强产品品牌竞争力以及推进农业供给侧结构性改革起到积极推动作用。

8.4.2 济源市品牌农业的发展历程

济源市开展农作物新品种的选育与农业新技术品种的研究、试验、示范起步较早，并创建了济源市农业科学院。在院校科技人员的共同努力下，培育出了现有的9种农产品品牌。在品牌农业的带动下，农业主导领域持续发展，2012年畜牧业在农业总产值中占据了45%的比例，构建了国内最具规模的十字花科蔬菜制种基地，而且被誉为"全国核桃之乡"（王爱根，2010），全市农民人均纯收入10648元，居全省第二位。

2015年，经过大力宣传农产品规范化生产，济源市推出了产地认证与"三品一标"评价机制。重点农产品基地规范化生产率实现了 100%；完成了市级农业规范化生产示范基地 1 个、累计到达 31 个，认证绿色食品 3 个、累计到达 26 个的建设。经过改善农产品网上展厅、试点构建微信平台、参与大型会展，举办市级品牌的评比，主动实行品牌战略。据内部资料显示，共举办了 180 多种农产品参展中博会、农洽会、绿博会等；阳光兔业的"伊啦兔肉"与优洋饮品的"香蕉牛奶"在第十八届中国农洽会中摘得"优质产品奖"；君源有机农场番茄、黄河小偃面包粉被称作第三届市级名牌农产品，在一定水平上提高了品牌农产品的市场形象与综合实力。

2017 年，济源市依托玉泉科技创业园、梨林农副产品加工园实施平台招商，大力发展农产品加工业，推荐河南瑞星农牧产业化集群、济源中沃饮品产业化集群申报省级产业化集群。2018 年济源市将从以下三个方面推动品牌农业发展：一是聚焦乡村振兴战略实施和农业供给侧结构性改革的需求，积极研究解决农业发展面临的实际困难和问题，着力构建适应新时代我市农业产业发展要求的学科布局；二是坚持"在创新中服务，在服务中创新"的发展理念，结合济源的特色和优势，突出创新重点，培养创新思维，提高创新效率，打造现代农业科技创新高地；三是充分发挥科技和人才优势，扎实开展科技服务，加快技术引进集成示范应用力度，提升打造精品示范样板水平，增强科技服务的主动性、针对性和有效性，为乡村振兴插上科技之翼。

8.4.3　济源市品牌农业发展对地方经济发展的促进作用

近年来，随着济源市品牌农业的发展，有力地促进了当地的农业结构调整和经济发展，造福了当地的百姓。济源市市品牌农业发展起到了如下作用。

（1）品牌农业发展拉长了产业链，提高了济源市农产品的附加值。农业品牌在形成过程中加快了"企业+基地+农民"产业经营格局的推进，也使当地企业加强了与国内科研院所的合作，同时注重产学研合作，最大限度地将科技运用到了农业生产以及产品加工中，极大地提高了农产品的附加值和竞争力。

（2）农业品牌的建立与发展加快了济源市劳动力的转移步伐，促进了产业结构调整，增加了农民的收入。据济源市农业局 2010 年统计，济源市近年来品牌农业的形成带动了高效种植业、高效养殖业、生态农业以及休闲农业的发展，生产基地面积达到了 233 平方千米，惠及 1.5 万户农户，吸纳农村劳动力 2 万多人，利润超过 3000 万元人民币。而且农户收入不再是外出务工为主，农产品收入占比在稳步提升。

（3）品牌农业的发展，更是促进了当地规模经济的发展。品牌农业的持续发展，让更多的农民从农业生产单一化中解脱出来，促使他们更加明白农业的附带服务产业，比如注重旅游农业、休闲娱乐农业的发展，这些农业规模更是吸引了更多的农产劳动力，促使土地获得更多产出，也同样增加了农民的收入。品牌的深入发展，更是拉动了村集体经济的规模，庞大规模和多重产业链的作用更是促进了当地的基础设施建设和公益事业的发展。

（4）农业品牌化逐步完善，促使当地农业生产自动化和现代化。随着品牌农业的发展，农业生产规模变大，机械设备投入也在逐步增加，从而进一步促进了机械化的实现，实现了农机农艺的有效融合，促进机械化集成与规范化的运用，更深入地做到了有效控制成本，而且节约了能源，提升了效率，为农业生产领域的发展提供了良好的科技保障。推进品牌农业建设，有利于农业生产标准化、规模化、产业化和市场化的形成；对于加速农业发挥在那模式从数量型、粗犷型过渡为质量型、效益型产生了积极的影响；有利于促进产业升级，不断提升市场竞争力，实现农业增效、农民增收。

（5）品牌农业的发展，加大了招商引资力度。随着品牌农业不断壮大，农业产业更加标准化和产业化，同时也在不断地科技化。商人们被当地的政策、项目和资金上扶持力度所吸引。企业、合作社及家庭农场等新型农业经营主体同样被吸引而进行资金投入，比如对农产品加工行业进行投资建厂。

8.4.4 济源市品牌农业发展中存在的问题

尽管济源发展品牌农业至今，其农副产品的地方特色十分显著，早已构成了具备独特优势的农副产品品牌系统，其间大部分产品早已进驻大型超市。但是，就当前济源农副产品的品牌化建设而言，依然存在许多的不足之处。

1）农业产业先天条件不足，规模较小，产业化水平不高

目前济源市品牌农业依以传统模式为主，进驻市场的大部分产品为初级产品，对于这些产品的加工、储存、包装等过程存在缺失，这在某种水平上阻碍了特色农业的有序发展。而且因为特色农产品生产规模较小，资本匮乏等因素，使得特色农业举步维艰。与此同时，济源市具有运营与加工的产业化龙头企业十分少见，不能有效刺激产业的发展，也无法带动品牌农业规模增大。根据相关资料可知，仅有少数的农民种植的农作物是依据相关企业需求而进行的，市场和政府的指引只占30%。大部分农业生产规模小，农业生产也没有顺应市场的需求和以市场为导向。

2）从业主体小规模运营，市场信息不对称

至今，济源市大多数农产品生产仍隶属于农民的小规模运营，这需要农民自行研究市场信息，只是看到近期的信息，极易导致农民急功近利，不能根据实际情况制定

有效的决策，同时当地的龙头企业对市场信息的把握水平也是落后的，导致难以公正地研究市场信息，必然会造成生产与运营不切实际。在某种程度上来说，信息化的发展会决定品牌农业的发展程度，因此信息不对称是打造品牌农业中的一大阻力。

3）市场体系不完善，品牌认知不足

对品牌认知不足包括两个方面，一个是品牌创建特点认识不足，另一个是品牌所蕴涵的传统文化缺乏深层次的开发。品牌建设具有以下几个基础特征：首先，应当包括品牌容纳的产品与服务本身的特征、产品与服务针对的客户与开发人员的特征；其次，应当包含此品牌企业的特征；再次，品牌本身的特征；最后，表现通常被用作表示此品牌的词语、图片以及视频等的特征。品牌是各类主要因素相互融合而出现的。然而在区域品牌的实行环节，济源的品牌实行人员仅仅将区域品牌的打造理解为区域名称与产品的叠加，只是表现出了产品的产地特点，并未表现出品牌自身的特点，这是由于并未将市场环境下品牌的各种主要因素科学整合考虑在内。文化不仅是品牌的精髓，而且是农业运营的理念，具备较强的传递性与影响力。济源品牌农业建设要想获得巨大的进步，就要重视品牌内包含的文化，通过各类方式提升农产品的文化水平，在传递环节内重现表现出品牌的真实价值，通过优良的文化内涵来指引消费与市场向着标准化发展，借助全球经济一体化的促进作用，通过文化来弥补区域品牌的不足。

4）品牌农产品质量战略不完善

质量是构成品牌实力的基本条件，它是自然质量、感觉质量、市场质量以及社会质量的融合体。质量战略为借助产品规划、生产以及售后等过程来达到消费者的需求，坚持以诚信的态度提升消费者的满意度，尽可能提升产品在市场中的份额与综合实力的过程。第一，农业核心实力的塑造应当转变当前区域农业生产紊乱的发展模式，来满足市场经济发展的需求。在质量变成市场竞争中的主要因素的基础上，生产机构投入足够的精力可以让企业及时预防风险的发生。第二，由产品规划、生产以及售后等过程，塑造农业的核心服务。相关生产机构应当积极探究各个利益相关者对利益关注的角度，在生产环节内，有效预防低质量产品的出现。其核心业务的出现源自利益相关者对产品服务的满意，所以，农业生产方应当不断追求质量的提升。第三，构建生产企业的质量激励体系，借助奖惩机制来强化市场理念与竞争理念。

5）农业产区人才不足，缺乏高素质农业劳动力

要想消除济源品牌建设环节内存在的问题，就应当坚持走农业科技发展的道路，

但是发展科技，自然离不开人才。现阶段，济源在该领域的人才不足的情况已经持续了相当长的一段时间，慢慢变成影响特色农业的主要因素。大部分农民文化素质偏低，对于科技领域方面了解甚少。尽管济源市农业科技人员总量虽具一定规模，但多数处在机关或事业单位，而乡镇农技推广机构、企业方面的农业科技人员存在严重不足，比如，济源全市 12 个特色农业发展较好的乡镇仅有 20 余个专职科技人员，完全不能满足农户生产需求。

第 *9* 章　创意农业的理论与实践

创意农业的目的是通过现代的农业科学技术以及文化创意手段，配合先进的创意农业理念，与农业产业链相融合，把农业产业链打造成一条集生产、生活、生态、旅游等一系列模式的新型农业（章继刚，2009）。发展创意农业模式的意义就是用新型的农业模式逐渐取代传统农业模式。在农业生产、加工、销售三大过程中，融入创意，使得在产业链的运转中可以利用每个环节的功能创造更高的附加值，让农户或者农业企业可以从中获取更多的利润。

9.1　创艺农业的兴起与发展

创意农业思想来自于创意产业的理念向农业的渗透，创意农业的兴起可追溯到 20 世纪 90 年代的中后期，当时由于在世界范围内农业科技水平的不断提高，农业技术不断更新升级，整个农业产业都处于欣欣向荣的时代，而且正是由于这些硬实力的不断提升，农业自身也不仅仅局限在种植方面，观光农业、休闲农业、绿色农业等新型农业模式都应运而生；这种先进的农业理念也随即在欧洲，大洋洲和美洲等地的发达国家迅速蔓延。在先进的农业理念和农业科技的支持下，人们把科学技术、人文地理等相关的知识和农业产业结合起来，融入到农业研发、生产、加工、销售环节之中，拓展了农业功能，并且充分利用农业的价值，将传统农业转型升级成：集生产、生活、生态为一体的现代农业，这就是创意农业（王爱玲，2010）。可见创意农业是现代农业方式不断演化的基础。

创意农业起兴起于欧洲，霍金斯（Howkins，1997）对于创意农业进行认可，并且认为创意农业产品权属于创意产品范畴，在霍金斯之后一些西方学者也逐渐形成了对于创意农业的看法和认识，利文斯和麦克奥利（Livingston，McAuley，2001）通过对农产品工艺品的研究，定位了创意农业在农业经济发展过程中的地位。创意农业到目前已经有 20 多年的发展历程，以法国、德国、日本的创意农业模式最为先进，已经逐渐拥有成熟的发展体系和模式。上述国家的创意农业呈现出一些共同特征：第一，创意农业拥有发达的科技作为发展支撑，在开展创意农业之初就已经设计好一套完整的战略布局，并且在构建出一套符合自己发展的创意农业产业链，在产业链下的每个环节都具有创意的身影，并且国外的创意农业发展都拥有政府提供在政策、资金、科技等方面的支持，全方位的孕育创意农业的产业到成长（Kneafsey M，2001）；第二，创意农业模式都是拥有高技术水平的，国家会培养专业的创意农业人才帮助本国的创意农业发展，就算是相同地区发展的创意农业也都会具有自己的特色，很难看到彼此雷同的创意农业模式，这种竞争性的创意农业，也会刺激产业的创新动力（FLEM INGRC，2009）；第三，国外的创意农业懂得如何将资源进行优化的配置，在农业产业链中会将每个环节的剩余价值充分利用，在每个环节都进行创意发展，进而让全产业链都能创造更大的价值（梁文卓，2017）。

我国创意农业的发展始于21世纪初，当时我国农业还是属于粗放型的农业生产类型，整个农业发展过程都是以"低效、粗放、低价"为主，农业产业链或是单一或是没有形成一条完整紧凑的农业产业链，农民都依靠传统种植农业来维持生计，如果遇到自然灾害，可能连温饱都很难解决，纯粹就是靠天吃饭的时代。随着欧洲创意农业发展的不断成功，许许多多的案例和经验传入中国，创意农业也悄然在中国逐渐形成自己的规模。

创意农业传入我国之初，政府通过大量的案例推广和政策扶持，帮助农民改善传统的农业种植方式，转向更加先进的创意农业模式，根据我国国情以及借鉴外国经验，从以下几种创意农业模式展开了实践：一是以农业生产为特色的创意模式，这种模式就以当地特色农产品为特色开发；二是通过农村文化展开的创意农业，这种文化也不仅局限在思维上的文化，也有通过对农田进行雕琢之后赋予的人文内涵；三是农业生态功能的创意开发，通过开发剩余价值来达到创新目的；四是利用农业生态环境的创意模式，这种模式下以开展主体活动来吸引游客和开发商，进而可以提高知名度；五是农业废弃物和农产品的创意利用，这种方式响应我国绿色发展可持续的理念，针对废弃的农作物重新发挥价值，比如麦秆制作编织袋、箩筐等日常生活用品；六是利用农业科技手段生产奇异化的农产品，其中北京大兴西瓜节最为出名。

在"十二五"之后，国家便大力提倡通过休闲农业的发展来带动创意农业的发展，以乡村旅游的方式提高创意农业的知名度。四川省作为首批发展创意农业的省份，依靠自然条件和风土人情打造了"温江模式"和"锦江模式"，这也是我国最早、最著名的两个创意农业模式。在四川省取得创意农业试点初步成功之后，我国先后在广东、上海、北京等地深入开展创意农业，制定了一套类似四川的模式：依靠乡村旅游发展的创意农业模式。也都取得了成功。在中国发展创意农业的十几年间，国家相继出台多项政策扶持创意农业在中国的发展，2016年创意农业被写进《中共中央、国务院关于落实发展新理念，加快农业现代化、实现全面小康目标的若干意见》（中央一号文件）。该文件指出："依托农村绿水青山、田园风光、乡土文化等资源，大力发展休闲度假、旅游观光、养生养老、创意农业、农耕体验、乡村手工艺等，使之成为繁荣农村、富裕农民的新兴支柱产业。"

现阶段我国虽然创意农业"遍地开花"，但是创意农业的整体规划和设计都欠妥当，大多数的创意农业都是较低层次，多以农家乐模式开展的个体经营模式，这都是创意农业的初级阶段的表现。我国随着"三农"政策不断完善，农业技术水平的不断提高，农业产业已经不仅仅局限在简单的种植、加工、销售，在新型消费的引领下，各种创意思想也逐渐融入到农业之中。现代经济社会不断蓬勃发展，人们对于农业产业的要求也不止停留在生产加工，而且也把休闲、旅游、娱乐、养生都融入农业产业的生产链中。

9.2 创意农业的特征及类型

9.2.1 创意农业的概念

对于创意农业概念，国外学者使用较多的术语是"乡村创意产业（Rural Creative Industries）"与"乡村创意经济（Rural Creative Economics）"两词，而"创意农业（Creative Agriculture）"一词则主要出现在中文文献中（何跃飞，2015）。创意农业借助创意产业的思维逻辑和发展理念，有效地将科技和人文要素融入农业生产，进一步拓展农业功能、整合资源，把传统农业发展为融生产、生活、生态为一体的现代农业，即是现在所谓的创意农业。秦向阳等（2007）从是否突出文化创意的角度将创意农业区分为广义和狭义两种概念。将广义的创意农业定义为：对农业生产经营的过程、形式、工具、方法、产品进行创意和设计，从而创造财富和增加就业机会的活动的总称（王爱玲，2010），将狭义的创意农业定义为：指对农业生产经营的过程、形式、工具、方法、产品进行文化创意和艺术设计，从而创造财富和增加就业机会的活动的总称。章继刚（2008）定义的创意农业可以简要概括为以创意为核心，知识产权为基础，将多学科知识应用于整个生产过程，并融入文化、艺术元素以实现农民增收、资源优化配置的新型农业生产方式。厉无畏、王慧敏（2009）认为创意农业是指，借助创意产业的思维逻辑和发展理念，以农村的生产、生活、生态资源为依托，通过创意拓展和整合，将科技、文化、社会、人的创造力等各项资源作为一种生产要素，投入到农业研发、生产和销售产业链的各个环节中，实现新发展的创新模式。刘丽伟（2010）从农业的运行及增值路径视角，将创意农业定义为将文化创意产业与传统农业有效对接，以市场为导向，利用科技、文化、社会、人文的创造力，围绕农村的生产、生活、生态资源，对农业生产、加工、运输、销售、服务等产业及对农业的休闲、观光、度假、体验、娱乐等功能进行创新，使农业各环节联结为完整的产业链条，形成彼此良性互动的产业价值体系，同时形成创意农产品、农业文化、农业活动和农业景观。林炳坤、吕庆华（2013）认为创意农业就是以创意思想为整个创意农业的核心，通过对创意农业产业链中的每个环节进行创意加工，将农产品与文化、艺术等创意结合，发掘各个环节的附加价值，以实现资源优化配置的一种新型的农业经营方式。

秦向阳（2007）指出，创意农业之所以归属创意产业，是因为它与创意产业的一样，重点都在文化，但创意农业也有区别于创意产业的地方，即它的创意对象是农业而非文化。创意农业凝聚着人的智力劳动，这是它的首要特征，它具有"三产"产品的属性，已经超出了传统农业范畴；王爱玲等（2010）认为创意农业依然是农业，因此，也仍然具有农业的自然属性、经济属性和社会属性。另外，根据创意农业的概念，创意农业还具有文化属性和精神属性。创意农业的多种属性是其多功能开发的基础（章继刚，2008）。

9.2.2 创意农业的特征

俞晓晶（2008）创意农业至少应该具有特色资源的再整合、独创性、能够带动产业结构的升级、能够提升区域的整体竞争力等特征。李瑞芳（2010）认为区别于传统农业，创意农业具有高融合性、高文化度、高附加值、高集群化、盈利持久化、效益综合化等特征。杨良山（2012）认为创意农业还具有高效高值、文化欣赏性、外部经济性、技术集成性、功能多样性等特征。张若琳、连丽霞（2012）将创意农业的特征概括为如下4项：具有高附加值、高收益的产业活动；产品与服务具有多样性；市场前景广、高层次的产业形态以及风险性。这些学者从不同的角度对创意农业的特征进行了归纳和总结，对我们全面了解创业农业的特征大有益处。

9.2.3 创意农业的类型

由于分类标准与视角的不同，分类类型也不尽相同。秦向阳（2007）从创意农业的功能视角出发，将创意农业划分为四种类型：规划设计型，其中包括硬的、看得见的农业园设计和软的、看不见的农业发展或农业产业（项目）规划两种；废弃物利用型，即将农业或生活的废弃物，通过巧妙的构思，制作成实用品或工艺品；用途转化型，即改变某种农产品的常规用途，赋予其新的创意；文化开发型，如动物工艺品、变形瓜果、刻（印）字瓜果等。王树进（2009）根据农业的创意对象将其分为农业资源替代型、农业过程利用型、农业环境利用型、农业废弃物利用型、农产品用途转化型、农业节庆开发型、农业生态修复型 7 种类型。马俊哲（2010）在秦向阳的分类基础上将创意农业分为环境设计型、生产创新型、产品赋意型、循环利用型、科技展示型和文化开发型 6 种类型。李瑞芳（2010）从创意的领域视角将创意农业划分为产业形态创意型、农业科技创意型、服务创意型、生态创意型、农耕文化创意型、功能创意型 6 种类型。

9.3 创意农业价值链分析

创意农业产业价值链是以波特价值链理论为基础。波特价值链是把整个产业链活动分成基本活动和支持性活动。在创意农业产业链中，基本活动包括研发环节、生产环节、加工环节、销售环节；而在农业价值链下的支持性活动包括农业资源基础、地理空间条件、技术环境、政策环境等。在波特价值链的基础下并不是每个环节都可以创造价值，这就需要企业通过一系列的创意手段来发掘剩余价值创造财富，而这些能真实带给企业财富的环节，就是"战略环节"（罗慧，2015）。

一个企业如果需要在市场上保持高竞争性，就是要突出企业"战略环节"在价值链中发挥的作用，从而保持竞争力。所以利用波特价值链的方法来研究创意农业产业链，就是要通过创意来增加每个环节的创造价值的能力，使每个环节都能成为企业的"战略环节"，以每一小环节的提升来推动产业链的发展，使农业企业在行业内保持竞争优势（单福彬，2017）。农业产业价值链如图 9-1 所示。

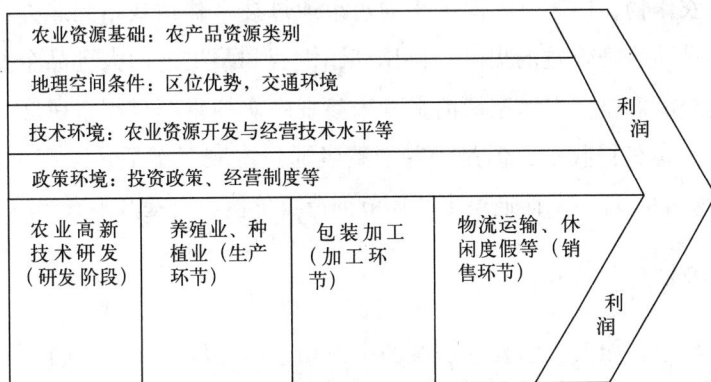

图 9-1 农业产业价值链图

9.3.1 基本活动分析

1）研发环节

研发阶段是整个创意农业产业链的基础，所有的基本活动都是由研发阶段开始，研发阶段是规划整个创意农业活动的重要步骤，首先将创意思想融入到研发阶段非常有利于下一步的创意。研发阶段是创意农业产业链的"大脑"，通过将创新的思想融入"大脑"中，才会产生创意的火花。研发阶段主要作用就是通过专家、学者的研讨，制定出一个长远的研发规划，创意农业的研发阶段又可以细化为播种、施肥、培育、采摘等一系列传统农业具有的步骤，但其不同于传统农业的地方就在于创意农业的研发阶段，将农业科技和创意思想结合进来，让原本不能产生价值的生产环节也能发挥其剩余价值，创造出财富。当然，并不是所有的农业产业链都是从生产开始就进行创意农业，而是需要在推进创意农业之前有一个整体的研发规划。

2）生产环节

传统的生产环节包含了养殖业、种植业、捕捞业等基础生产业，而在创意农业产业链下的生产环节是创意农业产业链中创意相对集中的一个环节。生产环节作为整个产业链的核心，把创意融入到生产过程中是需要农业技术水平的配合，将技术和创意最大限度地融合才能让生产环节的价值最大化，创造更多的价值。以种植业来说，传统的种植业往往就是播种以后通过农民辛苦的耕种，然后每年秋天通过收成来决定收入，而创意农业产业链下的生产环节就是通过农业技术，将一年一熟的农作物，培育成一年两熟的农作物，把南方才能生长的水果通过技术移植栽培到北方，从而以产量和品种的增加带动经济效益的提高。再比如，伊利和蒙牛这两大乳品企业，近几年为了增加企业的经济效益，主动邀请消费者来参观牛奶的生产过程，在这个参观的过程中，虽然企业没有获得收益，但是一些消费者通过参观了解后，会产生消费的欲望，企业抓住消费者的心理，从而通过生产环节创造了价值，也提升了农产品的口碑。

3）加工环节

加工环节涵盖了加工、包装等基本加工活动。加工环节在以往的农业生产过程中也是最平淡的一个环节，在生产环节结束之后，一部分产品直接就进行销售，而忽略了农产品加工过程中的附加值。在创意农业的加工环节，依靠的不仅仅是对产品快速加工，更多的是需要把创意和产品生产有机结合在一起，生产出一个以农产品为原材料的新型商品或农产品衍生品，这样才有利于农业企业在生产环节创造农产品自身价值的同时，也能发掘其衍生的价值，创造更多的财富。例如，法国薰衣草创意农业产业链下的生产环节，种植的薰衣草除了可供欣赏以外，当地的居民也会利用薰衣草自身所具备的医药价值，通过加工来提高薰衣草的附加值。所以，加工环节是创造高附加值最大的环节之一，如何把控好生产环节的创意开发，也决定着这个农业企业的经济效益的高低。

4）销售环节

销售环节处于产业链的最后，是最能创造财富发挥创意价值的核心环节。创意农业下的销售环节包括物流运输、休闲度假、养生等各个领域。在传统的销售环节，只是将农产品或者农产品加工后的产品进行销售，从中赚取差价而获得利润；而在创意农业下的销售环节已经不仅仅局限于销售原材料，而是把销售范围延伸到第三产业，从农产品及衍生品的销售，拓展到开发农业景观设计、农村旅游、农庄养生等方面。这种销售方式是传统农业所不具有的，这也是通过创意增加了销售渠道，让农业企业的销售过程更加多元化、现代化、信息化。作为创意农业核心的步骤，企业也需要把更多的成本投入销售环节之中，充分地把创意农业和本地区的状况相结合，然后开辟出一条符合自己企业的销售路径。

9.3.2 支持性活动分析

1）农业资源基础

农业资源基础主要分析农产品资源类别，具体来说就是以各地区区域发展的特点来决定创意农业农产品资源的类别，不是所有地区都适合发展同一种创意农业，也不是每个地区都只开发一种农产品来作为本地创意农业发展的基础。所谓的农产品资源类别就是根据本地区的实际情况，来分析如何开展创意农业的实施，比如，一些农村具有旅游资源和一些特有的农产品，这就是该地区的农产品资源，创意农业的开展就可以从发展旅游创意农业入手，同时也可也拓展农产品在生产加工过程的创意。在发展创意农业产业链的时候，要以农业基础资源为辅助，不能只是生搬硬套国外先进的模式，要仔细分析地区发展创意农业具备的农业资源类别，进而选择发展创意农业的道路。

2）地理空间

地理空间的分析主要考察开展创意农业的区位优势、交通环境、气候条件等因素。

发展创意农业不仅仅是需要尖端的科学技术和先进的创意思维，也需要外部条件的配合，而外部条件就是对于地理空间的分析。我们要在一个地区开展创意农业的，首先就是要对这个地区的地理空间进行全方位的分析评估，通过分析，笔者评估出这个地区是否可以开展创意农业的发展，地区的交通环境是否有利于带动创意农业产业链外延的拓展，气候条件是否有利于农作物生长或是引进的农作物在地区生产和加工。所以地理条件是支持性活动中重要的条件，只有满足地理空间的各项条件指标，创意农业才能进行发展，产业链条也能正常运转。

3）技术环境

技术环境包括农业技术的开发与经营技术水平等。在开展创意农业的前提是区位分析，在确定区位之后就是要对这个区域对于开展创意农业发展可行性的分析，在进一步分析的过程中，还需要确定在这个区域范围内，是否可以实施创意农业技术，是否可以把农业技术用于本地区的资源开发，是否有利于拓展农业产业链。技术环境在整个创意农业产业链的支持性活动中属于承上启下的环节，把控好这个环节，既可以把创意技术和思想很好地融入产业链之中，又可以对于研发阶段起到辅助的作用。

4）政策环境

政策环境主要包括政府的法律法规、投资政策、经营制度等，环境政策是整个支持性活动的核心，尤其是以政府的政策支持尤为关键，政策环境起到决定性的作用。政府的支持会带来一定的财政投资和政策援助，更有效地推进创意农业在地区的发展和推广。政策环境是创意农业发展的大背景，从政府政策到企业内部的经营制度以及外部投资都影响着创意农业产业链的发展，拥有一个稳定的政策环境，是推动创意农业发展的有力保证。

9.3.3　创意农业在农业价值链中的意义

传统的农业产业价值链中有四大环节，包括研发、生产、加工、销售，在这四个环节相互的作用下，形成农业产业链的传统形态（丁宁，2015）。每个阶段中间并没有太多的联系。在研发方面，专家就只是针对如何促进农作物生长、增产进行研究；在生产方面，农民也是靠着研发的种子辛勤耕种，每年盼望有一个好收成；再到加工环节，加工商从农民回收农作物，只是进一步为自己补充原材料，为销售做好准备，而忽略其中的剩余价值；在最后的销售环节，商家就尽可能多地进行销售，获得更多的利润，进而再进行研发，生产等循环的工作（王英姿，2016）。

随着创意农业逐渐渗透到产业价值链中，每个环节甚至于每个细节，都会发挥出自己最大的价值。就研发而言，增加创意农业的研发，不仅仅是为了农作物更好地生长，而是可以增加其附加价值。比如，我们通常见到的西瓜都是球状的，如果通过创意进行基因改良，可以将西瓜种成立方体，进而可以博得大众的关注以增加附加值。而从生产到销售环节，首先，农民就不仅仅局限于播种、种地、丰收这些简单的机械劳动，而是在每个过程中都可以考虑增加其价值。比如，农民们可以在生产环节就开展"农家乐"的形式，从让城市里的人体验到耕种的辛苦，也能品尝到自己采摘产品的喜悦。这样，农民不仅仅依靠农产品收入，也利用了生产中的剩余价值；其次，加工商也可以直接将加工的好的产品进行销售，让消费者看得见，购买时能更放心；最后，销售商则可以统领整个产业链条，整体规划，发展成一条从生产到销售的创意产业链（刘丽伟，2012）。总的来讲，创意农业的融入就是将整个农业价值链的水平提高，增加了价值链各个环节的互动，把原先"碎片化"的四个环节可以通过创意农业这个"润滑剂"有选择性地组合在一起，让整个农业价值链能发挥出最大的价值。

9.4　创意农业基本模式分析

创意农业的基本模式分析是基于农业产业链。创意农业模式基本构建都是从农业产业链的每个环节演变而来的。在价值链的环节下，当每个环节都进行创意的融入，就会形成了一种特有的创意农业模式：在研发过程中融入创意就是研发环节的创意农业；在生产环节融入创意农业就是生产环节的创意农业；在加工环节融入创意就是加工环节的创意农业；在销售环节融入创意就是销售环节的创意农业。这就形成了最基本的创意农业模式，所有的创意农业模式都是在这四种模式基础之上构建的。当然，现有的创意农业模型不仅仅只是局限在四种模式下运营，当我们把这四种基础的创意农业模式进行搭配组合之后，则会形成各种各样新的创意农业模式：创意农业的组合模式（刘丽影，2014）。

9.4.1　研发环节的创意农业模式

研发阶段的创意农业就是所有创意农业的开始的源头，是加工、生产、销售环节的铺垫，是对整个创意农业产业链的规划环节，所以在这个环节单独进行创意农业的案例已经很少见，不过景观农业就是独特的一种。景观农业的特色就是在种植前就已经设计好怎样让种植更加具有特色，构建出一种空间上的景色，这种农业景观既可以作为农作物来生产农产品，又可以利用人文景观开发旅游，从而打造出集种植、教育、观赏三位一体的农业模式（湛木兰，2012）。这种模式的产生完全来自于美学经济理论，通过对农作物和农园的景观包装，提升其美学价值和观赏价值，充分发挥了在研发阶段的剩余价值，企业和农户不仅通过打造人文景观带动当地的旅游产业，而且对农产品的销售也可以产生积极的影响（图9-2）。

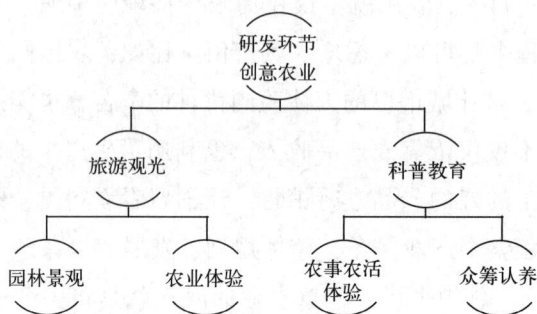

图 9-2　研发环节创意农业模式

9.4.2　生产环节的创意农业模式

　　生产环节的创意农业就是在地区种植农作物的同时发展创意农业，通过创意的思维或者科学技术的手段，来增加在生产环节的价值，充分利用生产环节的剩余价值，创造财富（图9-3）。在生产环节的创意农业模式下，主要就是从把生产环节的产业链拓展到产品展示以及美食餐饮的第三产业，用过对于产品展示环节的拓展，可以吸引一些城市居民或者餐饮企业参观，通过参观以后来获得订单进而可以创造出财富，增加了农产品的营销渠道。另一方面，可以把产业链拓展到餐饮业，通过举办农产品节庆或者野炊等和现代时尚融合的活动吸引游客前来参加（刘军萍，2011）。

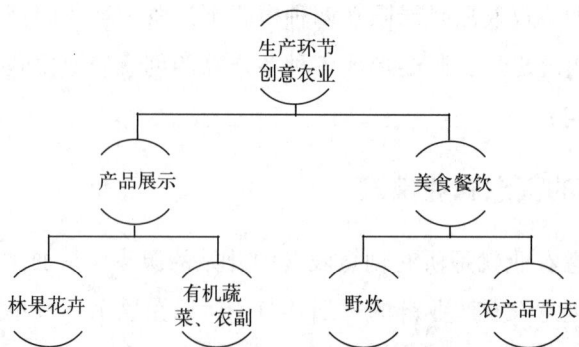

图 9-3　生产环节的创意农业模式

9.4.3　加工环节的创意农业模式

加工环节的创意农业模式就是在生产农产品的过程中，将创意思维和农业科技手段融入产业链之中，加工环节在整个创意农业产业链中作为承上启下的环节，有助于提高农业产业的经济效益（图9-4）。加工环节中具有巨大的创意农业潜力，从生产农产品到农产品的加工，进一步拓展到农产品衍生品和农副产品等，这都是在加工环节的创意农业模式（刘军萍，2010）。充分发挥在加工环节的创意，有利于在销售环节的创意农业进行。通过加工环节的创意农业，不仅可以提高农产品的产量和经济效益，更可以通过创意农业的平台扩大自己的农产品的品牌，提高在同行业之中的竞争力。

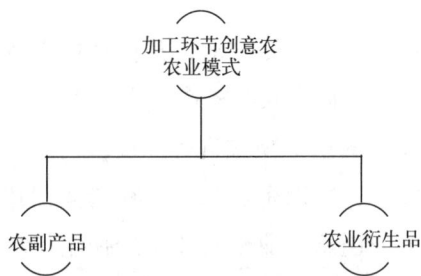

图 9-4　加工环节的创意农业模式

9.4.4　销售环节的创意农业模式

销售环节的创意农业模式是整个产业链的最后一个环节，也是创造价值最大的环节，无论是生产环节的农产品、农产品的衍生产品，还是一些通过创意思维和技术展现出来的人文景观，都可以通过销售环节体现出来（图9-5）。销售环节在创意农业产业链下，从原始的售卖发展到现在已经拓展到物流运输，售后服务，休闲度假等各个方面的业务（刘军萍，2012）。

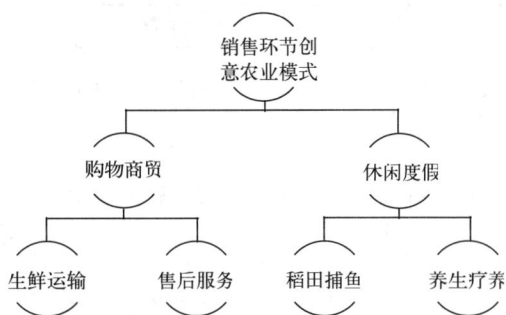

图 9-5　销售环节的创意农业模式

9.4.5　创意农业组合模式

创意农业组合模式就是研发环节的创意模式、生产环节的创意模式、加工环节的创意模式、销售环节的创意模式任意搭配组合形成的新的创意农业模式，在具体发展创意农业的过程中，一些企业可能在某两个环节的创意模式比较突出，那么就可以突出发展这两种模式的创意农业。这种任意搭配的创意模式已经越来越普及，这种方式可以使企业扬长避短，这种扬长避短的发展模式在创意农业的范围非常流行，对于企业的发展具有很大的帮助。

9.4.6　创意农业模式分析小结

通过对创意农业基本模式归纳总结之后，我们就可以清晰地把握创意农业模式的种类，无论在国内还是在国外的创意农业模式，都是基于上述五种模式（表9-1）。在创意农业发展伊始都是从简单的单一模式进行发展，由于当时农业整体水平不高，生产力水平和科技水平都不发达，所以企业和个人在选择创意农业模式的时候都是有局限性的，或是选用研发环节的创意农业模式或是选择生产环节的创意农业模式等单一的创意农业模式，只做好一个环节的创意进而带动整个产业链的运营，在单一模式运营下的创意农业与传统的创意农业相比较有了巨大的进步，经济效益有了显著的提高，但是随着科技不断进步，农业水平的不断提高，单一模式下的创意农业模式也渐渐不再流行，企业和个体为了追求更大的利润都把发展目光转向创意农业组合模式，在这种模式下的创意农业属于全产业链的模式，即企业和个人在经营过程中根据自身发展选择2~4个单一模式进行有机组合形成的新型模式，在组合模式下的创意农业更具有推广的意义，因为较单一创意农业模式而言，组合模式更具有合理性，能更好地将产业链中的资源进行优化配置，提高经济效益（黄颖，2016）。

表9-1　创意农业模式分析

创意农业模式	适用范围	模式优点	模式不足
研发环节创意农业模式	具有特色自然资源的地区	具有很强的针对性	价值链不容易拓展，效益不高
生产环节创意农业模式	具有特色农行产品的地区	具有很强的针对性	价值链单一、经济效益不高、农产品的升级价值不能被利用
加工环节创意农业模式	具有特色加工科技的地区	具有很强的针对性	价值链单一、经济效益不高

创意农业模式	适用范围	模式优点	模式不足
销售环节创意农业模式	具有特色营销渠道的地区	具有很强的针对性	产业链的单一导致的经济效益增长有限
创意农业组合模式	具有丰富自然资源或是特色农产品或是特色加工技术或是特色营销渠道	全产业链发展、将产业链的每个环节功能功能拓展、能优化利用农产品剩余价值、经济效益高	前期投资大、成本高

9.5 国内外创意农业模式案例分析

为了更好地研究创意农业模式，本书选取了国内外八个比较典型的创意农业模式进行对比分析。第一部着重对单一创意农业模式进行分析。单一模式的创意农业因其经济效益低、产业链在功能开发中有局限性，在现代的创意农业模式下已经不再流行逐渐被淘汰，所以对于单一模式案例只进行简单的分析。第二部分着重对创意农业组合模式进行分析。现在的创意农业大多数都以多元组合创意农业模式展现出来，将单一创意农业模式进行有机的搭配选择，形成新的创意农业模式。这种模式对于开发者来讲具有很大的灵活性，可以充分发挥自己的优势，充分利用产业链中的剩余价值创造更大的经济效益。

9.5.1 单一模式创意农业案例分析

1）"京承碧园"创意农业模式：研发环节创意模式案例

"京承碧园"位于北京市昌平区，是一个以研发环节为创意模式的农业主体观光园。"京承碧园"在研发初始就已经制定了规划，整个主题园里通过四季植物以为基本创意模式：在这个主体园内分别设置有四个温室大棚，每一个大棚代表春、夏、秋、冬四个季节，在对应季节的大棚中，又种植了对应季节的蔬菜。在代表春季的温室中，主要通过种植不同颜色的花卉进行园艺设计，构建出了国旗、奥运五环、天安门等一些特色园艺设计；在代表夏季的温室中，则利用现代农业科技和创意技术，构建成了阳台菜园、番茄树林、绿色世界等景观；在代表秋的温室中，主要以菊花为主题，通过种植世界上各种各样的菊花品种，通过色彩的搭配和美学的构造，创建出奇特的菊花人文景观；在代表冬季的温室中，则以保健药材种植为主要种植对象，结合盆景设计，形成与众不同的景观效果。

在研发环节创意模式主要就是通过美学经济理论来将农作物变得更加有价值，通过对于农作物的园艺设计以及科学技术的应用，使农作物在生长的过程中逐渐形成价值创造财富。这种模式具有高情景化、休闲化、体验化，带给游客的不仅是视觉上的享受，也是感官上的盛宴，让游客在享受自然田园风光的同时，又领略人文民俗风情，把娱乐、休闲、养生"三位一体"体现出来。

2）"波龙堡酒庄"创意农业模式：生产环节创意模式案例

北京的波龙堡酒庄拥有 66 平方千米的葡萄园，葡萄园内的葡萄全部都来源于法国红酒葡萄品种，酒庄为了保证红酒品质，专门聘请法国著名葡萄种植专家提供技术上的支持。不仅如此，波龙堡酒庄在引进人才的同时，把制酒的专业设备一起从法国引进，当然酒庄在借鉴法国酿酒经验的同时，也通过自主研发制造有机葡萄酒，这也填补我国在葡萄酒酿造领域中这一方面的空白。

酒庄中最具特色的创意就在生产环节中加入以红酒为主题的特色旅游，游客通过自驾的方式可以进入庄园，游客进入庄园后就可以尽情领略到法国风情，无论是从建筑设计还是餐饮娱乐，都具有浓浓的法式风情，游客在游览庄园建筑的同时，也可以品尝到法式大餐和红酒。而且，企业也专门为游客提供参观红酒生产、加工的机会，可以在讲解员的带领下到葡萄园参观葡萄的种植，也可以在加工车间亲自观摩酿酒的过程，让游客全方位地领略葡萄酒的生产过程。另外，企业利用法式庄园的浪漫气息，通过和婚庆公司、婚纱摄影公司强强联合，给需要拍摄婚纱照或者举办婚礼的年轻人提供一个新的选择，这样既可以在充满法式浪漫元素的酒庄里结婚，也通过婚礼销售自己的产品推广自己的品牌。同时，酒庄还为红酒爱好者开展了"私人酒窖"的服务，在酒庄专业的酒窖中，可以为顾客存放指定的红酒，当顾客需要自己的红酒时，可以通知酒庄，红酒就可以及时派送到顾客手中；当然，顾客也可以亲自到酒庄里，一边参观法式建筑，一边品尝正宗的法式红酒（黄伟，2006）。

3）"大兴农业"创意农业模式：加工环节创意模式案例

在生产环节的创意农业较有特色的是北京"大兴农业"创意发展模式，北京市大兴区是北京重要的农产品生产基地，为了增加该地区农产品的知名度，大兴区大力通过开发生产环节的创意农业，集合多种品牌的创意，提升大兴地区的农业生产的实力（耿闻，2011）。

北京大兴农业生产基地，通过依托主导产业，以生产为主体举办农业节庆为主体的农业活动。截至 2018 年，北京大兴的西瓜节已经成功举办了 30 届，并且成为全国知名的以西瓜为主题的农业节庆活动，活动当天全国各地的西瓜种植户都会带着自己生产的西瓜汇聚在此，通过专业的评委来选出优秀的西瓜。一些农户或企业为了能使西瓜有好的销量，在生产环节通过科技水平将西瓜生产成各式各样的形状，除了常见的圆西瓜，还有"正方体"西瓜、有机无籽西瓜等。而且通过政府的扶持和大力的宣传，吸引一些企业及游客前往，这不仅对是对大兴农产品的认可，也是实现农产品生产过程增收的方式。大兴区实施生产环节创意农业发展战略以来，"大兴农业"区域品牌已得到社会共识。

4）"故乡农园"创意农业模式：销售环节创意模式案例

"故乡农园"建于 2012 年，意在建立一个生态有机的农场进行销售农产品，"故乡农园"的生产主要采用社区支持农业。该形式最初产生于德国、瑞士和日本。"故乡农园"的成立就是希望以这种新型的创意农业模式建立起企业和消费者之间的新的联系：消费者通过支付平台支付给企业生产费用，企业利用这些生产费用通过现代的科学技术来生产有机的农产品，待农产品成熟之后，企业再将这些有机农产品通过物流运输反馈给消费者，从而建立了生产者和消费者之间建立一种共担风险、共享收益的关系。企业在生产农产品的过程中可以完全把消费者带入生产环节之中，让消费者身临其境感受种植的过程，也可对生产的过程进行实时的监督，形成一种产销联盟体系。"故乡农园"的地理位置位于城郊，距离城市近，却没有城市的嘈杂，有一种田园牧歌的风情，周末消费者就可以通过自驾或是专车接送来到这里。消费者能亲自体验原生态的农耕生活，企业会免费为消费者提供土地、种子，农具等耕种设备，而且也积极提供技术指导，让消费者也投入到建设农园的行动之中，农园通过这样新颖的创意方式，拓展了农园的业务，也增加了农园的收入，也易于建立起一种企业和消费者之间的信任机制（陈致微，2015）。

通过"故乡农园"模式，消费者办理手续成为农业会员之后，既可以省去中间商的差价，又可以吃到放心安全的有机蔬菜；而企业通过提前收取租金并将其投入到农业的生产之中，使得这个看似复杂的产业链可以以一种简单的方式运行，还可以把各环节的价值体现得淋漓尽致。

9.5.2 创意农业组合模式案例分析

1）日本"健康村"创意农业模式：生产环节+销售环节案例

2014 年，《湖南农业》杂志转发了奥古特品牌论坛网中对日本创意农业的详细介绍。日本是开展创意农业比较早的亚洲国家，其中发展时间最久、机制最完善的创意农业模式当属"一村一品"。这个模式主要分为两大类：一是以打造特色村为创意点的模式，二是通过创立当地特色农产品或是美食的模式。所有的农业发展都是要以消费者的角度进行创新，只要能把现代流行的思想和农业进行有机的结合，都会成为创意农业产业链的创新点。日本"一村一品"运动能够成功就是通过源源不断的创新，年年的改变才能保持高竞争力，然后通过政府将本地特色产品引入国内和国际市场。"一村一品"的目的是在传统农业产业链的基础之上增加创意元素，让本地方的特色农产品和当地民俗融入产业链，在研发阶段就通过创意把村改建成休闲农庄的模式；在生产环节中，更是突出地方特色，"雪子寿司""丰后牛""马路村柚子"都是把本地特色农产品经过创意的加工，提高产品的附加值，创造农产品的价值；而在销售环节，则拓展了农业销售的功能，发展旅游，推出以住宿、游览、养生、休闲的旅游体系。纵观整个创意农业产业链，在每个环节都利用了其剩余价值。

在日本"一村一品"发展的这几十年间，每年都扩大其销售额，如图 9-6 所示。在 1980 年兴起创意农业的时候，日本就凭着特色的种植农产品创造销售奇迹，年销售额累计 359 亿日元，到 2001 年时随着"一村一品"模式不断更新，销售也不仅仅局限在农产品，也将产业延伸至服务业，整体利润也是 1980 年时的 3.1 倍。其中以"世田谷区民健康村"最为典型。

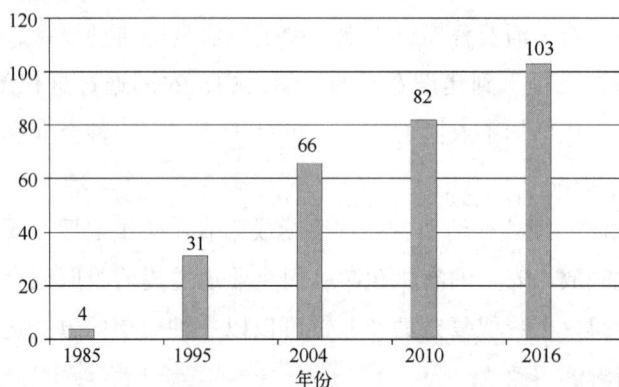

图 9-6 世田谷区民"健康村"游客量统计

　　日本群马县川场总面积有 80 余平方千米，人口有将近 400 人，该县发展创意农业涉及了全产业链的发展，以"农业+生态旅游"为基本发展方针，而且为了扩大自己的市场范围，与东京都世田谷区结为姊妹关系，并且通过政府的政策支持成立"世田谷区民健康村"。该村发展的过程中，政府不仅开发农业和旅游业的业务，也把产业链拓展到教育、文化、体育等各个领域：开办森林公园、农业教室、木工教室、世田谷和制造型大学，而且也承办一些山村留学、果树认种等公益活动，加大了城乡交流，东京市民只需要坐两个小时的新干线列车就可以到达。为了能更好地打造"健康村"的品牌，政府也积极扶持村民提升"健康村"的知名度，每个周末政府都允许区民在附近的公园、商场、超市等人流密集的地方举办一些节庆或者文化活动来吸引周边的市民，在这些活动上区民就可以向游客推销自己的农产品，这样不仅拓展了农产品的市场还带动观光业的发展。据日本政府统计，从 1985 年"健康村"的成立以来到 2005年，游客量由 4 万人次增长到 66 万人次，增加了原来的 14 倍之多，而从 2014 年到数据统计的 2016 年截至，游客增长量增加了 37 万人次，达到 103 万人次。

　　日本"世田谷区民健康村"的案例表明，要在一个地区开展创意农业，就是要在价值链的基础上发挥本地方的特色，对现有的资源进行创意开发，对已有的资源进行再加工，拓展出更多的衍生品，然后通过创立品牌、政府的扶持和品牌塑造，最终做成全国知名的品牌，这样通过充分利用这些资源的剩余价值创造财富。

　　而且在开展创意农业的同时要促进绿色农业和生态农业的协调发展，在"世田谷区民健康村"中，城市居民会会选择到远离市中心的郊区去度假，从以往当天往返的度假方式相比，现在更愿意选择以中短期住宿为目的的养生度假方式。而在本案例中最具特色的闪光点就在于，农村通过与大都市的区建立合作关系，这增加了城乡之间的交流，让农村的资源可以充分发挥作用，而且农产品的销售还多了一条渠道，并且发展观光业也有了客源的保证。在开发"健康村"的时候，为了满足更多日本消费者的需要和不同层次、不同爱好的需求，开发者也没有把业务只局限在住宿、餐饮、娱乐、采摘等，而是通过创新的思维加入知识性、技术性、文化以及体育的活动，这样无论是男女老少都可以任意选择一款属于自己的度假方式。通过这种创意农业的方式，一方面可以增加农村收入，减少政府的负担，另一方面可以增加城乡居民之间的交流，这样双赢的模式是值得其他国家借鉴（刘丽伟，2013）。

2）北京"紫海香堤"模式：研发环节+生产环节+销售环节案例

　　位于北京密云县的"紫海香堤艺术庄园"是著名多元组合模式的创意农业。园内种植有大量的牡丹、桂花、兰花、杜鹃等世界名贵花卉，该园也是华北地区最大的花卉养殖基地,而且庄园不仅仅以种植为主,为了让艺术园具备多元化的功能,庄园的运营者在园内还提供养生休闲、娱乐、婚纱摄影、电影取景等多样化的服务,形成了以"观赏农业""休闲养生""文化创意"集于一身的多元化创意农业模式(黑马,2014)。详见图 9-7。

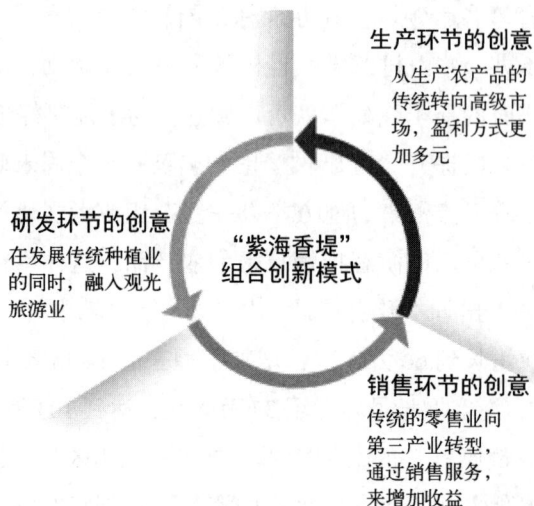

图 9-7 "紫海香堤"创意农业模式

整个庄园以花卉种植和景观观赏为主,并且融入爱情主题和浪漫度假为元素,被称为"长城脚下的普罗旺斯",成为现代创意农业的新模式(黄凯,2012)。具体创意主要表现在以下几个方面。

(1)主题创意。紫海香堤庄园,在发展传统种植业的同时,也将观光旅游、游客采摘,亲身体验田园生活的模式融入,成为一种新的经营模式,采取差异化经营战略。根据纬度相同或者相近区域的气候环境相近这一地理特征,来定制自己的创意景观,而这些景观可以选取同纬度国家比较特色的自然或者人文景观作为主体,以此可以来吸引更多的海内外游客参观旅游,进而可以创造出价值。

(2)经营创意。首先,庄园在前期的市场调查中,就已经把客户群体定位在中高端的客户群体上,这样可以与普通的"农家乐"模式的创意农业区分开,从而避免直接竞争,转而占据中高端的客户市场,从另一个方面来讲,其资金链条比较稳定。中高端的客户一般主要集中在新婚夫妇、情侣、摄影爱好者等,一些人专门到庄园取景、拍摄,这样一来,既可以通过艺术作品宣传庄园,又可以从中获得不菲的营业额。这样的经营方式满足多元的市场需求,在市场经济急速发展的时代,完美地提高市场的占有率。其次,庄园还为高端客户提供自己亲手策划的旅游行程,这样不但让客户满足自己的旅游需求,还可以延长游客停留在园内的时间,从而增加消费行为,增加收益。再次，庄园内提供了营地可以提供给游客们住宿，代替传统的宾馆，这样既经济又实惠，还解决在客户庄园内的住宿问题，也满足了让客户"零距离"接触香草的愿望。最后，庄园利用种植的香草，经过加工开发出一系列的农产品附加商品，既提高庄园的经济收益，也增加了香草的文化附加值。

（3）营销创意。首先，紫海香堤艺术庄园以"长城脚下的普罗旺斯"为品牌进行宣传，成功吸引游客前来。要以庄园的旅游资源进行长期开发，最重要的就是保证庄园内稳定的客流量。而如何保证客流量，就是需要庄园通过其独特的创意来吸引客源。庄园打出的"长城脚下的普罗旺斯"就能够吸引消费者的目光。法国的普罗旺斯是著名的薰衣草产地，是代表浪漫和爱情的圣地，而中国的长城则代表的是忠贞，庄园把二者有机结合在一起就寓意着爱情的忠贞，开发出长城脚下观赏薰衣草见证爱情的创意旅游。这样一来，这种营销方式大大吸引现代的年轻人前来观赏薰衣草，同时在长城下见证自己的爱情。其次，也是庄园最为独特的营销创意点，以联合经营为手段，与专业的婚纱摄影师、婚纱影楼、婚礼策划等签订合同，专门针对慕名而来的情侣、夫妻拍摄照片、举办露天婚礼，庄园通过这一独特的创意旅游，年净盈利就有80万元。庄园通过租赁场地的形式，既保证收益，也通过照片对庄园进行宣传，一举两得。

3）岭南陈村模式：研发环节+生产环节+销售环节案例

陈村位于广东顺德，虽然陈村的面积不足50平方千米，不过这里却是中国的花卉之都。在以前，陈村都是按照传统的农业模式进行发展，以个体户的发展为主，生产的花卉只是用来对内销售。加之广东地区属于亚热带季风气候，大环境下适合花卉的生产和繁殖，所以广东其他地区也有很多类似企业和个体户都在进行花卉的栽培和销售，陈村原本也只是其中一个很普通的村子，而且面临的竞争压力也是比较大（萧曼平，2005）。不过陈村相比于其他的花卉养殖基地，陈村除了优越的自然条件之外，交通便利是其最大的区位优势，陈村毗邻顺德北港、南海三山港、广州新火车站，成为广佛都市圈中的核心区域，形成"黄金产业三角区"。

良好的区域优势增加了陈村利用创意农业来拓展自己的产业链、增加花卉附加值。陈村的创意农业发展从农产品与当地文化结合，农产品和艺术结合，一直到如今发展到把农产品和旅游结合，从原先普通的农业产业链发展到创意农业下的新型产业链，在新型的农业产业链模式下，陈村从花卉种植开始，聘请国外知名设计师对陈村的花卉种植进行规划设计，用花卉打造出与众不同的人文景观，通过游客游览人文景观创造出加工环节的附加值；在花卉的加工阶段，企业利用各种花卉的功能对花进行深加工，在传统的农业中，从花儿的盛开到凋谢只是进行销售，当市场供过于求的时候就会产生资源的浪费，而在创意农业产业链的经营下，只会让资源得到最优化的配置；再到后期销售的环节，一般的经营者在销售的过程中，目的是把农产品销售出去，而在陈村的发展模式中，不仅要卖还要卖的有"档次"有"内涵"，陈村通过盆景艺术家的加工，将一盆盆低成本花卉打造成高附加值的纪念品，而且通过对村庄的环境改造发展旅游业大大增加了收益，这种通过园艺，加工和旅游的新型产业链也被其他花卉种植企业纷纷效仿。详如图 9-8 所示。

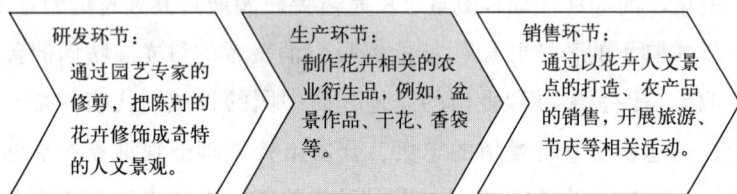

图 9-8　陈村创意农业产业链

在陈村通过创意农业发展花卉产业的时间里，全村花卉销售状况得到了很大的改观，陈村通过自身的条件用不到三亩田地创造了几十亿元的销售额，特别是在 2006 年，花卉的销售额高达 20 亿元，花卉销售额占顺德地区农产品产值的 90%，花卉成为了陈村的第一产业。通过调查的资料显示，近几年开始，随着创意农业的不断深入发展，陈村花卉的销售额从 2006 年 20 亿元增加到 2016 年 55.82 亿元，增长 35 亿元，涨幅达到 64.17%，虽然从 2007 年到 2010 年增长有所稳定，但是整体看来随着创意农业不断发展，陈村关于花卉创意农业产业链的发展将保持稳定发展（陈俊宁，2014）。

4）普罗旺斯薰衣草模式：全产业链案例

薰衣草是一种多年生耐寒喜温的花卉，全株香味浓郁，是世界著名的香草植物。目前，法国的薰衣草种植面积达 14 000 公顷以上，主要集中在南部的普罗旺斯地区。在世界由于薰衣草被广泛使用在药品、食品、化妆等各个领域，所以法国注重薰衣草产业，从种植、生产、加工各个环节加入创意农业的元素，使创意带动全产业链的发展。普罗旺斯位于法国的南部，北起阿尔卑斯山、南到比利牛斯山脉，特殊的地理区位造就了独特的气候条件，普罗旺斯属于地中海气候，夏季高温少雨，冬季温和多雨，每年的日照时间有 300 天左右。位于两山之间的普罗旺斯也还夹杂着各种小气候。这种独特的气候条件不仅有利于薰衣草的生长，而且全年温暖的地中海气候也成为众多游客旅游的目的地（邱艳，2017）。

普罗旺斯的创意农业发展模式属于创意农业的组合模式。首先通过以农产品的种植为核心，拓展以薰衣草为主导的研发环节产业链。薰衣草的花语是"浪漫和爱情"，恰恰在法国普罗旺斯尤其以紫色的薰衣草最为出名，所以很多情侣和新婚夫妇把法国选为蜜月地，就是为了一览薰衣草景观的风采。薰衣草经过园林艺术家的修剪和设计，其景观又能增添几分人文景观，从而打造出田园农庄的景色发展，在对研发的创意过程中自然而然地将产业链延伸到更多的业务，在整个种植研发的过程中普罗旺斯以低成本打造奇特景观，通过发展旅游业创造价值（王爱玲，2014）。

薰衣草这种名贵花卉不仅仅对于法国人来说很重要，世界其他国家的人也非常喜欢。在法国，随处可以见到以薰衣草作为装饰的店面，在家中，人们也会摆放薰衣草，不仅仅可以观赏，其香味也可以帮助失眠的人入睡。所以在加工环节中，针对薰衣草不同的功效，开发商把薰衣草应用在医疗、保健、食品等各个领域，创造出许多以薰衣草为原材料的产品，提升在开发环节的附加值。典型的以薰衣草为原材料的产品有薰衣草食品、薰衣草蜜、薰衣草干花做成的茶饮以及薰衣草制成的香料。薰衣草干花制品是指在薰衣草成熟采摘之后，对其进行风干然后得到薰衣草干花；风干之后的薰衣草不仅可以装饰，也可以制成香袋、枕芯、玩具等工艺品，而且薰衣草具有医用价值，可以缓解疲劳，有助于睡眠，所以薰衣草制成的产品远销海外。

在销售环节则以薰衣草展开的节庆开发。薰衣草的花期在每年的 6—10 月，这时候以普罗旺斯为薰衣草中心的地区就会举办"薰衣草嘉年华"的活动，由于花期不同，所以每个地区举办的时间各不相同。其中以蒙特立马薰衣草节最为著名，在节日上，人们穿着传统的衣服，载歌载舞，把自产的薰衣草产品摆在街头售卖。而普罗旺斯的瓦朗索勒是其中最具特色的小镇，在小镇周围就有许多薰衣草的加工厂。到了节日，小镇就会分外热闹，不仅法国人会来参加，国外的游客和商人也会慕名而来。这样，通过节日的方式，增加了薰衣草的附加值，使薰衣草在整个价值链环节下，利益得到最大化的保证。

法国薰衣草创意农业模式，是全产业链创意开发模式，研发者在一开始就完全设计好整个产业链的研发环节，形成"种植—培养—加工—销售"一条龙的全产业链（图 9-9）。

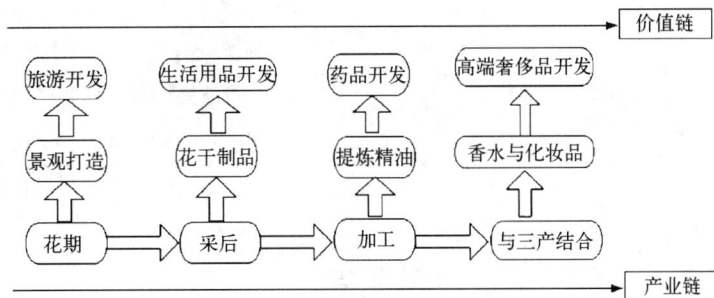

图 9-9　法国薰衣草产业链

在整个四步的开发环节中，企业大力挖掘薰衣草的内涵，从花语文化到薰衣草衍生品，最大限度的提高薰衣草的附加值，使薰衣草产业链每个环节的资源都得到优化配置。全产业链模式下的薰衣草，不仅被企业打造成为优美的田园风貌，深度开发旅游资源，在薰衣草花期成熟之后，就把采摘的薰衣草晒成花干，然后再进行薰衣草衍生品的开发，制作成精油或是高级香水和化妆品进行销售，这样也将薰衣草的价值发挥到极致。

9.5.3 跨案例比较分析

在对 8 个案例进行具体分析之后，为了对创意农业模式选择提供可行性的意见，则需要进行跨案例的对比分析，见表 9-2。

表 9-2　跨案例创意农业模式对比

模式	案例名称	选用模式	优点	缺点	适用范围
单一创意农业模式	"京承碧园"创意农业模式	研发环节创意模式	针对研发环节展开创意，增加该环节经济效益	模式单一，导致剩余价值不能被完全利用，效益不高	个体农户、资金实力有限的小微企业
	"波龙堡酒庄"创意农业模式	生产环节创意模式	针对生产环节展开创意，增加该环节经济效益	模式单一，导致剩余价值不能被完全利用，效益不高	个体农户、资金实力有限的小微企业
	"大兴农业"创意农业模式	加工环节创意模式	针对加工环节展开创意，增加该环节经济效益	模式单一，导致剩余价值不能被完全利用，效益不高	个体农户、资金实力有限的小微企业
	"故乡农园"创意农业模式	销售环节创意模式	针对销售环节展开创意，拓展产业链功能	模式单一，导致剩余价值不能被完全利用，效益不高	个体农户、资金实力有限的小微企业
创意农业组合模式	日本"健康村"创意农业模式	创意农业组合模式	拓展产业链功能；提高"健康村"的经济效益	研发和生产环节创意不足；没能完全创造产业链下的剩余价值	地区具有良好的自然资源和丰富农产品；有政府的政策支持的地区
	北京"紫海香堤"创新模式	创意农业组合模式	拓展产业链的功能；提高经济效益；增加产品附加值	加工环节的创意农业模式不足；没能完全创造产业链下的剩余价值	地区具有良好的自然资源和丰富农产品；有较先进的农业加工技术

模式	案例名称	选用模式	优点	缺点	适用范围
创意农业组合模式	岭南陈村模式	创意农业组合模式	拓展产业链的功能；提高经济效益；增加产品附加值	加工环节的创意农业模式不足；没能完全创造产业链下的剩余价值	地区具有良好的自然资源和丰富农产品；有较先进的农业加工技术
	普罗旺斯薰衣草创意农业产业模式	创意农业组合模式	全产业链发展；将产业链的每个环节的功能拓展；优化资源配置，提高效益	发展前期投入资本过大；对发展地区的环境要求高	适用于有雄厚资金支持的大型企业；地区具有良好的自然资源；有政府的政策支持的地区

第一部分的案例中，企业都是以单一创意农业模式进行运营，在第二部分的 4 个案例中，创意农业模式都是围绕多元组合模式创意模式进行开展的，每个企业都选择了 2~3 个单一模式组合构建新的创意农业模式，普罗旺斯的发展模式更是进行全产业链的创意，对于全产业链的创意模式是现代农业中最先进、最完善的模式。与其他案例比较，全产业链下的创意农业模式不仅拓展产业链的功能，把每个环节的附加值和剩余价值利用到最大化，更是能以最高效的方式获得更大的经济效益。在现代的创意农业模式发展过程中，企业都会根据自身的发展状态，选择几个原先在农业发展过程中发展动力不足的环节，把这几个环节的创意农业模式进行组合形成的新型创意农业模式。这种模式下的创意农业一方面发扬自己的优点，又弥补了发展过程中的缺点（刘丽影，2014）。

9.6 我国创意农业模式选择及其推广建议

9.6.1 我国创意农业模式选择建议

创意农业作为我国新兴的农业发展模式，在体系不完善、制度不健全的情况下，要想尽快提升创意农业的水平，就不能按照以往的套路进行经营，创意农业已经不仅仅局限于农业生产，在价值链下的创意农业已经涉及研发、生产、加工和销售各个领域之中，现代的创意农业也不是以纯盈利为目的的发展，现代的创意农业，已经不是作为第二、第三产业的基础，也将第二、第三产业的精髓融入到农业发展的过程当中，以农业产业为主，融合三大产业的优点就是现代的创意农业，在农业中也能感受创意科技带来的便捷，也能从中体会到乡村文化带来的魅力（李嘉琦，2015）。所以，在我国现阶段的发展价值链下的创意农业则需要选择合适模式进行发展，现在符合我国国情的三大创意模式分别是"农业生产园"模式、"休闲农庄"模式以及"多功能综合体发展"模式。由于我国正处于社会主义初级阶段，各地发展情况不均衡，发展条件不一样，所以根据各地不同的发展情况和政府政策，企业和个人可以根据自身实际情况进行衡量选择（刘丽影，2014）。

1）"农业生产园"模式

"农业生产园"模式，主要针对的是企业和个人发展的模式。在这个模式下，投入资金不大，却可以体现出现代创意农业发展的态势，中小企业和个人选择这个模式风险小、投资少，是现代创意农业的基本模式，也是最为普遍的模式。在这个模式下的创意农业的主导产业分为三大块：农业高新技术研发、农业生产和养殖、物流运输。这三大块对应的产业链也就是生产、加工和销售三大基本产业结构，在研发环节，也就是生产环节，企业和个人可以通过科技创新来制造旅游观光的人文景观，并且融入本地区的乡村文化使整个创意农业产业链更有地方特色；在生产养殖环节也就是加工化环节，个人可以为自己的农产品打上有机农产品的标签，即纯天然无污染，在后期的销售环节可以提供配送服务，或者消费者亲自上门采摘，从而创造价值。对于中小企业来说，利用企业资产的优势，不仅可以销售农产品，而且可以将农产品进行深加工，生产出一系列的农业衍生品，这样创造的价值就非常可观（刘珂，2011）。

产业园模式的创意农业，是通过该地区的特色农业来作为整个产业链的核心，通过对当地有名的农产品进行创意的包装以及对当地民俗文化的加以开发，把文化创意和民俗融入到农产品当中，并且将种植、采摘、品尝等作为一种旅游开发的体验活动，把农产品生产基地变为旅游景区，使田园变成休闲公园、生产出的农产品依靠创意而产生附加值，农民也从单一的生产者角色转变为商人，这样使整条产业链，从单一生产模式转变到趋向于休闲娱乐等。通过对核心农产品的开发研究，使拓展和转移产业价值体系得以完善、产业收益来源得以增加，其中以北京市平谷区的桃种植最为特色。平谷区的桃种植园是全国有名的桃种植基地，现在桃子的种植面积已经达到1334万平方米，年产量28亿千克，每年的年产量已经趋于稳定。但是，为了尽力实现资源的最优化，平谷区依托创意农业，通过创意种植、创意加工和创意销售发展新型产业链模式，逐渐形成了"两节两品三养生"的系列产品。通过对桃的进一步开发，拓展了整个产业链的规模，不仅给消费者带来更丰富的选择，也给农民和企业带来了巨大的利润。

在农园模式下的创意农业发展的过程之中，主要还是依靠在种植环节和生产环节的创意，这两部分的创意是整个农园模式的核心。将种植环节进行创意就是创造人文景观，提升农园的旅游价值，而生产环节的创意则在于对于农产品的创意，这种创意是比深加工更进一步的先进模式。在农业产业园模式下的种植、加工，不仅仅只有人力和财力，也将科技、文化有机地融合在一起，进而可以提高普通农产品的附加值。创意的种植和生产环节增加了农园的科技含量和文化底蕴，也带动了第二、三产业的发展，转变农业的生产方式，从粗放型转向集约型，并通过智能化、特色化、个性化、艺术化的理念，增加产业的休闲和体验功能，让种植、生产、旅游三者有机结合在一起，达到一种农业产业与休闲娱乐相辅相成的状态（陈瑞萍，2016）。如图 9-10 所示为农业生产园创意农业产业模式。

图 9-10 农业生产园发展模式

2）"休闲农庄"发展模式

"休闲农庄"发展模式是主要针对个体或者中小企业的发展模式，类似于传统的"农家乐"模式，这种模式在中国农村普遍流行。"农家乐"是不成熟的休闲农庄模式，规模小，发展前景只局限于当下，最终都会被休闲农庄的模式所取代。休闲农庄模式属于投资少、风险小的模式，是现在最适合我国普遍开展的模式。在这种模式下主要也要以三大模块为依托：农业高新技术研发、养殖种植业、包装加工。在这三个部门中，前两部分基本涵盖了农业生产园模式的所有产业链，又在其基础上增加了消费者体验，突出表现在包装加工的环节，这里的"加工"已经不仅仅代表对农产品的加工或者说是深加工，而是对于整个农庄的加工，现代城市人向往乡村生活，由此休闲农庄就可以借此来进行创意加工，对于中小企业的休闲农庄来说，可以针对"上班族"精神上的追求，进行两个方面的推广：一是运动，二是健康。对于城市中忙碌的上班族来说，大家都缺乏运动，也都想要保持健康。大型的休闲农庄就可以利用自己的土地资源，修建足球场、高尔夫球场、羽毛球场等健身设施为前来休假的人提供运动场地，或是开办养生馆，让来农庄的人可以保健养生。在这个模式下，价值链的环节拓展，创造价值的方式也更加丰富（罗闪翅，2016）。

休闲农庄模式是"农家乐"模式的再升级，在农业产业链下，休闲农庄模式主要以旅游开发为创意，在"农家乐"模式的基本功能上，又增加参观游览、农庄旅游、感受体验三大板块。重新定义的"农家乐"模式就变成了"农业生产+休闲旅游"的模式，从而把第一产业逐渐延伸到第二、三产业来创造价值。这样不仅在农业生产方面有稳定的收入，在向第二、三产业延伸的过程中，也会带动食品加工业、餐饮业、服务业等一系列相关产业的发展，这种模式促进城市建设、传播乡村文化，也顺应国家可持续发展的要求。

其中，大连市依托当地的优质生态资源和农业资源发展的休闲农庄模式，已成为我国东北地区创意农业发展最成熟的地区。大连地理区位优势明显，具有得天独厚开发休闲农庄的资源。以大连的"天一山庄"为例来分析，"天一山庄"通过借鉴国外大农产的先进经验，在山庄中生产的优质水果不仅提供海内外，而且也把绿色农业、生态农业和休闲农业集一身，创新出了水上游乐、DIY工坊、熏衣草花田等体验活动，而且为了让来山庄休闲的游客领略各地风情，还专门从我国台湾地区请来茶道专家，歌舞演员以及厨师，在享受法国风情的薰衣草园时，还能感受台湾的人文情怀，让游客体验足不出户游世界。建立以休闲农庄为发展模式的创意农业，首先，就是要保证农庄可以提供最新鲜、最优质的农产品为基础，这是所有农庄发展模式的必要条件，在满足这个条件之后合理利用创意思维，渗透到销售之中。其次，把当地的民俗文化、传统习俗和现代的流行元素有机结合在一起，这样才会打造出一个主题鲜明、有特色、有内涵的销售环节。并且，在销售环节的过程中，可以将产业链拓展到第三产业，通过农庄的住宿餐饮，农产品展览会、文艺展示等方式，这样让农业产业链在运作的过程中更具有活力。如图9-11所示为休闲农庄创意农业产业模式。

图9-11　休闲农庄发展模式

3）"多功能综合体发展"模式

"多功能综合体发展"模式在世界范围内更加流行，也是价值体系最完备、功能最完善、价值链程度最高、创造价值最大的发展模式。在多功能创意农业下，整个产业链都是以发展特色产品、提供高端服务、开创企业文化以及深度体验等为核心，是所有创意农业模式最为先进的模式，但也是最难发展的一种创意农业模式，在这种营销模式下需要全产业链的创意，财力、人力、物力要预先进行完善的统筹规划，使每个环节的运作都能够得到资源最优的配置（郑文堂，2014）。"多功能综合体发展"创意农业产业模式如图 9-12 所示。

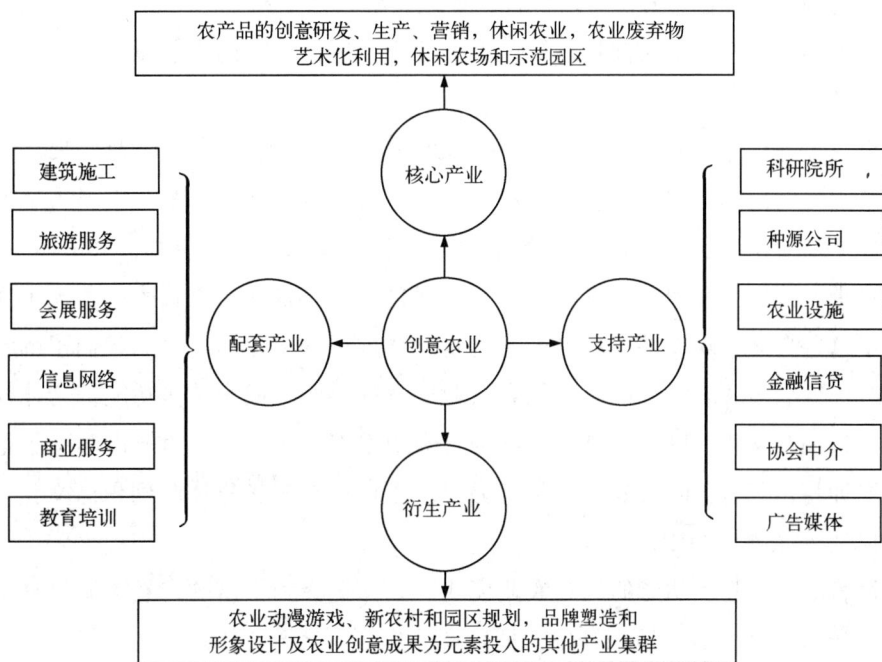

图 9-12　"多功能综合体发展"模式

这种模式是在世界范围较为先进的创意农业模式，是国际上创意农业模式的典型，也是最符合发展规律的创意农业模式。从模式图（图 9-12）来看，整个产业链都是以农产品的研发、生产、销售等为核心，这也是跟我国现在农业状况相匹配，我国属于农业大国，农业水平较为先进，并且我国纬度跨度大，农产品种类丰富，绝大多数的农业资源都汇集在农村，农村也是我国发展多功能综合创意农业的主要场所，也是能满足我国大多数农民的农业发展体系。除了核心产业以外，在多功能综合发展体系下的创意农业具有完善的配套产业和多元的衍生产业，这就将整个产业链从第一产业延伸到第二、三产业，延长了产业链，就又增加了创造附加价值的机会，在产业链每个环节下都能产生财富。当然，多功能创意农业的开展不仅依靠农民来完成，要做到全产业链的创意农业，除了要有特色的农产品外还需要大中型企业作为依托，政府给予一定的支持才得以能够开展。

多功能综合发展模式是一个区域或者一个地方无法完成的，需要区域协同发展，将各地方的优势农产品或者乡村文化融合到一起，成为一个创意农业产业的集群，推动第一、二、三产业联动发展，整个产业链才能稳定运行，进而形成产业复合的"倍增效应"，提升了产业的附加值。这套创意农业模式对于内部的现代化管理以及整个农业园区的公共基础设施的建设等要求非常高。这种模式现在中国还很少见，在我国台湾有这样的模式，在创意开发阶段包含：观光旅游、科普教育、产品展示、美食餐饮、等各类开展项目，整个园区都是以绿色可持续为主题，对于国内创意农业发展具有很强的借鉴性。

清境农场是位于我国台湾省境内的多功能创意农业综合体的典型代表，该农场首先具有很好的地理区位优势：位于群山之间，自然资源丰富，整个农场占地面积有760公顷，被称为"雾上桃源"。农场不仅设有青青草原、畜牧中心、寿山园生态区、清境小瑞士花园等人文和自然景观，而且也把自然生态景观与农牧生产实现了完美结合。除了这些自然景观以外，最出名的还是要数这里的土著居民区，我们了解台湾地区的少数民族众多，农场也借此为创意农业开发的核心，成为了多功能综合体模式的灵魂，通过民族文化、民族建筑和民族美食吸引游客参观。在这里的游客除了最基本的品尝当地特色美食，购买农产品加工品等，更可以在农场里体验到台湾文化，体会别样的风情（张鹏，2013）。

总而言之，建立多功能的创意农业模式，区位选择和丰富的自然资源是整个发展的基础，还需要足够的土地来开发，把生产、加工、旅游、休闲、文化等多种产业复合有规律地融为一体。这种多功能的发展模式，不能只以农业为主，要把第二、第三产业一起带入，以第一产业为基础，第二、三产业配合第一产业的发展，三者之间要相互配合，进而形成产业复合的"倍增效应"。这样三大产业的联动发展才能带动整个多功能产业链的运行，当然要发展这类型的创意农业模式，仅仅依靠农户和企业远远不够，还需要当地政府在政策、财政、人才上的支持作为保障。

4）三大创意农业模式应用条件

在前文已经具体对提出的三种模式进行了系统分析，全面剖析了三种模式的运营内涵。但是这三种模式在推广和应用时并不能满足所有的地区，每个地区在开展创意农业模式前需要一个细致的考核：一方面，考察本地方是否有利于开展创意农业；另一方面，则要慎重选择创意农业的发展模式。综上，总结归纳出三大模式的应用条件，从区位选择、自然资源、发展基础以及社会经济条件四大方面进行分析，见表9-3。

表 9-3　三大模式应用条件

创意农业模式	区位选择	自然资源	发展基础	社会经济条件
农业生产园发展模式	具有较好的自然条件； 交通便利，距离城市距离适中； 市场开阔	地势平坦平原面积广阔，有利于种植农作物； 河流众多，水源充足	既适用于农耕的传统农业，也可以应用在机械化程度高的现代农业，适合各个阶段创意农业发展	国家、地方政府的政策支持； 具有一定的当地文化特色和民俗
休闲农庄发展模式	具有较好的自然条件； 交通便利，连接城市和农村； 以市场为导向，具有广阔的市场，客源市场丰富	具有强烈的地域性和季节性 温暖湿润的气候； 充沛的地下水，丰富的地表水，优良的水文状况； 丘陵和平原相间的地貌； 较少的灾害性天气	该地区的经济力量和经济条件要有一定的层次，才能满足休闲农庄的发展； 要有一定的人力、物力的支持； 要把传统农业和现代农业有机结合起来	国家、地方政府的政策的扶持； 需要具有当地的特色文化，这种文化不局限于乡村文化，可以突出在风景或者美食等方面
"多功能综合体发展"模式	具有较好的自然条件； 交通便利，远离城市但气候条件适宜的地区； 以市场为导向，具有广阔的市场，客源市场丰富	地势平坦开阔； 土壤肥沃； 气候温和； 水源充足，降水丰富；	交通便利； 人口较少、人均土地数量多； 科技发达； 具有一条完整的产业链，从生产、加工、销售各个环节需要紧密结合	国家、地方政府的政策的扶持； 具有高层次的文化内涵； 工农业发展水平较高，基础设施完善； 劳动力充足

9.6.2　创意农业模式推广对策

1）发挥大学生人才优势，形成"学生–政府–农村"推广路径

在中国由于创意农业起步比较晚，发展模式落后，国家政策扶持力度不够，而且针对创意农业人才的储备不够，发展创意农业的个人或者企业都是自己摸索，没有接受正规的业务培训，一般都是直接借鉴国外的发展模式，或者聘请国外的专家进行技术指导。我国在创意农业发展领域并没有太多专业人才储备，所以更多时候都是聘请国外的专家来到国内指导，可是有时候外国的专家不一定能"治"中国创意农业模式发展的毛病。解铃还须系铃人，我国想要壮大创意农业产业，必须要培养出高素质的专业人才（苗洁，2011）。

大学生作为中国创意农业人才的储备力量，一方面具有严谨的专业知识，又易于

接受新事物，有创新的思维想法，自然而然地把创意农业理论知识可以和实践有效结合起来，大学生就发挥着推广创意农业的作用。具体分析来讲，可以在大学里建立一个关于创意农业的推广部，相关专业的大学生或者是一些社会上的专业人才可以聚集在这里，通过在这个推广部交换思想研究各种创意农业模式。这些学生在学习到一定的程度之后，通过政府的联系，学校可以将他们选派到各个县、乡、村，这些学生通过所学习的知识可以准确地帮助该地区进行自我定位，即应该如何选择模式。在学生进行实地创意农业的实施的同时，也将这些先进技术水平的传播给农户和企业，转变他们传统的农业发展思想，当农户和企业品尝到创意农业带来的好处，这些农户和企业转型成为新的创意农业推广者。以大学生为主的推广也是我国现行方法中最直接、最高效的方法，在本地区组建的大学生队伍对于本地区的农业经济发展水平有一定的了解，对本地区的政策也能有效把握，这就很容易深入对地区展开创意农业工作。以大学生人才为主的推广模式适用在离城市较近的农村，自然资源丰富、有特色农产品或者有一定的经济基础，这有利于学生能直接利用现有的资源进行创意农业的运作。当一个创意农业的品牌成型之后，这又是一种无形的推广，会引起其他拥有相似状况的地区效仿。大学生创意农业推广模式流程如图 9-13 所示。

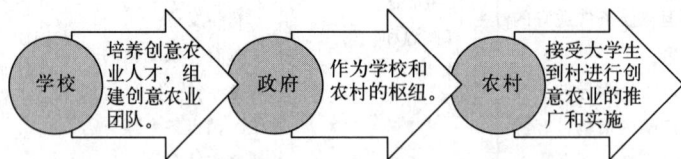

图 9-13　大学生模式下创意农业推广流程图

但是就当下我国创意农业发展现状来讲，人才储备不足是我国进一步推广创意农业的瓶颈。党的十九大之后，如何建立一支具有专业水平的创意农业人才队伍是亟待解决的问题。所以要引进高尖端的人才，应该从以下三个方面进行。

（1）政府首先要稳定保持现有的农业人员。这些人员是最清楚本地区发展状况的人才，要组织力量对这些老员工进行培训，通过学习让他们先了解创意农业的基本理论，使他们传统的思维能接受新事物，农业发展已经从依靠人力慢慢转变为利用创意和科技，让传统的农业技术人员逐渐转型为创意农业人才，这些转型后的人才依然是创意农业有效的推广者。

（2）创意农业不仅仅是劳动密集型的产业也是智力密集型的产业。如果只靠着农民和企业家就想打造出一流的创意农业产业链模式是远远不够的，政府要充分发挥作用，在我国缺乏创意农业领域高级人才的时候，可以从国外聘请专家，对我国创意农业的储备人才进行培训和指导，这样学生可以弥补外国专家对于地区发展状况不了解和政策不明确的缺点，专家则可以指导学生怎样才能在该地区更好地推广创意农业模式。

（3）政府需要建立多元人才培养机制。首先，政府的培养机制是来源于高等院校的学生，大学生是易于接受新思想、新事物的目标，是把新思想和乡村文化实现有效结合的纽带，也是我国重要的储备人才。国家可以通过审议，在农业类院校中增加创意农业的专业，弥补我国在这一领域的空白。其次，政府在人才培养的过程中也起到补充的作用，政府通过出资可以成立创意农业的相关培训机构，制定一套具体的创意农业人才培训管理办法。

2）以政府为导向推广创意农业模式对策

政府在推广创意农业模式的过程中具有立竿见影的效果。政府具有拥有立法和财政两大手段可以在推广创意农业模式的过程中起到直接的作用。以政府为主导来推广创意农业，除了在那些本身具有丰富自然资源的地区以外，还应特别重视一些远离城市、交通不便、资金匮乏、农业技术水平落后，但是资源丰富，有很多农产品，具有浓厚乡村文化的地区。这些偏远地区的创意农业推广不能只依靠大学生人才深入考察，只有人才的保证，没有政策、财政、科技上的支持，创意农业模式也是得不到广泛的推广，这就需要政府来制定一套属于创意农业模式的政策体系，一是能在立法上保护创意农业稳定的发展；二是在财政上能扶持中小创意农业稳定过渡；三是通过科技带动地区创意水平提升。通过以上三方面把握创意农业的发展，一旦在某一个地区这种针对创意农业的政策体系形成，三种创意农业模式就可以在这种体系下健康发展，而且在一段时间以后创意农业发展有了明显成效，政府就可以把这种体系通过现场示范、网络直播、举办培训班等传播出去，应用到中国其他地区（李瑞芳，2010）。以政府为主导的创意农业推广流程如图9-14所示。

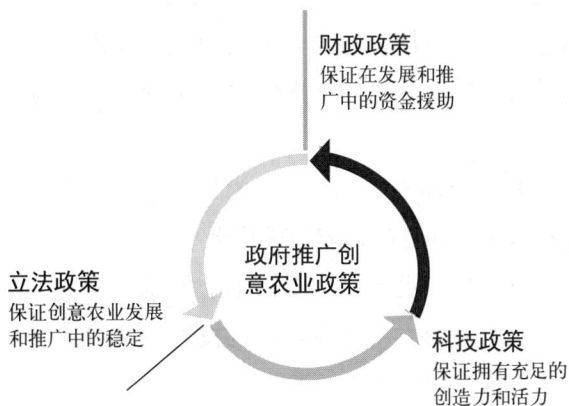

图9-14 政府模式下创意农业推广流程图

以政府为主导的推广具有很强的针对性，政府作为整个创意农业发展的主要负责人和执行者，在整个创意农业的发展和推广过程中占主导地位，这种推广方式主要从立法、财政和科技三方面进行辅助。

（1）立法政策。从政府立法角度来讲，要发展和推广全产业链下的创意农业，土地资源无疑是创意农业的根基，如果没有足够的土地资源，企业也是无法开展对创意农业进行发展，而除了原本已有的土地以外，无论是企业还是个人都需要土地进行进一步扩大再生产。而国家掌握着土地的所有权，所以要我国要发展创新创意农业模式，除了上述三种模式之外，还需要国家的政策支持。如果一个企业或者个人想对自己的创意农业产业链进行优化配置或者扩大再生产，可以上报其所在乡、县，市等各级政府，由政府组建专业的团队，对要发展创意农业的农园、庄园等进行实地分析和考察，评判是否具有发展的资质。有资质的，小组则结合本地区农产品的发展特点和文化。以上述三种模式为基础展开策划，对于企业和个人的用地进行评估分析，并且制定创意农业产业扩大之后的战略目标。政府对于发展创意农业的农户或者企业，需要在准入、融资、土地、科技和人才等多方面给予相应的扶持，以国家现有的税收、土地、规划等政策保护创意农业产业逐渐成长。

（2）财政政策。从财政政策的角度来说，经济基础决定上层建筑，资金也决定整个创意农业产业链的命脉。如果说政策是整个创意农业产业链的灵魂，那资金就是整个产业链的血液。要使整个产业链能顺利运转起来，资金一定是发挥至关重要的作用。在全产业链模式中，无论是从农产品生产开始，或是在加工环节以及文化创意的阶段，直到最后的销售阶段都将贯穿于整个产业链之中，如果其中有一环因为资金问题而断裂，整个产业链都会陷入瘫痪，所以资金对于整个创意农业产业链举足轻重。而在我国要想开展创意农业或者是扩大原有创意农业产业链的规模，都是需要大量的资金，而且，我国创意农业起步本身较晚，科技发展较为落后，发展模式也以也过于陈旧，如果想要深入开展创意农业，拓展创意农业的产业链，优化产业结构，也不能仅仅依靠政府在财政方面的补贴，还要建立一个高效的多元投资机制为创意农业产业提供资金的保障。

（3）科技政策。从科技层面来讲，科学技术是创意农业发展的源泉，创意农业的产生就是得益于农业技术水平的提高。随着科技水平的不断发展，对于创意农业而言，也提供了动力的源泉，只有创意没有科技就谈不上创意农业，总而言之，要发展创意农业，科技就是发展的根本动力。只有做到以科技为发展创意农业的驱动力，才得以实现可以长期持续推进创意农业的不断革新。

参考文献

阿依古丽·赛杜力，2012. 新疆特色农业产业化发展研究[D]. 乌鲁木齐：新疆师范大学.

白新军，2010. 郑州市都市农业发展趋势研究[D]. 郑州：河南农业大学.

白瑛，张祖锡，2004. 试论绿色农业[J]. 绿色食品通讯(42)：1-9.

班婵，2010. 浅析我国生态农业发展存在的问题与对策[J]. 吉林蔬菜(06)：107-108.

薄湘平，尹红，2005. 企业国际竞争力评价研究述评与展望[J]. 中共珠海市委党校珠海市行政学院学报(2)：57-60.

本刊综合，2015. 国外如何推动农业信息化建设[J]. 黑龙江粮食(09)：9-11.

边剑锋，2008. 千阳县蚕桑产业持续发展的对策研究[D]. 杨凌：西北农林科技大学.

边剑霞，2014. 农产品区域公用品牌保护和提升中的政府职能——以杭州"西湖龙井"为例[D]. 上海：复旦大学.

蔡健，徐秀银，2015. 食品标准与法规[M]. 北京：中国农业大学出版社.

曹盼，2013. 郑州都市农业发展评价与对策研究[D]. 石家庄：河北农业大学.

曾书琴，2012. 都市型现代农业的理论与实践[M]. 广州：中山大学出版社.

常婕，2007. 借鉴美国现代农业发展经验促进我国农业发展[J]. 农业经济(01)：32-33.

陈静，2016. 我国特色农产品流通渠道研究[D]. 石家庄：河北经贸大学.

陈俊宁，2014. 关于顺德花卉生产销售情况的调查报告[J]. 市场论坛(02)：75-76+97.

陈琳琳，2015. 基于EVA的三全食品企业价值评估研究[M]. 青岛：青岛理工大学出版社.

陈文强，2004. 关于加快河南农业现代化的战略思考[J]. 商丘师范学院学报，20(1).

陈熙，2016. 郑州市都市农业发展条件与模式选择[D]. 郑州：河南师范大学.

陈银，2016. 兴文县区域优势特色农业发展对策研究[D]. 成都：四川农业大学.

陈彧，2008. 贵州特色农业发展研究[D]. 贵阳：贵州大学.

陈豫，2008. 西北地区以沼气为纽带的生态农业模式区域适宜性评价[D]. 杨凌：西北农林科技大学.

陈致微，2015. 我国创意农业发展模式浅析——以"故乡农园"为例[J]. 福建商业高等专科学校学报(02)：28-33.

戴树云，2004. 浅谈对农机信息化建设的认识[J]. 山东农机(04)：16-17.

单福彬，周静，李馨，2017. 创意农业的全产业链发展模式分析[J]. 北方园艺(06)：199-204.

单光德，2006. 岱岳区生态农业模式与对策研究[D]. 济南：山东农业大学.

邓蓉，黄漫红，2007. 中国发展农业现代化的背景及思路[J]. 中国农学通报.

邓心安、刘江，2016. 农业形态演变与绿色转型的目标模式. 东北农业大学学报（社会科学版）
　　（1）：1-6.

丁宁，牛俊英，2015. 农业价值链融资模式：一个创新模型的建构[J]. 农村经济（04）：84-87.

顿文涛，赵玉成，袁帅，等，2014. 基于物联网的智慧农业发展与应用[J]. 农业网络信息（12）：
　　9-12.

范军，2007. 浅析农业机械化信息建设[J]. 内蒙古石油化工（03）：96-97.

费孝通，2007. 乡土中国[M]. 上海：上海人民出版社.

冯莫涵，2014. 吉林省绿色人参产业政策研究[D]. 长春：吉林财经大学.

冯万玉，安玉麟，刘建设，李素萍，2005. 澳大利亚农业发展对我国农业的启示[J]. 内蒙古农业科
　　技，25（08）.

冯云，2009. 国际环保型农产品认证标准和认证制度研究[D]. 南京：南京农业大学.

干经天，李莉莎，2003. 论区域品牌农业[J]. 农业现代化研究，24（5）.

高万龙，2005. 中国农业信息化的可行性发展战略[J]. 红旗文稿（09）：16-18.

高阳，2017. 绿色农业中农户融资模式选择影响因素研究[J]. 黑龙江科学（10）：12-16.

高钰梅，2015. 威龙品牌农业发展模式研究[D]. 青岛：中国海洋大学.

葛永红，王亮，2009. 我国都市农业的发展模式研究[J]. 经济纵横.

耿敏，2009. 传统发展观和科学发展观比较分析[J]. 活力（2X）：63-63.

耿闻. 北京大兴长子营走创意农业旅游路[N]. 中国旅游报，2011-06-11（02）.

关海玲，陈建成，2009. 都市型生态农业研究评述[J]. 技术经济.

郭焕成，郑健雄，吕明伟等，2010. 乡村旅游理论研究与案例实践[M]. 北京：中国建筑工业出版社.

郭焕成，2014. 台湾观光休闲农业的发展与其实[J]. 海峡两岸观光休闲农业与乡村旅游发展
　　（1）：13-18.

郭媛媛，向泽文，2016. 久仰大名之名人姓名权商标纠纷案[J]. 河南科技.

郭玥，王静，张强，2007. 小流域内生态农业模式的选择[J]. 陕西农业科学（04）：122-125.

郭作玉，2006. 新农村建设信息服务：农业网站发展和信息中心工作[M]. 中国农业出版社.

国家林业局印发《中国智慧林业发展指导意见》[J]. 林业经济，2013（9）：32.

国外创意农业模式介绍（下）[J]. 湖南农业，2014（09）：25.

韩玮. 德国："数字农业"模式[N]. 中国农资，2017-06-22（04）.

韩嫄，2002. 企业如何运用资本经营战略实现价值的不断提升[J]. 中央财经大学学报（6）：56-60.

郝丽霞，2015. 国外发展绿色农业对陕西的启示[J]. 山西农业科学（02）：225-228+24.

何官燕，2008. 农业产业链组织的研究评述[J]. 现代商贸工业，20（7）：37-39.

何跃飞，2015. 创意农业研究综述及述评，中国农业信息（11）：27-29

和炳全，盛薇，2012. 生态农业模式发展现状与问题分析[J]. 现代化农业（11）：37-40.

贺祥民，2010. 试析农产品地理标志制度的经济学实质[J]. 新疆财经大学学报 26（3）：46-51.

黑马，2014. 北京创意农业七大模式之一—"紫海香堤"多元创意组合模式[J]. 农家参谋（09）：48.

胡海平，2006. 大同市水资源现状和存在问题及其对策[J]. 山西水利科技(03)：78-80.

胡雪萍，董红涛，2015. 构建绿色农业投融资机制须破解的难题及路径选择[J]. 中国人口·资源与环境(05)：152-158.

胡雁飞，2006. 生态农业观光园发展模式研究//中国环境科学学会. 中国环境科学学会2006年学术年会优秀论文集(中卷)[C]. 中国环境科学学会.

皇甫杰，2015. 金融支持对农业产业化发展的作用研究[J]. 吉林广播电视大学学报(2)：3-4.

皇甫杰，2011. 郑州市都市农业发展的评价及模式选择[D]. 大连：东北财经大学.

黄斌，2007. 对我国生态农业发展的思考[J]. 安徽农业科学(02)：611-613.

黄方伟，2006. 循环经济模式在生态农业建设中的应用研究[D]. 上海：同济大学.

黄景设，2013. 广西特色农业经济下的乡村旅游发展战略思考[J]. 桂海丛刊29(4)：124-129.

黄凯，冯莅，张杨，2012. 乡村旅游运营模式研究——以北京汤河村紫海香堤庄园景区为例[J]. 中国农业信息(17)：110-111.

黄鹂，2013. 绿色农业发展简论[M]. 武汉：湖北人民出版社.

黄伟，2006. 波龙堡：中国有机红酒第一酒庄[N]. 消费日报(C04).

黄颖，2016. 我国创意农业发展的模式、问题与对策[J]. 台湾农业探索(01)：63-66.

黄有建，2008. 我国企业品牌竞争力提升研究[D]. 成都：西南财经大学.

记者：萧曼平，通讯员：吴恂，2005. 顺德打造"花卉王国"[N]. 民营经济报(A06).

加快生态文明体制改革建设美丽中国[J]，2017. 奋斗(21)：55.

贾连堂，黄华. 浅谈如何提高农业机械在农业现代化、粮食综合生产能力中的作用//2010国际农业工程大会论文集

姜怡悦，2016. 日本品牌农业对陕西特色农业发展的启示——以澄城县王庄镇水洼村苹果产业为例[J]. 农村经济与科技(8)：84-84.

蒋娅娜，2018. 中国农产品现代流通体系机制创新[J]. 商业经济研究(03)：119-122.

金森森，2016. 郑州都市生态农业发展中的问题及对策[J]. 河南农业，(06)：04-05.

看国外如何推动农业信息化建设[J]. 营销界(农资与市场)，2015(19)：83-86.

乐婷，2012. 农产品物流能力与流通效率关联性的实证研究[D]. 武汉：武汉理工大学.

冷志明，2004. 论品牌农业[J]. 生产力研究(10)：20-22.

黎华寿，2003. 农业科技示范园区生态农业模式的设计与配置//中国生态学学会. 复合生态与循环经济——全国首届产业生态与循环经济学术讨论会论文集. 中国生态学学会.

李丹，孙学安，2013. 我国社区支持农业(CSA)发展的优势与瓶颈分析[J]. 农村经济与科技(10)：83-84，40.

李恩明，2017. 农业机械在现代农业发展中的作用[J]. 农技服务34(5)：10-11.

李峰，2016. 发挥物联网优势，打造"看得见"的安全[J]. 中国农垦(10)：29-30.

李光，2005. 浅谈我国农产品质量安全问题[J]. 河南农业科学34(8)：109-111.

李海丽，2012. 农产品质量提升与品牌建设研究[D]. 济南：山东农业大学.

李海侠，2013. 浅谈农业经济发展中的融资难题及对策[J]. 中国经贸(14)：106-109.

李寒，吴东贵，陈东明，等，2007. 我国农业继续教育的现状、问题与对策[J]. 中国成人教育(3)：115-116.

李贺，2016. 国际贸易理论与实务[M]. 上海：上海财经大学出版社.

李华菊，2015. 行政事业单位专项资金管理存在的问题及对策[J]. 现代营销(下旬刊)(11)：32-33.

李季芳，2010. 基于供应链管理视角下我国农产品现代化流通模式研究[J]. 商业改革与创新发展(9)：101.

李晋芳，2015. 邢台市特色农业产业存在问题及对策研究[D]. 保定：河北农业大学.

李景国，田友明，2014. 农业科学发展战略视域下农产品品牌建设机制及其营销策略研究[J]. 安徽农业科学，(06).

李丽，2016. 大力推进我国农业机械信息化建设[J]. 农机使用与维修(03)：22-23.

李敏，2008. 我国农产品品牌价值及品牌战略管理研究[D]. 武汉：华中农业大学.

李瑞芳，2010. 现代农业视角下的创意农业发展对策[J]. 河南农业科学(10)：126-129

李世豪，2016. 郑州市区洪涝风险分析及内涝积水模拟研究[D]. 郑州：郑州大学.

李世杰，李凯，2004. 区域品牌建设对策研究[J]. 中国经济评论11(4)：58-61.

李艳，2014. 加强农产品质量安全检测工作势在必行[J]. 中国畜牧业(2)：72-72.

李瑶，张志奖，2010. 江西绿色农业产业化发展模式及对策研究[J]. 江西农业学报(07)：206-209.

李英英，孙海芳，李富忠，2017. 信息时代下农产品运输新模式研究[J]. 安徽农学通报23(16)：133-134.

李云海，2005. 浅谈地区农业品牌开发的新思路[J]. 经济师(7)：181-182.

李长健，陈捷，2013. CSA模式与农产品安全风险防控探析[J]. 湖北民族学院学报(哲学社会科学版)03：36-41.

厉无畏，王慧敏，2009. 创意农业的发展理念和模式研究. 农业经济问题(2)：11-15

梁乐，2015. 河南省农业品牌建设研究[J]. 郑州航空工业管理学院学报3(5).

梁守杰，2016. 试析企业品牌竞争力的提升策略[J]. 科技创新导报(30)：162-163.

梁文卓，侯云先，王琳，张莉，2017. 创意农业、农产品研究脉络梳理与展望[J]. 华南理工大学学报(社会科学版)19(05)：38-48.

梁勇，2002. 广西特色农业发展研究[D]. 南宁：广西大学.

廖森泰，周灿芳等，2007. 都市农业发展的传统理论与创新思路[J]. 广东农业科学(1)：83-85.

林炳坤，吕庆华，2013. 创意农业研究述评[J]. 经济问题探索(10)：177-184.

林超民，黄泓泰，2016. 黄金纬度与云南文明[J]. 思想战线42(5)：17-24.

林荣清，2008. 农产品品牌带动战略实施的机制与对策分析[J]. 华东经济管理(7)：59-63.

刘传海，王春玲，2014. 探讨邳州市银杏产业发展现状与对策[J]. 中国农资(16).

刘华楠，刘焰，2002. 绿色农业：中国21世纪食品安全的产业支撑[J]. 农业经济(12)9-10.

刘嘉玉，2017. 林甸县绿色农产品品牌建设问题及对策[D]. 大庆：黑龙江八一农垦大学.

刘娇，2016. 保定市特色农业产业发展研究[D]. 保定：河北农业大学.

刘杰夫，2017. 基于MVC框架下的农业信息网络的开发[D]. 南宁：广西大学.

刘静，敬艳丽，2014. 郑东新区金融集聚核心功能区发展可行性分析[J]. 中小企业管理与科技.

刘军萍，王爱玲，2012. 北京创意农业的典型模式分析[J]. 中国乡镇企业(05)：67-70.

刘军萍，王爱玲，2011. 北京创意农业的七种模式[J]. 村委主任(01)：54.

刘军萍，王爱玲，2010. 北京创意农业发展的典型模式及其主要做法[J]. 农产品加工(创新版)(01)：27-32.

刘丽伟，高中理，2013. 低碳经济背景下日本创意农业多功能性发展机理分析[J]. 世界农业(10)：135-140.

刘丽伟，高中理，2016. 美国发展"智慧农业"促进农业产业链变革的做法及启示[J]. 经济纵横(12)：120-124.

刘丽伟，2010. 发达国家创意农业发展路径及其成功经验[J]. 学术交流(8)：79-82

刘丽伟，2012. 荷兰的创意农业产业链[J]. 农民科技培训(06)：45.

刘丽伟，2012. 我国发展社区支持农业的多功能价值及路径选择[J]. 学术交流(09)：100-103.

刘丽影，张明，路剑，2014. 国外创意农业模式对中国文化创意农业发展的启示[J]. 世界农业(03)：181-184+200.

刘连馥，2009. 绿色农业生产技术原则应用手册[M]. 中国财政经济出版社.

刘濛，2013. 国外绿色农业发展及对中国的启示[J]. 世界农业(01)：95-98+101.

刘平，2009. 日本的创意农业与新农村建设[J]. 现代日本经济(03)：56-64.

刘萍，2012 . 农业生态化模式探究以郭县安龙村为例[J]. 旅游纵览行业版(03)：104.

刘青松，2003. 可持续发展简论[M]. 中国科学出版社.

刘思恭，1998. 农业产业化的理论与实践[M]. 陕西人民出版社

刘思华，2002. 可持续农业经济发展论[M]. 中国环境科学出版社.

刘先曙，1991. 美国农业的发展动向——持久性农业[J]. 世界农业(05)：10-11.

刘晓珂，黄红星，2014. 农产品追溯标识技术研究进展[J]. 江西农业学报(10)：89-93+96.

刘压西，2003. 西部经济论丛[M]. 西安：陕西人民出版社.

刘耀美；张舒桓2016. 龙头企业带动型"一村一品"特色农业发展模式研究[J]. 合作经济与科技(06)：15-17.

刘亦江，2017. 分析绿色农业产地生态环境安全与污染控制[J]. 资源节约与环保(08)：91+94.

刘子飞，2016. 中国绿色农业发展历程、现状与预测[J]. 改革与战略(11)：94-102.

柳一桥，2013. 荷兰、日本、澳大利亚和巴西特色农业产业化发展的战略研究[J]. 世界农业(3)：46-48.

娄成，徐作忠，2010. 银杏叶片枯黄失绿原因调查及防治对策[J]. 中小企业管理与科技(下旬刊)(1)：149-149.

娄海，王振波，李振，2005. 邳州市板材产业集群发展战略定位[J]. 徐州工程学院学报(自然科学版)

20(1)：70-72.

娄向鹏，2013. 品牌农业：从田间到餐桌的食品品牌革命[J]. 企业管理出版社.

鲁可荣，郭海霞，2013. 农户视角下的农业社会化服务需求意向及实际满足度比较[J]. 浙江农业学报，
　　25(4)：890-896.

罗德鉴，1999. 积极发展品牌农业[J]. 群众(11)：55-56.

罗慧，刘文涛，2015. 基于波特价值链的企业发展能力与效率研究[J]. 中国商论(28)：174-177.

骆世明，2009. 生态农业的模式与技术[M]. 北京：化学工业出版社.

吕苏榆，2012. 日本农业区域品牌发展探析[J]. 现代日本经济(2).

马福晶，2008. 基于 Web 的农业物流信息化的研究[J]. 农业网络信息(02)：63-65+68.

马静，2005. 陕西省"一线两带"区域特色农业发展模式研究[D]. 杨凌：西北农林科技大学.

马俊哲，2010. 关于创意农业学科体系的初步构想[J]. 农产品加工(创新版)(1)：17-19.

马蓉蓉，周凤婷，2012. 广州建设智慧城市的现实基础及措施[J]. 探求(05)：25-31.

马文军，2003. 中国农业科技示范园区可持续发展研究[D]. 杨凌：西北农林科技大学.

美国经验之谈，以物联网为载体的农业服务企业蓬勃发展[EB/OL]. http：//pg. Jrj. com. cn/acc/
　　Res/CN_ RES/INDUS/2015/1/28/2f04873a-6aad-4363-a517-354b680f15c2. pdf.

孟未来，杨大全，周建英，2007. zigbee 网络在我国精准农业上的应用展望[J]. 辽宁农业科学(03)：
　　67-68.

穆争社，2002. 生态农业是我国发展现代化农业的必然选择[J]. 生态经济(12)：65-68.

牛蓉琴，普家明，2001. 刍议华宁县生态农业的建设[J]. 经济问题探索(10)：76-78.

农发行赴澳大利亚专题培训班课题组，2017. 将产业兴农、产业立行纳入未来发展战略[J]. 农业发展
　　与金融(2)：94-97.

欧阳志云，1989. 国外生态农业[J]. 世界农业(04)：26-28.

欧永生，2008. 加大对农民专业合作社信贷支持的调研思考//首届湖湘三农论坛论文集(上) [C].

欧洲时报，2014. 德国：种什么怎么种，电脑说了算[N]. 山西农民报(005).

盘承军，2013. 物联网环境下的物流信息系统关键技术研究[J]. 广西民族大学学报(自然科学版)
　　(12)：73-77.

蒲春生，2017. 推动农业经济可持续发展的分析[J]. 商品与质量(4).

漆向东，2017. 农业工业化、农业产业化、农业现代化辨析[J]. 信阳师范学院学报(哲学社会科学
　　版)，37(4)：28-32.

钱秀丽，2005. 京郊农村生态农业产业化发展战略研究[D]. 北京：中国农业大学.

乔国栋，2012. 中国东北地区特色农业发展研究[D]. 北京：中央民族大学.

秦向阳，王爱玲，张一帆，等，2007. 创意农业的概念、特征及类型[J]. 中国农学通报，23(10)：
　　29-32

邱艳，刘庆友，2017. 薰衣草文化旅游开发探究[J]. 湖北文理学院学报，38(11)：40-43.

邱振亮，2018. 养殖业粪污处理现状及对策[J]. 现代农业科技(03)：157-159.

屈学书，矫丽会，2010. CSA 模式下的旅游探索[J]. 安徽农业科学，21：11508-11510.

[日]八卷俊雄，2007. 日本的"一村一品"[R]. 广州：暨南大学.

任斌，2010. 农机信息化建设之我见[J]. 农业技术与装备(24)：79-80.

任洪伟，2014. 大石桥市绿色农业发展研究[D]. 长春：吉林大学.

沈月华，2009. 企业可持续竞争优势理论文献综述[J]. 商场现代化(22)：10-12.

师俪俪，唐永金，2017. 特色品牌农业概况及发展对策[J]. 安徽农业科学，45(11)：225-226.

石纳芳、张世龙，2004. 技术突变与发展中国家高技术产业的风险[J]. 山西财经大学学报(高等教育版)(12)：77-80.

石万方，2006. 上海都市农业的现状及其发展趋势的研究[D]. 杭州：浙江大学.

石嫣，程存旺. 社区支持农业(CSA)在中国大陆[EB/OL]. Http：blog. sina. com. cn/s/blog_55a11f8e0101duba. hyml.

石嫣. 全球范围的社区支持农业(CSA)[J]. 中国农业信息，2013(13)：35-38.

石嫣，2012. 我在美国当农民：80 后的"插队"日志[M]. 北京：生活·读书·新知三联书店.

时庆华，2008. 郑州市农业示范园的建设现状及发展研究[D]. 郑州：河南农业大学.

宋之辉，2009. 西藏农牧区信息化建设研究[D]. 拉萨：西藏大学.

苏艳新，2013. 浅论都市农业的起源与特征[J]. 农业与技术(01).

孙超超，2013. 社区支持农业——"农社对接"在日本[J]. 中国农民合作社(09)：28.

孙丹，2015. 近十年来的"中央一号文件"与农村基本经营制度的惠农实效[J]. 品牌(下半月)(12).

孙蛟，薛求知，2006. 跨国并购的双钻石模型分析[J]. 商业时代(1)：62-63.

孙培智，古阳阳，2017. 绿色农业种植技术的概念以及推广策略研究[J]. 农民致富之友(11)：165.

孙子玉. 农业补贴成"唐僧肉" 南通如东 400 万元资金遭骗补[N]. 新华日报，2015-07-21(04).

唐文学，2012. 邳州市城市水文站网建设的构想[J]. 城市建设理论研究：电子版.

田红云，2007. 破坏性创新与我国制造业国际竞争优势的构建[D]. 上海：上海交通大学.

汪发元，王文凯，2010. 现代农业经济发展前沿知识和技能概论[M]. 武汉：湖北科学技术出版社.

汪懋华，2010. 农业工程创新驱动发展的战略思考[J]. 农业机械(27)：42+44-47.

汪卫民，1998. 中国生态农业的理论与实践[J]. 生态经济(06)：5-6+16.

汪炎伟，马晓冬，2014. 县级城市商业网点的布局模式研究—以江苏省邳州市为例[J]. 小城镇建设(3).

王爱玲，刘军萍，秦向阳，2010. 创意农业的概念与创意途径分析[J]. 中国农学通报，26(14)：409-412.

王爱玲，2014. 法国薰衣草产业创意开发及对我国的启示[J]. 农业经济(05)：19-20.

王成英，刘成林，2011. 当前农机信息化建设存在的问题与对策[J]. 现代农业(05)：200-201.

王海，邹晓娅，白远飞，2014. 特色农业的区域性发展[J]. 农技服务，31(9)：18-19.

王海宏，周卫红，李建龙，孙政国，郑亚君，2016. 我国智慧农业研究的现状·问题与发展趋势[J]. 安徽农业科学，44(17)：279-282.

王建仑，张晓建，郑鸿旭，2016. 我国农业物联网应用及其实例[J]. 农民科技培训(10)：43-46.

王农，李玉浸，2003. 提高我国农业生态环境安全建设的几点建议[J]. 求实(S2)：189-190.

王树化，2012. 从市民农园到乡村市民社区——关于城乡统筹发展的一种新模式的思考[J]. 农业经济与管理(2).

王树进、张志娟，2009. 创意农业的发展思路及政策建议——以上海为例. 中国农学通报，25(11)：264-270

王树进，2012. 从市民农园到乡村市民社区——关于城乡统筹发展的一种新模式的思考[J]. 农业经济与管理(02)：74-78.

王伟，2010. 县域经济发展对策研究[J]. 江苏建筑职业技术学院学报，10(4)：70-73.

王位斌，2011. 信息化在农业生产中的应用及其影响要素研究[D]. 南京：南京邮电大学.

王希姝等，2012. 浅谈"社区支持农业"在我国的发展[J]. 中国经贸导刊(09)：58-59.

王延明，2012. 吉林省绿色农产品营销战略研究[D]. 长春：吉林农业大学.

王英姿，2016. 国外农业价值链融资的经验分析及借鉴[J]. 商业经济研究(19)：177-179.

王永刚，2009. 浅议网络营销的一些错误理念[J]. 电子商务(11)：28-29.

王永权，2018. 加快农业品牌建设 提升农产品竞争力[J]. 吉林农业(03)：54.

王志，2010，董雅慧. 美国农业发展的经验对我国农业的启示[J]. 东南亚纵横.

王志远，2015. 德国：积极扶持数字农业[N]. 经济日报(012).

王志远，2015. 德国力推"数字农业"[N]. 中国妇女报(A02).

王志远，2016. 德国致力发展更高水平"数字农业"[N]. 粮油市场报(B03).

王中军，张国兵，2008. 论市民农园在我国发展的可行性[J]. 现代农业科技(12)：290-291.

韦鸿雁，2005. 广西特色农业概述[J]. 广西农学报(5)：21-27.

韦伟，2014. 基于SWOT分析的大同市经济转型战略研究[D]. 天津：天津大学.

魏喜武，2009. 创业投资向农业流动的障碍因素研究[J]. 科学管理研究(2)：111-115.

温铁军，2009. CSA模式是建设生态型农业的有效途径之一[J]. 中国合作经济(10)：44.

文飞宇，2006. 我国林产品对外贸易结构研究[D]. 南京：南京林业大学.

文华红，刘丽华，2008. 当前农机信息化建设存在的问题与对策[J]. 中国农机监理(09)：24-25.

文心雕龙方，2015. 欧美等国家的智慧农业基本现状. 看国外如何推动农业信息化建设[J]. 营销界(农资与市场)(19)：83-86.

翁桦桦，2014. 农产品品牌建设中的政府职能研究[D]. 杨凌：西北农林科技大学.

吴锋，李星，2006. 以3S为核心的农业气候区划点源信息系统建设探讨[J]. 甘肃农业(3)：86.

吴坤，2010. 特色农业的信息化发展模式分析[J]. 商业经济研究(29)：114-115.

吴天龙，刘同山，2014. 社区支持农业模式及其在我国的发展[J]. 商业研究(8)：90-93.

吴颖，2008. 郊野公园规划研究[D]. 武汉：华中农业大学.

吴昭雄，2009. 大力推进湖北省农机化信息工作[J]. 湖北农机化(06)：5-6.

项仕安，张广寿，2002. 日本和我国台湾农业发展的启示[N]. 安徽日报(04).

肖芬蓉, 2011. 生态文明背景下的社区支持农业(CSA)探析[J]. 绿色科技(9)：7-13.

肖俊杰, 2012. 景德镇生态农业发展模式研究[D]. 景德镇：景德镇陶瓷学院.

谢先树, 2011. 衡阳市特色产业筛选研究[D]. 兰州：兰州大学.

谢焱, 2011. 绿色食品标准体系研究[D]. 北京：中国农业科学院.

熊宁, 曾尊固, 2001. 试论调整农业结构与构建区域特色农业[J]. 经济地理, 21(5)：564-568.

徐杰；刘鹏飞, 2010. 基于供应链的热带农产品物流跟踪管理系统的构建与实现[J]. 安徽农业科学(11)：18479-1848.

徐龙, 汪春, 2013. 我国农业机械信息化建设存在的问题与对策[J]. 农民致富之友(13)：100.

许焕青, 王向东, 2008. 福建农业迈入"品牌时代"[J]. 农民日报, 01(09).

许建国, 2010. 河南省特色农业发展研究[D]. 郑州：河南农业大学.

许敏, 2010. 对农机科技信息化建设的认识[J]. 贵州农机化(05)：24-25.

许强, 2007. 知识密集型产业评价和发展研究[D]. 上海：复旦大学.

许圣道, 童媛媛, 2012. 郑州市都市农业发展研究[J]. 商丘师范学院学报.

许圣道, 孔喜梅, 2010. 河南城市化进程中的都市农业发展问题[J]. 河南社会科学.

薛海龙, 2015. 邳州市农民专业合作社发展问题研究[D]. 北京：中国矿业大学.

严立冬, 何伟, 2012. 绿色农业产业化的政策性金融支持研究[J]. 中南财经政法大学学报(03)：88-92.

严立冬, 2011. 现代农业建设中的绿色农业发展模式研究[J]. 农产品质量与安全(12)：12-17.

严良, 2002. 西部矿产资源开发利用路径研究[J]. 科技进步与对策, 19(12)：167-169.

严小燕, 陈志峰, 曾玉荣, 2017. 特色农业发展的内涵、演变与评价研究综述[J]. 福建农业学报, 32(4)：448-455.

阎晓军, 2004. "数字北京"中的"数字农业"——北京市农产品市场信息体系[J]. 电子政务(Z1)：36-41.

颜丙昕, 苗莲莲, 田丰, 等, 2006. 关于邳州市农业产业化现状的调查[J]. 现代农业科技(7x)：110-111.

杨飞, 陈锦铭, 张彬, 2016. 济宁市品牌农业发展对策研究[J]. 中国市场(04).

杨筠, 2005. 生态建设与区域经济发展研究[D]. 成都：四川大学.

杨良山, 胡豹, 2012. 将创意经济引入高效生态农业建设—关于加快浙江创意农业发展的建议[J]. 浙江经济, (16)：42-43

杨荣荣, 王红姝, 2013. 日本休闲农业的发展及其启示[J]. 商业时代, 19：128-129.

杨晓娜, 2016. 郑州市休闲农业空间布局实证研究[J]. 中国农业资源与区划(07)：215-222.

杨新明, 2017. 南通双羊生态农业有限公司定制沪上菜篮子[N]. 南通网(05).

杨新明, 2017. 如东20万吨农产品俏销沪上南通市委宣传部[N]. 南通日报(09).

杨旭升, 2010. 云霄县特色农业发展研究[D]. 福州：福建农林大学.

杨阳, 2016. 内生增长框架下的多功能农业研究[D]. 烟台：烟台大学.

杨艺，2005. 浅谈日本农业信息化的发展及启示[J]. 现代日本经济(06)：60-62.

叶喜永，2000. 农村合作经济国际比较研究[D]. 哈尔滨：东北农业大学.

(美)伊丽莎白·亨德森，罗宾·范·恩. 石嫣，程存旺译，2012. 分享收获：社区支持农业指导手册[M]. 北京：中国人民大学出版社.

游新彩，2008. 区域经济发展研究：对湘西地区的实证分析[M]. 长沙：中南大学出版社.

俞菊生，1999. 都市农业的理论与创新体系构筑[J]. 农业现代化研究(4)：207.

俞菊生等，1998. "都市农业"一词的由来和定义初探[J]. 上海农业学报79-84.

俞晓晶，2008. 打造以休闲农业为主的创意农业[J]. 科技和产业(4)：28-30

袁永友，周启红，陈万卷，2009. 中部地区农产品流通服务体系优化探讨[J]. 武汉纺织大学学报，22(6)：75-78.

原梅生，2008. 我国休闲农业发展及其与农民增收的关系研究[D]. 北京：中国人民大学.

岳敬芹，陈蕊，程嵘，2017. 完善农村金融体系建设 稳定农村社会经济秩序[J]. 吉林农业(20)：60-61.

湛木兰，2012. 创意农业观光园景观规划设计研究[D]. 南京：南京林业大学.

张广海，包乌兰托亚，2012. 国内外休闲农业研究进展[J]. 北方经济(03).

张宏升，2007. 中国农业产业集聚研究[D]. 北京：中国农业大学.

张雷，许云华，郑霞，2009. 论农业信息化对我国农业产业化的影响[J]. 现代农业科技(8)：246-247.

张乃明，2009. 绿色农业知识读本[M]. 北京：中国社会出版社

张培栋，2005. 北方能源型生态农业模式动力学特征//中国动力工程学会. 中国动力工程学会第三届青年学术年会论文集[C]. 中国动力工程学会.

张若琳，连丽霞，2012. 影响中国创意农业发展的主要因素分析. 山东农业大学学报(自然科学版)(1)：105-109

张世龙，马春燕，马尚平，2010. 城乡资源配置的评价与分析[J]. 经济学家(9).

张世龙，马尚平，石纳芳，2004. 产业发展周期与发展中国家产业成长[J]. 经济理论与经济管理(6)：38-41.

张先念，2014. 现代农业的主要形态. 豆丁网，http：//www. docin. com/p-815386857. html。

张小艳，2008. 南疆特色农业持续发展研究[D]. 武汉：华中师范大学.

张修翔，2012. 澳大利亚农业地理区域研究[J]. 世界农业(6)：89-91.

张秀生，单娇，2014. 加快推进农业现代化背景下新型农业经营主体培育研究[J]. 湘潭大学学报(哲学社会科学版)，38(3)：17-24.

张琰，柳敏，2006. 大力推进我国农业机械信息化建设[J]. 农业机械(06)：124-125.

张元靖，2011. 农业区域品牌发展状况分析[N]. 经营者管理

张忠根，田万获，2002. 中日韩农业现代化比较研究[M]. 北京：中国农业出版社.

章继刚，2008. 创意农业在中国(上) [J]. 企业研究(7)：64-66

章继刚，2008. 中国创意农业发展报告[J]. 柴达木开发研究(06)：47-51.

章继刚，2009. 中国农民独特的增收模式——创意农业[J]. 南方农业，3(01)：1-3.

章继钢，2008. 2008—2009 年中国创意农业投资价值研究报告[N]. 经理日报（A04）.

章志平，2000. 农业产业化系统组织的建立与运行机制研究[D]. 南昌：江西农业大学.

赵敬天，2015. 盘锦市大洼县绿色农业发展问题研究[D]. 长春：吉林大学.

赵曼曼，2012. 市民参与 CSA 意愿及其影响因素的研究[D]. 南京：南京农业大学.

赵勤，李阳，2015. 传统农区农业品牌化发展研——以黑龙江省绥化市为例[J]，20(11).

赵睿智，2016. 平原县农产品质量安全追溯体系的研究[D]. 青岛：青岛农业大学.

赵硕，2013. 吉林省绿色农业发展研究[D]. 长春：吉林财经大学.

赵远兴，2017. 休闲观光农业的模式与发展对策[J]. 江西农业(10)：81+94.

郑德祥，龙升芳，2007. 绍兴市农业名牌战略分析[J]. 绍兴文理学院学报：社科版(30)：104-108.

郑风田，傅晋华，2009. 农民集中居住：现状、问题与对策[J]. 农业经济问题.

支婷婷，2013. 美国"农社对接"实践：社区支持农业(CSA)[J]. 中国农民合作社(09)：26-27.

中国生态农业十大模式和技术之九——设施生态农业模式及配套技术[J]. 河南农业，2004(06)：13.

中国生态农业十大模式和技术之六——生态畜牧业生产模式及配套技术[J]. 河南农业，2004(04)：14-15.

中国生态农业十大模式和技术之七——生态渔业模式及配套技术[J]. 河南农业，2004(04)：15.

中国生态农业十大模式和技术之十——观光生态农业模式及配套技术[J]. 河南农业，2004(06)：14.

周灿芳，傅晨，2008. 我国特色农业研究进展[J]. 广东农业科学(9)：157-161.

周国民，2009. 浅议智慧农业[J]. 农业网络信息(10)：5-8.

周淑甄，王树进，2014. 美国家庭农场 CSA 经营模式研究[J]. 天津农业科学(7)：34-38.

周维宏，2009. 论日本都市农业的概念变迁和发展状况[J]. 日本学刊(4).

周卫中，2016. 日本区域品牌建设对中国中小城市发展的启示[J]. 中国发展，16(5).

周云飞，郭庆军，2013. 日本品牌农业的发展对陕西特色农业发展的启示——以白水苹果为例[J]. 广东农业科学[J]，10(10).

周智男，武涛，2012. 中国农业机械信息化发展战略[J]. 农业机械(08)：20-22.

朱小兵，2016. 马克思生态技术观与我国智慧农业发展路径初探[D]. 上海：东华理工大学.

朱政，2014. 基于物联网技术的虚拟农场与现实互动体验研究[D]. 沈阳：沈阳航空航天大学.

邹博威，2013. 我国金融服务贸易国际竞争力研究[D]. 北京：首都经济贸易大学.

邹冬生，2001. 特色农业理论初探[J]. 作物研究，15(1)：7-8.

邹芳芳，2009. 以台湾经验促福建休闲农业发展[J]. 台湾农业探索，01：29-31.

Adrian H. Gallardo, Norio Tase. Hydrogeology and Geochemical Characterization of Groundwater in a Typical Small-Scale Agricultural Area of Japan[J]. Journal of Asian Earth Sciences, 2006, 12(16)：23-26.

B. Landis, T. Smith, M. Lairson, K. McKay, H. Nelson, J. O′Briant. Fruit and Vegetable Intakes and Demographic Characteristics of Community Supported Agriculture Program Participants in North Carolina [J]. Journal of the American Dietetic Association. 2008, 9：A71.

Bill Wright. The Moral Economy Is a Double-edged Sword: Explaining Farmers' Earnings and Self-exploitation in Community-Supported Agriculture[J]. Economic Geography, 2013(4).

Bo Hu, Ming-Shou Fan, Yun-Feng Hao, Jian-Hua Zhang. Potato-Cabbage Double Cropping Effect on Nitrate Leaching and Resource-Use Efficiencies in an Irrigated Area[J]. Pedosphere, 2012, 22(06): 12-16.

Brian G I, William A K. International product differentiation through a country brand: An economic analysis of national branding as a marketing strategy for agricultural products[R] CATPRN Commissioned Paper, 2007: 1-25.

C. S. Fletcher, David W. Hilbert. Resilience in landscape exploitation systems[J]. Ecological Modelling, 2006, 201(3).

Caroline Mwongera, Kelvin M. Shikuku, Jennifer Twyman, Peter Läderach, Edidah Ampaire, Piet Van Asten, Steve Twomlow, Leigh A. Winowiecki. Climate smart agriculture rapid appraisal (CSA-RA): A tool for prioritizing context-specific climate smart agriculture technologies[J]. Agricultural Systems, 2017, 151.

Caroline Mwongera, Kelvin M. Shikuku, Jennifer Twyman, Peter Läderach, Edidah Ampaire, Piet Van Asten, Steve Twomlow, Leigh A. Winowiecki. Climate smart agriculture rapid appraisal (CSA-RA): A tool for prioritizing context-specific climate smart agriculture technologies[J]. Agricultural Systems, 2017, 151.

D. M Jamu, R. H Piedrahita. An organic matter and nitrogen dynamics model for the ecological analysis of integrated aquaculture/agriculture systems: II. Model evaluation and application[J]. Environmental Modelling and Software, 2002, 17(6).

Dermot J H, Sergio H L, Andrea S. Farmer owned brands briefing[D]. Center for agricultural and rural development. AmesIowa: Iowa State University, 2003: 39.

Douadia Bougherara, Gilles Grolleau, Naoufel Mzoughi. Buy local, pollute less: What drives households to join a community supported farm[J]. Ecological Economics. 2009, 3: 1488-1495.

FLEM INGRC. Creative Economic Development, Sustainability, and Exclusion in Rural Areas [J]. Geographical eview, 2009, 99(1): 61-80.

Fu Jia Li, Suo Cheng Dong, Fei Li. A system dynamics model for analyzing the eco-agriculture system with policy recommendations[J]. Ecological Modelling, 2012, 227.

Fujita M. Economic development capitalizaing on brand agriculture: turning development strategy on its head [C]. //The worldbank annual bank conference on development economics in Tokyo. Tokyo, 2006.

G. Salvini, A. van Paassen, A. Ligtenberg, G. C. Carrero, A. K. Bregt. A role-playing game as a tool to facilitate social learning and collective action towards Climate Smart Agriculture: Lessons learned from Apuí, Brazil[J]. Environmental Science and Policy, 2016, 63.

Henderson E, R V E. Sharing the harvest: a citizen's guide to Community Supported Agriculture [M].

ChelseaGreen Publishing, 2007.

HOWKINS J. The Creative Economy: How People Make Money From Ideas [M]. London: Allen Lane, 2002

Jane M. Kolodinsky. Factors Influencing the Decision to Join a Com-munity Supported Agriculture(CSA) Farm[J]. Journal of Sustainable Agr iculture. 1997, 10(3): 129-141.

Jean C B, Egizio V. European food-labeling policy: successes and limmitations[J]. Journal of Food Distribution Research, 2003, 34(3) : 71-75.

JODIE G. Examining the Cultural Value of Festivals: Considerations of Creative Destruction and Creative Enhancement with in the Rural Environment[J]. International Journal of Event and Festival Management, 2015, 6(2) : 122-134.

Kirsti Granlund, Katri Rankinen, Randall Etheridge, Pentti Seuri, Jouni Lehtoranta. Ecological recycling agriculture can reduce inorganic nitrogen losses – model results from three Finnish catchments [J]. AgriculturalSystems, 2014.

KNEAFSEY M, ILBERY B, JENKINS T. Exploring the Dimensions of Culture Economies in Rural West Wales [J]. Sociologia Ruralis 2001, 41 (3): 296-310

Landis. B. Entwisle Smith. Community-supported agriculture in the Research Triangle region of North Caro-lina: demographics and effects of membership on household food supply and diet[J]. Journal of Hunger and Environmental Nutrition, 2010.

Mark Altaweel, Chikako E. Watanabe. Assessing the resilience of irrigation agriculture: applying a social – ecological model for understanding the mitigation of salinization[J]. Journal of Archaeological Science, 2012, 39(4).

Mc Fadden, Steven. Community Farms in the 21st Century: Poised for Another Wave of Growth? [J]. Rodale Institute, 2006.

Miles, Albi andMartha Brown, ed. Teaching Direct Marketing and Small Farm Viability: Resources for Instructors[J]. Center for Agroecology & Sustainable Food.

Partha Pratim Ray. Internet of things for smart agriculture: Technologies, practices and future direction[J]. <journal-title>Journal of Ambient Intelligence and Smart Environments, 2017, 9(4). </journal-title>

Saulny. Cutting Out the Middlemen, Shoppers Buy Slices of Farms[J]. The New York Times. July, 2010.

Sharanbir S. Grewal, Parwinder S. Grewal. Can cities become self-reliant in food? [J]. Cities, 2011, 29 (01): 15-23.

Siqing Chen. Civic Agriculture: Towards a Local Food Web for Sustainable Urban Development [J]. APCBEE Procedia. 2012: 169-176.

Stix, Gary, Urban Agriculture Scientific American, Jun1996, Vol. 274, Issue6. Urban Agriculture in Philadelphia, Urbana Agriculture Notes, Published by City Farmer Canadas Office of Urban Agriculture.

Tegtmeier, Erin and Michael Duffy. Community Supported Agriculture(CSA) in the Midwest United States: A regional characterization[J]. The Leopold Center for Sustainable Agriculture, Iowa State University, Ames, LA, January 2005.

Tian Shi, Roderic Gill. Developing effective policies for the sustainable development of ecological agriculture in China: the case study of Jinshan County with a systems dynamics model[J]. Ecological Economics, 2004, 53(2).

Weiping Chen. Perceived value of a community supported agriculture(CSA)working share. The construct and its dimensions[J]. Appetite, 2013: 37-49.

X. J Ye, Z. Q Wang, Q. S Li. The ecological agriculture movement in modern China[J]. Agriculture, Ecosystems and Environment, 2002, 92(2).